UTB **3467**

Eine Arbeitsgemeinschaft der Verlage

Böhlau Verlag Wien · Köln · Weimar
Verlag Barbara Budrich · Opladen · Farmington Hills
facultas.wuv · Wien
Wilhelm Fink · München
A. Francke Verlag · Tübingen und Basel
Haupt Verlag · Bern · Stuttgart · Wien
Lucius & Lucius Verlagsgesellschaft Stuttgart
Mohr Siebeck Tübingen
Nomos Verlagsgesellschaft · Baden-Baden
Orell Füssli Verlag · Zürich
Ernst Reinhardt Verlag · München · Basel
Ferdinand Schöningh · Paderborn · München · Wien · Zürich
Eugen Ulmer Verlag · Stuttgart
UVK Verlagsgesellschaft · Konstanz, mit UVK/Lucius · München
Vandenhoeck & Ruprecht · Göttingen · Oakville
vdf Hochschulverlag AG an der ETH Zürich

FRANK HEIDEMANN

Ethnologie

Eine Einführung

Vandenhoeck & Ruprecht

Dr. Frank Heidemann ist Professor für Ethnologie
an der Ludwig-Maximilians-Universität München.

Mit Dank an die Münchner Studierenden der Ethnologie 2000–2010.

Mit 5 Abbildungen

Bibliografische Information der Deutschen Nationalbibliothek
Die Deutsche Nationalbibliothek verzeichnet diese Publikation in
der Deutschen Nationalbibliografie; detaillierte bibliografische Daten
sind im Internet über http://dnb.d-nb.de abrufbar.
ISBN 978–3–8385–3467–1 (E-Book)

Coverillustration: Marietta Weidner
Umschlaggestaltung: Atelier Reichert, Stuttgart
Satz: Dörlemann Satz, Lemförde
Druck und Bindung: CPI Books GmbH, Ulm

ISBN 978–3–8282–3467–6 **(UTB-Bestellnummer)**

Inhalt

Vorwort

Dieses Buch soll in die Ethnologie einführen. Es ist aus meinen Einführungsvorlesungen an der Ludwig-Maximilians-Universität in München entstanden und richtet sich an Studienanfänger[1] sowie an diejenigen, die einen Einstieg in kulturvergleichende Verfahren suchen oder die eigene Gesellschaft aus einer neuen Perspektive erfahren wollen. Es liefert einen Überblick über das Fach einschließlich seiner historischen Entwicklung, der veränderten Fragehorizonte, Feldforschungsmethoden, theoretischen Einbettungen, ethischen Debatten und der Herausbildung neuer Teilbereiche. Ein solcher Überblick muss selektiv sein, denn die behandelten Themen umfassen nahezu jedes denkbare Spektrum menschlichen Handelns und Sinnstiftens. Dies führt zu einer faszinierenden Offenheit wissenschaftlicher Entfaltung. Ungeachtet der interdisziplinären Verflechtungen verfügt die Ethnologie nach mehr als 150 Jahren Fachgeschichte über eine kritische Masse in Form von Instituten, Fachverbänden, Zeitschriften und ein deutlich erkennbares Profil.

Diese Einführung ist – entsprechend der Anzahl der Semesterwochen – in 15 Kapitel gegliedert. Mit ihnen soll die Spannbreite und die Vielfalt der gegenwärtigen Ethnologie aufgezeigt werden, wobei keinesfalls der Anspruch auf Vollständigkeit erhoben werden kann. Die Systematik und der Index ermöglichen das schnelle Auffinden von einzelnen Themenbereichen oder spezifischen Fragestellungen. Es ist mir bewusst, dass die Vielzahl der hier behandelten Themen und der zur Verfügung stehende Raum gekoppelt an eine möglichst umfassende und tiefgreifende Behandlung einer Quadratur des Kreises gleichkommt. Ich hoffe dennoch, dass das vorliegende Buch einführt und zum Weiterlesen anregt.

---

1 Bezeichnungen von Personen und Personengruppen schließen jeweils alle Geschlechter ein.

Danken möchte ich an erster Stelle den Studierenden der Ethnologie, die in den Jahren 2000 bis 2010 durch ihre Diskussionsbeiträge den Anstoß zu diesem Buch gegeben haben. Julia Bayer und Andrea Engl haben auf der Grundlage meiner Einführungsvorlesung ein Projekt bei der Virtuellen Hochschule Bayern realisiert, die gefilmte Vorlesung mit zahlreichen Lernplattformen versehen und somit öffentlich zugänglich gemacht. Meiner Frau Bernadette Loth sowie Miriam Hornung und Alexander Knorr danke ich für gründliche Durchsicht des Manuskripts samt kritischer Anmerkungen und Birgit Riegler für die Korrekturarbeiten. Bei Ulrike Gießmann-Bindewald, Vandenhoeck & Ruprecht, wusste ich dieses Buchprojekt in guten Händen und danke ihr für die Anregungen und die professionelle Betreuung.

Teil I
Zwei Säulen der Ethnologie

Im ersten Teil wird in die Ethnologie in zwei Kapiteln eingeführt, die jeweils eine Säule des Fachs bilden. Das erste Kapitel
stellt die ethnologische Auseinandersetzung mit den Kulturkonzepten vor. Jeder Betrachtung des Fremden, unabhängig davon,
ob es sich um eine kulturwissenschaftliche Untersuchung oder
einen alltäglichen Blick handelt, liegen spezifische Annahmen
zugrunde. Diese Annahmen richten unser Augenmerk auf bestimmte Aspekte und nehmen zugleich Wertungen vor. Im
Gegensatz zur Alltagserkenntnis fordert die wissenschaftliche
Arbeit eine Reflexion über die Grundannahmen. Dies soll im
ersten Kapitel erfolgen.

Das zweite Kapitel widmet sich den Methoden, mit denen
fremdkulturelles Verstehen ermöglicht werden soll. Die Ethnologie will den eurozentrischen Blick überwinden und die Welt
zugleich aus der Sicht der Fremden sehen. Zentral ist hier die
teilnehmende Beobachtung, die uns zur kulturellen Binnensicht, der emischen Sichtweise, führen soll. Die Kulturkonzepte
und die Methoden der fremdkulturellen Annäherungen hängen
eng zusammen. Beide haben sich über lange Zeiträume entwickelt und bilden die Grundlage für die ethnologische Arbeit.

1 | Kulturkonzepte

1.1 | Der ethnologische Blick

Die Ethnologie hat sich seit ihrer Institutionalisierung grundlegend geändert und entzieht sich einer einfachen Bestimmung. Ein Blick auf die Verlagerungen der Arbeitsschwerpunkte und auf die Breite der Themen erschwert prägnante Aussage. Zu Beginn der Fachgeschichte war die Ethnologie im Rahmen der Welterkundung und des Kolonialismus mit der Dokumentation und Einordnung der kleinen und schriftlosen Kulturen beschäftigt und bevorzugte dabei meist naturwissenschaftliche Verfahren. Heute werden eher kulturwissenschaftliche Herangehensweisen zugrunde gelegt. Zu den Untersuchungsorten zählen weiterhin die abgelegenen und administrativ kaum erfassten Regionen in ökologischen Nischen, aber auch urbane Zentren und Megastädte mit Asylunterkünften, Bierzelten, Computerclubs – um beispielhaft nur drei Lokalitäten in alphabetischer Folge zu nennen. Kulturelle Prozesse der Globalisierung, Diaspora, Migration und Transnationalität bilden die neuen Forschungsrahmen. Neben den klassischen Teilbereichen der Verwandtschafts-, Wirtschafts-, Religions- und Politikethnologie etablieren sich zahlreiche Forschungsfelder. Zum Beispiel wird der menschliche Körper als Projektionsfläche von Identitätsmerkmalen ebenso untersucht wie die Idealisierung seiner Maße und Formen, die symbolische Dimension des Essens und Trinkens, die Ausformung und Prägung seiner Sinne, die Bestimmung und Nutzung von Emotionen. Gesundheit und Krankheit, Therapie und Heilung können nur im kulturellen Kontext bestimmt werden. Wenn in transkulturellen Filmen, wie etwa in *Avatar* (James Cameron 2009), das imaginierte Fremde eine konkrete Form erhält, dann eröffnet das Medium Film ebenfalls ein ethnologisches Forschungsfeld. Es erweist

Die Breite des Fachs

sich als unmöglich, das Fach Ethnologie anhand seines Untersuchungsgegenstandes zu bestimmen.

Es bleibt die Frage: Wodurch zeichnen sich ethnologische Forschungen aus? Eine kurze Antwort lautet: Die Ethnologie wird heute nicht mehr durch den Untersuchungsort und nicht durch den Untersuchungsgegenstand, sondern durch die Herangehensweise, die spezifischen Fragestellungen und Fokussierungen, durch die Methoden und Theorien oder salopp formuliert „durch den ethnologischen Blick" bestimmt. Was die fachspezifische Sichtweise, Perspektive und Fokussierung ausmacht, soll durch diese Einführung vermittelt werden.

Der ethnologische Blick

Der ethnologische Blick ist kulturrelativistisch, fremdkulturell informiert und auf die Sinnstiftung im Handlungsprozess gerichtet. Die Ethnologie zeichnet sich durch eine Reihe von Aspekten aus. In der Reihenfolge der Gliederung möchte ich fünf Punkte nennen. Erstens werden im Erkenntnisprozess kulturelle Grenzen überschritten, man forscht in der Fremde oder das Eigene wird aus der Perspektive des Fremden betrachtet. Durch die kulturübergreifende Betrachtung werden die eigenen Vorstellungen in Frage gestellt. Zweitens basiert die Arbeit auf empirischen Daten, die durch direkte Teilnahme in sozialen Handlungsfeldern und mit Betonung der kulturellen Binnensicht erhoben werden (Teil I: Zwei Säulen der Ethnologie). Drittens erfolgt die Forschung mit einer theoretischen Einbettung, also in Anlehnung und Abgrenzung zu den bekannten Theorieentwürfen, jedoch stets mit einem kulturrelativistischen Verständnis (Teil II: Theoriegeschichte). Viertens fußt die Ethnologie heute – von wenigen Ausnahmen abgesehen – auf interpretierenden Ansätzen, die davon ausgehen, dass Menschen im Handlungsprozess ihre Welt deuten, somit Bedeutungen hervorbringen und Sinn schaffen. Dieser Sinn kann durchaus umstritten sein oder erst in transnationalen Zusammenhängen erfasst werden (Teil III: Gegenwärtige Diskursfelder). Fünftens fügen sich die einzelnen Untersuchungen in einen Teilbereich der Ethnologie, aus dem sie Fragestellungen ableiten und zu dessen Entwicklung sie beitragen (Teil IV und V: Teilbereiche, Neue Ansätze in der Ethnologie).

Aufbau des Buches

Definition

Jeder der hier genannten Punkte eröffnet Freiräume für eigene Deutung. Wären sie messerscharf definiert, so würden sie die Entwicklung des Fachs einengen. Um das Ethnologische zu erfassen, kann man von einer Familienähnlichkeit ausgehen, die aufgrund ihrer formalen Merkmale zugeordnet werden kann. Dies führt dazu, dass sich ethnologische Arbeit leichter erkennen als definieren lässt. Als Ausgangspunkt kann jedoch festgehalten werden: Die Ethnologie ist die kulturvergleichende und theoriebildende Wissenschaft vom kulturell Fremden, deren empirische Basis durch direkte Interaktionen im Rahmen von Feldforschungen geschaffen wird. Als Einstieg in eine nähere Betrachtung beginnen wir mit der Frage: Was ist Fremdheit und wo finden wir sie?

1.2 | Die Relationalität von Fremdheit

Das Fremde liegt zwischen uns

Da das Fremde im Fokus der Erkenntnis steht, bestimmt sich der Gegenstand der Ethnologie aus der Eigenperspektive (Kohl 1993: 26). Derjenige, der *mir* fremd erscheint, verkörpert *mein* Fremdes, und folglich liegt es nahe, dass ich für ihn der Repräsentant einer für ihn fremden Kultur bin. Aus dieser fundamentalen Einsicht folgt zunächst, dass Fremdheit relational ist. Das Fremde ist weder in ihm noch in mir, sondern liegt zwischen uns, es entsteht im Prozess. Wenn nun ein weiterer Beobachter (als Dritter) hinzutritt, so wird er – eine hinreichende kulturelle Distanz vorausgesetzt – weitere Bilder von mir und meinem Fremden entwerfen. Der Dritte wird in seine Beobachtungen auch *seine* Vorkenntnisse und Vorstellungen einschreiben. Diese Rolle des Dritten entspricht oft der des Ethnologen. Spätestens hier wird klar, dass das Fremde immer Teil des Eigenen ist. Diese Erkenntnis ist keinesfalls neu, doch die daraus resultierenden methodischen Folgen beschäftigen die Ethnologie bis heute. Als Annäherung an das kulturell Fremde versuchen Ethnologen daher, ihr eigenes Vorverständnis von Fremdheit ebenso einzubeziehen wie das Selbstbild der Fremden, zu dem selbstredend deren Fremdsicht zählt. In diesem Prozess eröffnen sich neue Perspektiven auf das, was wir als Kultur bezeichnen.

Wenn wir Kultur als relativ und prozessual verstehen, so darf daraus keine Beliebigkeit oder Belanglosigkeit abgeleitet werden. Das Gegenteil ist der Fall. Die Vorstellungen vom kulturell Fremden steuern nicht nur unsere Blicke in einer belebten Fußgängerzone, im Kino oder auf anderen Projektionsflächen des Exotischen. Sie gehen in ihren Folgen weit über die Wahl eines fernen Urlaubsziels hinaus, beeinflussen Geschäftsabschlüsse und Börsenkurse und führen zu Allianzen und Kriegen. Das Fremde existiert als Idee, doch ihre Folgen sind real. Die Ethnologie teilt die kulturwissenschaftliche Prämisse, nach der das Imaginierte stets mit dem Realen verwoben ist und betont zugleich die Dialektik des Fremden und des Eigenen. Eine Alleinstellung im Kanon der Kultur-, Geistes- und Sozialwissenschaften erhält die Ethnologie als diejenige Wissenschaft, die in ihre Reflexion die kleinen und nichtstaatlich organisierten Gesellschaften einbezieht und somit eine Perspektive auf das Eigene aus einer extremen Ferne richtet. Die ethnologische Perspektive betont das Kulturelle im und am Menschen. Es geht nicht darum, dass er sich fortpflanzt und verteidigt, sondern um die kulturellen Formen: wen man als Ehepartner wählt, was Nachwuchs bedeutet, was man warum verteidigt und was nicht.

Imagination und Realität

Da der Untersuchungsgegenstand das kulturell Fremde ist, erfährt das Eigene in der Untersuchung eine ambivalente Position. Einerseits müssen wir von unserem Welthorizont ausgehen, andererseits versperren uns die eigenen Begriffe den Blick auf die fremde Binnensicht. Begriffe wie Individuum, Familie, Gruppe, Status, Rolle, Klasse, Religion, Entwicklung, Nation etc. sind unweigerlich mit der eigenen Erfahrungswelt eng verwoben und werfen einen dunklen Schatten auf die Feinheiten des Fremden. Der Ethnologe drängt die Gemeinplätze der eigenen Kultur, die lieb gewonnenen unhinterfragten „Einsichten", zurück und verwendet in seinen Abhandlungen daher oft indigene Begriffe. Sozialwissenschaftliche Methoden wie arbeitsteilig erstellte Multiple Choice-Fragebögen oder statistische Verfahren laufen hier Gefahr, das Fremde zu vernebeln, weil sie nach dem fragen, was wir vorher schon kannten. Andere Ansätze, die verstehende und hermeneutisch ausgerichtete Sozio-

Das Eigene vernebelt den Blick auf das Fremde

logie oder die Soziologie des Wissens, stehen der ethnologischen Praxis näher.

Vor dem Hintergrund der fremdkulturellen Erfahrung sind komplexe Perspektiven entstanden, die zu innovativen Forschungsverbänden geführt haben. Die Ethnologie hat über Jahrzehnte gewinnbringend mit den Sozialwissenschaften kooperiert und im letzten Vierteljahrhundert die Literaturwissenschaften einbezogen. Die ethnologischen Diskussionen haben wiederum auf andere Geisteswissenschaften zurückgewirkt. Doris Bachmann-Medick spricht von einer anthropologischen Wende in den Literaturwissenschaften, und fasst aus deren Sicht den ethnologischen Ansatz wie folgt zusammen. Die Ethnologie richtet ihren Blick auch auf die eigene Gesellschaft und erhellt den Blick mit dem Mittel der Verfremdung.

Die Verfremdung des Eigenen

„[Die Ethnologie] drängt auf die Entwicklung eines ethnologischen Blicks, der auch auf die eigene Kultur gerichtet werden kann und soll: auf die eigenen sozialen Institutionen, Normen, Werte, Gewohnheiten. Diese Entwicklung eines ethnologischen Blicks wird besonders durch die Konfrontation mit Fremdheit provoziert. Dadurch kann sich die distanzierte Sicht eines von außen kommenden Beobachters auch auf die eigene Kultur richten und diese so verfremden, dass man bisher nicht Gesehenes an ihr wahrzunehmen vermag. Andere Disziplinen können von der Ethnologie diese fruchtbare Praxis des Fremdmachens lernen. Sie bleibt keineswegs nur eine intellektuelle Übung, sondern hat enge Realitätsbindung. So wird sie (...) angetrieben von den sozialen Prozessen selbst, von ethnischen Konflikten, von Minoritätenpolitik, von Bürgerrechtsbewegungen in so genannten multikulturellen Gesellschaften, von Migration und Diaspora in ihren hybriden Überlagerungen verschiedener kultureller Erfahrungsschichten und kultureller Mehrfachzugehörigkeit. Angesichts solcher Anschübe kann man gerade nicht behaupten, dass sich die kulturwissenschaftlichen *turns* (...) in einem Theorielabor abspielen. Sie sind vielmehr deutlich rückgebunden an soziale und interkulturelle Prozesse, die sie wiederum durch ihre konzeptionelle Perspektivierungen mitgestalten." (Bachmann-Medick 2007: 28–29)

Ich möchte dieser Perspektive zustimmen, die das *erweiterte* Arbeitsfeld der Ethnologie und seine Relevanz benennt. Dabei darf jedoch keinesfalls übersehen werden, dass sich die ethnologische Forschung, auch wenn sie in der eigenen Gesellschaft angesiedelt ist, immer aus den von Ethnologen im außereuropäischen Raum durchgeführten Feldforschungen speist. Es wäre ein fataler Irrtum, wenn man von einer weitgehend fortgeschrittenen Auflösung der „traditionellen" Kulturen ausgehen und auf die bereits publizierten Forschungsergebnisse verweisen würde. Da in unserem Fach stets neue Forschungsperspektiven entwickelt werden, ist auch in der Zukunft ethnologische Feldforschung in kulturell fremden Gesellschaften unabdingbar. Fragen der Globalisierung, des Nationalismus und der Wahrnehmung des Staates müssen auch in kleinen Gesellschaften fernab des administrativen Einflussbereichs gestellt werden, weil globale Güter, Geldwirtschaft und Schrifttum nahezu jeden Winkel der bewohnten Welt erreichen (Gingrich und Banks 2006).

Die Ethnologie im Kanon der Wissenschaften | 1.3

Jeder Versuch, die Ethnologie im Kanon der Wissenschaften zu verorten, wirft Probleme auf. Zu einer besonderen Form der Verwirrung hat die Umbenennung von Universitätsinstituten geführt. Die meisten Institute für Ethnologie wurden zuvor als Institute für Völkerkunde bezeichnet und haben sich umbenannt, um u.a. den neuen Arbeitsgebieten Rechnung zu tragen. Völkerkunde, so glaubte man zudem, suggeriere Forschung im Regenwald, in Wüsten oder anderen ökologischen Nischen, oder in den jungen Nationalstaaten, den einstigen Kolonien. Die Volkskunde, die aus der Germanistik hervorgegangen ist und sich mit Erzähltraditionen in europäischen Staaten beschäftigt hat, entledigte sich ebenfalls ihrer alten Benennung und bezeichnet sich heute meist als „Europäische Ethnologie". Selbst bei universitären Planungskommissionen führt dies bis in die Gegenwart zu Verwirrung und der Annahme, dass es sich hier um regionale Ausrichtungen desselben Fachs handelt. Dies ist offenkundig falsch, denn die Völkerkunde entwickelte sich aus der Erforschung von Kulturen in schrift- und marktlosen Gesellschaften,

Ethnologie und
europäische Ethnologie

die den Forschern völlig fremd waren. Daraus resultierten Forschungsmethoden, die sowohl die Infragestellung des Eigenen als auch eine graduelle Annäherung an fremde Denkhorizonte forderten. Die Volkskunde hat hingegen ethnische Minderheiten innerhalb der staatlichen Gesellschaften untersucht und andere Methoden, z.B. die der Erzählforschung, entwickelt. Ungeachtet der heutigen Überschneidungen von Arbeitsfeldern und Annäherungen in Methodenfragen verfügen beide Fächer über ein eigenständiges Profil.

Ethnologie und Naturwissenschaft

Die Institutionalisierung der Ethnologie erfolgte im späten 19. und frühen 20. Jahrhundert und ist durch den naturwissenschaftlichen Hintergrund zahlreicher Wegbereiter (s.u.: Bastian, Boas, Rivers, Malinowski) geprägt. Das Streben nach Objektivität im Rahmen der damaligen Theorien hat eine Richtung vorgegeben, deren Spuren wir auch in der Gegenwart finden. Der enge Verbund von physischer und sozial bzw. kulturell ausgerichteter Anthropologie hat sich in den USA und in England jedoch inhaltlich aufgelöst und existiert nur noch in Form eines gemeinsamen Departments. In Deutschland mündete diese Allianz nach den Rassentheorien aus dem Dritten Reich in eine Nicht-Kooperation und die Verteilung beider Fächer auf unterschiedliche Fakultäten. Damit wurde keineswegs ein fester Platz zugewiesen, denn Fakultätswechsel von Ethnologieinstituten oder Doppelzugehörigkeiten sind in Deutschland keine Einzelfälle. Ungeachtet der gelegentlich proklamierten Zukunftsperspektiven im Rahmen von biogenetischen oder neurologischen Großprojekten kann festgehalten werden, dass die Hauptlinien der Ethnologie nicht mehr an naturwissenschaftlichen Methoden ausgerichtet sind. Die Versuche, analog zur Naturwissenschaft Gesetze über die kulturelle Dimension des Menschen oder über gesellschaftliche Prozesse zu formulieren, müssen als gescheitert betrachtet werden.

Objektivität

Die Ablehnung von gesetzbildenden (nomothetischen) Ansätzen kann mit der Einsicht begründet werden, dass Kultur immer auf dem Handeln von Menschen beruht, die stets ihre Umwelt und die konkrete Situation und dabei auch sich selbst deuten. Akteure interpretieren das Verhalten Dritter, um weitere deutende Äußerungen hervorzubringen. Eine komplexe Handlung hat nicht nur eine, sondern zahlreiche Bedeutungen, und kann daher nicht wie eine Sache dingfest gemacht werden. Jeder Versuch, eine Handlung objektiv – also unabhängig von einer notwendigerweise subjektiven Beobachterperspektive – zu beschreiben, führt zur Ausblendung von Bedeutung, die ihr erst einen Sinn vermittelt. Darüber hinaus ist jede Wahl eines Blickwinkels einer gewissen Willkür geschuldet. Auch die Festlegung, wann eine Handlung beginnt oder endet, ist mit dem Erkenntnisinteresse des Betrachters und seinen Vorkenntnissen verbunden.

Wenn wir für einen Augenblick die Welt in „harte" Fakten, etwa der Verteilung von Atomen in Raum und Zeit (kurz: die Welt der Dinge), und in „weiche" Fakten (die Deutungen und Imaginationen) gliedern, so stellt sich die Ethnologie hinter die These, dass für „weiche" Fakten entsprechend flexible Methoden verwendet werden müssen. Die Interaktion der „harten Fakten" miteinander erfolgt aus Sicht der Naturwissenschaften nicht in einem interpretativen, sondern in einem bio-physikalischen Feld. Die Beschreibung von Prozessen im interpretationsfreien Raum erfolgt jedoch in einer Sprache mit Formeln und Metaphern, die aus ethnologischer Sicht bereits eine Interpretationsleistung darstellt. Die Darstellung von Natur ist immer Kultur, doch orientiert sie sich am Ideal des Objektiven. Dort, wo Menschen miteinander interagieren, ist der Raum mit Bedeutungen erfüllt, die sich einer objektiven Sicht entziehen und nur in ihrer Pluralität und mit ihrer Vielschichtigkeit beschrieben werden können. Bedeutungen verändern sich mit dem Standpunkt, dessen Festlegung stets auf einer Interpretation beruht. Es macht also, um diese fragliche Dichotomie zum letzten Mal zu verwenden, keinen Sinn, mit „harten" Methoden „weiche" Sachverhalte zu bearbeiten.

„Harte" und „weiche" Fakten

Ein eher naturwissenschaftlich orientierter Ansatz geht davon aus, dass Dinge an sich existieren und einen Einfluss auf die Bedeutungen haben. Wasser ist lebensnotwendig, ein Ding, und erfährt daher überall, wo es nicht im Überfluss existiert, Wertschätzung. Ein kulturwissenschaftlicher Ansatz betont die Einbettung der Dinge in die Bedeutungslandschaften. In unserer eigenen Alltagskultur sprechen wir von Leitungswasser, Mineralwasser, stillem Wasser, Tafelwasser, destilliertem Wasser, Weihwasser, Regenwasser, Kühlwasser, Flusswasser, Spülwasser,

Fallbeispiel: Wasser

Brauchwasser und vielem mehr. In Indien kennt man zwar auch die meisten der genannten Bedeutungen, doch wird Wasser dort vor allem in einem System, das von einer Opposition von „rein" und „unrein" ausgeht, gedeutet. Aus einem religiösen Kontext heraus, der sich grundsätzlich von der europäischen Bedeutungszuschreibung unterscheidet, wird das Wasser in der Landwirtschaft, im Haushalt und im Ritual mit kulturellen Differenzierungsmerkmalen klassifiziert. Normales Wasser kann durch die Nähe von „unreinem" kontaminiert werden, „heiliges" Wasser im Ganges entzieht sich dieser Gefahr, und „unreines" Wasser kann nicht durch Aufkochen in „reines" Wasser transformiert werden. Eine naturwissenschaftliche Erklärung bietet sich hingegen für die Regel an, dass man vom Dorf aus gesehen flussabwärts wäscht und flussaufwärts das Wasser für den Haushalt schöpft. Solche hygienisch sinnvolle Regeln nimmt die Ethnologie zwar in ihre Fremdbeschreibung auf, doch gilt das Erkenntnisinteresse der kulturellen Konstruktion.

1.4 | Die Entwicklung des Kulturbegriffs

Kulturverständnis weit gefasst

Der Begriff „Kultur" kann eng oder weit gefasst werden. Wenn in Tageszeitungen einzelne Seiten für „Kultur" reserviert sind und hier von Büchern, Filmen, Konzerten und Bühnen die Rede ist, so liegt ein enger Kulturbegriff zu Grunde, der zur Gliederung einer Zeitung in Rubriken wie Politik, Wirtschaft etc. eine gewisse Nützlichkeit aufweist. Dieses Kulturverständnis impliziert jedoch, dass Kultur etwas Erhabenes darstellt und entspricht der bis ins 19. Jahrhundert gängigen Verwendung des Begriffs, als Kultur mit Zivilisation gleichgesetzt – und folglich „unzivilisierten Völkern" abgesprochen – wurde. Heute wird Kultur jedoch meist weiter gefasst und schließt Alltagskultur ein. Man spricht von allerlei Kulturen, die sich auf subkulturelle Jugendgruppen beziehen, beispielsweise „Popkultur", von Superkollektiven, etwa „amerikanische Kultur", von Regionen, von spezifischen Sportarten oder Freizeitgestaltungen, politischen Ausrichtungen oder gesellschaftlichen Klassen. Der Phantasie, was alles mit Kultur bezeichnet werden könnte, sind kaum Grenzen gesetzt. In diesem weit gefassten Sinn sind mit Kultur

Lebensarten, Haltungen, Normen und Werte gemeint, die den Menschen in ihren Bewertungen und Handlungen eine Orientierung geben und den Identitätskonstruktionen zugrunde liegen. Dieses weit gefasste Verständnis des Begriffs kommt dem ethnologischen Verständnis von Kultur deutlich näher als eine engere Auslegung.

Weniger offensichtlich – jedoch fundamental – ist die Abgrenzung zu Konzepten wie „Betriebskultur" oder „Leitkultur", da hier Normen oder Wertorientierungen – wie eine Rechtschreibreform – von einer Elite vorgeschrieben werden, einem Zweck dienen und im besten Fall verinnerlicht werden sollen. Dieser von „oben" nach „unten" und von „außen" nach „innen" gerichtete Prozess steht dem ethnologischen Kulturbegriff diametral gegenüber, da in unserem Verständnis kulturelle Formen das Resultat von komplexen Aushandlungsprozessen mit vielen Beteiligten sind. Der ethnologische Kulturbegriff ist offensichtlich demokratischer als das von einigen unserer gewählten Volksvertreter bevorzugte Konzept. Die gesellschaftlichen Reaktionen auf die Forderung nach einer „Leitkultur" zählen hingegen zu einem kulturellen Prozess und somit zum Untersuchungsgegenstand der Ethnologie.

Leitkultur

Wenn bisher von einem ethnologischen Kulturverständnis im Singular gesprochen wurde, so war damit ein Konsens gemeint, den ich hinter der Pluralität von Definitionen sehe. Vor mehr als einem halben Jahrhundert haben Kroeber und Kluckhohn (1952) über 160 Definitionen von „culture" zusammengetragen, gruppiert und diskutiert. Seither hat sich die Theoriediskussion weiterentwickelt, doch der Drang zur eigenen Definition hat bei den Fachvertretern nachgelassen. Die meisten Autoren schreiben Kultur spezifische Attribute zu, ohne eine umfassende Bestimmung leisten zu wollen. Wer den Anspruch erhebt, auf Dauer eine wasserdichte Bestimmung von Kultur festzulegen, widerspricht der Vorstellung einer wissenschaftlichen Weiterentwicklung, da Begriffe, Definitionen und Theorien miteinander verwoben sind.

Pluralität oder „wasserdichte" Definitionen

Ein kurzer Rückblick auf die Geschichte der ethnologischen Kulturkonzepte soll dies illustrieren. Als Einstieg zitiere ich E.B. Tylor, dem die erste wissenschaftliche Definition von Kultur zugeschrieben wird.

Die „erste" Definition von Kultur

Definition

„Cultur oder Civilisation im weitesten ethnographischen Sinne ist jener Inbegriff von Wissen, Glauben, Kunst, Moral, Gesetz, Sitte und allen übrigen Fähigkeiten und Gewohnheiten, welche der Mensch als Glied der Gesellschaft sich angeeignet hat." Tylor (1871), Übersetzung nach C.A. Schmitz 1963: Kultur, Frankfurt/M., S. 33

Kultur ist erlernt und kollektiv

Um die Definition von E.B. Tylor zu würdigen, muss berücksichtigt werden, dass er sich gegen das stark materiell geprägte Kulturverständnis des Evolutionismus wendet und hier die Dimension des Geistigen oder der Imagination einbezieht. Bis heute können wesentliche Merkmale als gültig verstanden werden, vor allem, dass Kultur kollektiv (also überindividuell) und erlernt (durch Sozialisation vermittelt) ist. Der Zusatz auf „alle übrigen Fähigkeiten und Gewohnheiten" zeigt die Offenheit der Definition und somit die Weitsicht des Verfassers. Eine spätere Kritik, die auf die fehlende Eigendynamik von Kultur verweist, hat sich ebenfalls als Produkt der Zeit erwiesen, in der der monolithische Charakter von Kultur in Frage gestellt wurde. Im Rückblick auf die Fachgeschichte wird offensichtlich, dass Theorien und Definitionen nicht allein *für* den Erkenntnisgewinn, sondern oft *gegen* eine bestehende Forschungsrichtung formuliert werden.

Kultur als nützliche und adaptive Instanz

Im 19. Jahrhundert prägte der Evolutionismus das Verständnis von Kultur. Eine allgemeine Entwicklung vom Einfachen zum Komplexen galt auch für die kulturelle Evolution, die in jeweils klar definierte Entwicklungsstufen gegliedert war. Bronislaw Malinowski, Begründer der *social anthropology* in England, sah in den Kulturen jedoch nicht den Ausdruck einer fortschreitenden Evolution nach einem universalen Muster, sondern eine funktionale Anpassungsleistung an die ökologischen Bedingungen. Die Ähnlichkeiten der Kulturen begründete er in den 1930er Jahren mit den identischen Grundbedürfnissen des Menschen, die in der Biologie verankert sind, und je nach Umweltbedingungen zu spezifischen Kulturentwicklungen führen. Aus den primären Bedürfnissen entwickeln sich Normen und Institutionen. So führt etwa der psychisch begründete Wunsch nach Sicherheit zu einem Glaubenssystem, das dem Individuum mit magischen Praktiken Zuversicht vermittelt. Die spezifische Kultur erklärt sich aus dem universalen Bedürfnis der Menschen und den spezifischen Erfordernissen, die sich aus der jeweiligen Umwelt ableiten lassen. Malinowksi betrachtete Kultur als ein sich selbst regulierendes, also anpassungsfähiges und somit lokales System. Diese Position wird bis in die Gegenwart von Kulturökologen und Kulturmaterialisten geteilt, die Kultur als nützliche und adaptive Instanz ansehen. Die Kritik an diesen Modellen verweist auf menschenverachtende und zerstörerische Praktiken und Institutionen. Eine Deutung von Krieg oder Folter durch Aspekte der Nützlichkeit ist nicht nur als zynisch anzusehen, sondern bildet auch keine kohärenten Erklärungsmodelle. Nicht alles, was wir als Kultur bezeichnen, dient dem Menschen.

In den USA entwickelte sich in der ersten Hälfte des 20. Jahrhunderts die *cultural anthropology*, die auch in Hinblick auf das Kulturkonzept eine Gegenposition zur britischen *social anthropology* vertrat. Nach Ruth Benedict und Margaret Mead, den berühmtesten nordamerikanischen Ethnologen dieser Zeit, kann Kultur nicht als eine Addition von Merkmalen bestimmt werden, sondern weist – ähnlich wie Individuen – einen spezifischen Charakter auf. Kulturen bieten konsistente Denk- und Handlungsmuster, die sie mit einem Konfigurationsansatz erklären; sie sind nicht adaptiv, sondern integrativ, indem sie den Einzelelementen im Licht der Ganzheit ihre Bedeutung zuschreiben. Das Ganze bestimmt seine Teile. Ein Ritual entfaltet seine Bedeutung und Wirkkraft erst im Zusammenhang der Gesamtkultur, die jeweils durch Leitideen geprägt sind. Bahnbrechend war die bis heute diskutierte These, dass einzelne Aspekte von Kultur aufeinander bezogen sind. Wenn eine Gesellschaft wettbewerbsorientiert ist, so findet sich diese Qualität in zahlreichen Bereichen. Zu untersuchen war nicht die Funktion, sondern die Form. Meads Ausführungen zu einzelnen Kulturen – auch zu Nationalkulturen – nehmen bisweilen eine deterministische Richtung ein. Diese Schule muss sich heute zwar den Vorwürfen der Pauschalierung (nicht jeder Japaner entspricht dem von Mead gezeichneten Stereotyp) und Essentialisierung (Kultur ist kein festes Ding mit einer unveränderbaren Essenz) stellen,

Kultur als Denk- und Handlungsmuster, als integrative Konfigurationen

die Dialektik von Individuum und Kultur bleibt jedoch als spannendes Forschungsfeld bestehen.

Kultur strukturiert das Denken

Als die erste große intellektuelle Herausforderung nach dem Zweiten Weltkrieg erwies sich die strukturale Anthropologie, die in Paris von Claude Lévi-Strauss entworfen wurde. Sie implizierte ein völlig neues Kulturkonzept. Wenn wir die Manifestationen von Kultur als Zeichensysteme verstehen, die sich in Mythen, ästhetischen Formen, Speisefolgen, Verwandtschafts- und Tauschsystemen manifestieren, so Lévi-Strauss, dann können wir diese, ähnlich wie Sprache, in ihre kleinsten Einheiten zerlegen und mit einer Art kultureller Grammatik ordnen. Sein Interesse galt nicht einer Funktion oder einer Form, sondern der verborgenen und dem Akteur unbewussten Ordnung. In zahlreichen Werken ist es ihm gelungen, verblüffende Relationen oder *Notwendige Beziehungen* (Oppitz 1975) aufzuzeigen. Nicht die Gesellschaften, in denen wir leben, sondern die Kategorien, in denen wir denken, sind offenbar einer Ordnung geschuldet, die der Strukturalist erkennen und formalisieren kann. Wenn wir mehr über die Beziehung von Frau und Mann erfahren wollen, müssen wir sie in Relation zu unseren Vorstellungen von Innen und Außen, Natur und Kultur, Status und Macht setzen, um so unser Denken zu verstehen. Die Kritiker haben Lévi-Strauss vorgeworfen, ethnographische Daten für seine Modelle zurechtgebogen zu haben und subtile Tatbestände auf einfache und eindeutige Formeln zu reduzieren. Heute hat der Strukturalismus seine Anziehungskraft verloren und wird oft in die Reihe von überholten Welterklärungstheorien eingeordnet, doch eine zentrale Botschaft, dass Menschen weitgehend unbewusst und mit strukturierten Kategorien denken, hat seine Gültigkeit behalten.

1.5 | Kultur als Bedeutungsgewebe

Kultur als Abstraktion

Dieser erste Einstieg in die Fachgeschichte der Ethnologie offenbart die Einsicht, dass die Modelle von Kultur stets im Licht einer Gesellschaftstheorie oder Annahme von der „Natur" oder dem „Wesen" des Menschen entstanden sind. Unabhängig davon, ob wir Kultur universal definieren, um jede Gesellschaft auf einer evolutionären Stufenleiter einzuordnen, ob wir Kultur als nützlich im Sinn einer Funktion, als sinngesättigte Form oder als abstrakte Struktur begreifen, in jedem Fall handelt es sich um eine Abstraktion und somit nicht um ein Ding an sich. Eine Kultur kann ungeachtet sprachlicher Konventionen nicht handeln. Wenn wir sagen, dass eine Kultur „etwas" verändert habe, so meinen wir, dass dieses „Etwas" in einem gesellschaftlichen Prozess entstanden ist. In diesem Prozess agieren Individuen, die selbstredend von ihrer Kultur geprägt sind, auf ihre Kultur einwirken. Wenn wir nun sagen, dass eine Kultur „etwas" hervorgebracht hat, so beziehen wir uns auf ein abstraktes Modell, demzufolge die kulturell geprägten Mitglieder ihre Kultur verändern, revitalisieren, transformieren, erneuern oder zerstören, wobei dies gewollt oder ungewollt, mehr oder weniger bewusst, auf äußeren Druck oder inneren Drang erfolgen kann.

Die Folgen der Einsicht, dass Kultur immer eine Abstraktion ist, sind vielfältig. Zunächst kann Kultur, wie bereits gesagt, nicht handeln oder von Menschen Besitz ergreifen, sie kann auch nicht verordnet werden. Ihre materiellen Manifestationen können jedoch – wie jedes in Materie gegossene geistige Eigentum – vermarktet werden. Wenn Kultur nur als Abstraktion existiert, liegt die Vermutung nahe, dass sie als reine Imagination belanglos ist. Dies trifft jedoch auf viele Aspekte zu, beispielsweise auch auf Zahlen, die wir ohne dingliche Existenz nur denken und schreiben, die jedoch wirkmächtig auf die reale Welt zurückwirken. Die Art und Weise, wie wir mit der Abstraktion Kultur umgehen, hat reale Folgen, nicht erst seit der Leitkulturdebatte, in der ungeachtet aller Erkenntnis dingliche Vorstellungen von Kultur behauptet werden. In den Sozialwissenschaften wird oft von der Gefahr der Reifizierung gesprochen, einer künstlichen Hervorbringung, einer Verdinglichung von Kultur oder Gesellschaft, die allgemein als Trugschluss betrachtet wird. Die Ethnologie verweist auf die Gefahr, aus einer facettenreichen fremdkulturellen Begegnung ein polarisierendes und kontrastreiches Bild zu schaffen, in dem der Fremde fremder wird, als er ist. Johannes Fabian (1983) hat dies „Othering" (im Deutschen „Veranderung", kein schönes Wort!) genannt, worauf ich später noch zurückkomme.

Kultur als Imagination mit realen Folgen

Kultur als Praxis oder als
Norm

Eine Kardinalfrage in der Kulturtheorie lautet: Abstraktion wovon? Was genau ist unser Untersuchungsgegenstand, um daraus eine modellhafte Vorstellung von Kultur zu generieren? Meist wird auf diese Frage mit einer Dichotomie geantwortet, die von einer realen und beobachtbaren Ebene, also „Fakten" einerseits und „Imagination" andererseits, ausgeht. Auf der imaginierten Ebene existieren die Regeln, Normen und Institutionen. Als eine Metapher für diese Dichotomie wird auch die Aufführung und die Partitur einer Oper verwendet. Man differenziert somit zwischen Praxis und Entwurf oder lapidar gesagt, zwischen dem, was Menschen tun und was sie darüber zu berichten wissen. Wer in einer Familie die Erziehung von Kindern, Ernährungsgewohnheiten und religiöse Praktiken untersucht, dürfte an den meisten Orten der Welt auf eine bemerkenswerte Differenz in dem einen oder anderen Fall treffen. Ob wir Erziehung, Ernährung und Religion als Praxis oder als idealisierte Norm behandeln, wirkt sich überdeutlich auf die Darstellung aus und verweist jeweils auf ein anderes Kulturverständnis. Wenn Ethnologen während ihrer Forschung den Handelnden „über die Schulter schauen", um die Welt „mit deren Augen zu sehen", so sind beide Ebenen in einer Tätigkeit verschmolzen, doch gilt es in der Fremdbeschreibung Klarheit darüber zu schaffen, ob sie sich auf empirische oder ideelle Befunde beziehen. Die folgende viel zitierte programmatische Definition von Kultur legt einen eindeutigen Schwerpunkt.

Definition

Kultur als
Bedeutungsgewebe

„Ich meine mit Max Weber, dass der Mensch ein Wesen ist, das in selbstgesponnene Bedeutungsgewebe verstrickt ist, wobei ich Kultur als dieses Gewebe ansehe. Ihre Untersuchung ist daher keine experimentelle Wissenschaft, die nach Gesetzen sucht, sondern eine interpretierende, die nach Bedeutungen sucht. Mir geht es um Erläuterungen, um das Deuten gesellschaftlicher Ausdrucksformen, die zunächst rätselhaft scheinen." (Geertz 1991: 9)

Die semiotische Wende

Mit dieser Betonung der unsichtbaren Bedeutungsgewebe hat Clifford Geertz vor einem Vierteljahrhundert die semiotische Wende in der Ethnologie eingeleitet, in deren Folge sich (spätestens) der Forschungsschwerpunkt auf die Zeichen- und Bedeutungsebenen fremder Kulturen verlagert hat. Am Beispiel des Zwinkerns illustriert er, dass es nicht um die Auf- und Abbewegung eines Augenlides an sich geht, sondern vielleicht um die Übermittlung einer geheimen Botschaft, die auf einem geteilten kulturellen Code beruht. Nun kann es aber sein, dass es sich um ein nachgemachtes Zwinkern handelt, oder darum, dass jemand das Zwinkern einübt, oder einfach um ein Zucken, das weder etwas vermitteln, nachmachen oder einüben soll, sondern eine ungewollte Bewegung des Augenlides ist. Nach Geertz ist Ethnographie *Dichte Beschreibung*, so der programmatische Buchtitel. Womit „es der Ethnograph tatsächlich zu tun hat ..., ist eine Vielfalt komplexer, oft übereinandergelagerter oder ineinander verwobener Vorstellungsstrukturen, die fremdartig und zugleich ungeordnet und verborgen sind und die er zunächst einmal irgendwie fassen muss." (Geertz 1983: 15) Auf der gleichen Seite vergleicht Geertz indirekt Kultur mit einem Text.

„Ethnographie betreiben gleicht dem Versuch, ein Manuskript zu lesen (im Sinne von „eine Lesart entwickeln"), das fremdartig, verblaßt, unvollständig, voll von Widersprüchen, fragwürdigen Verbesserungen und tendenziösen Kommentaren ist, aber nicht in konventionellen Lautzeichen, sondern in vergänglichen Beispielen geformten Verhaltens geschrieben ist." (Geertz 1983: 15)

Kultur als Text

Die Hinwendung zur Bedeutungsebene hat jedoch keinesfalls zur endgültigen Klärung des Kulturbegriffs geführt. Es schloss sich die Frage an, von wem denn die vom Ethnologen destillierten Sinnzusammenhänge geteilt werden. Für wen spricht er, wenn er von der Kultur einer Gesellschaft spricht, in der er aufgenommen wurde und forschen durfte. Beim Zwinkern ist ein breiter Konsens leichter vorstellbar als in anderen Symbol- und Zeichensystemen. Die Sicht der Alten muss nicht der der Jugend und die der Männer muss nicht der der Frauen entsprechen, und auch innerhalb des jeweiligen Geschlechts gibt es Deutungsvarianz. Neben den sozialen Grenzen wurden die territorialen Einheiten problematisiert: Schreibt der Ethnologe über ein Dorf, über eine Region oder über die Kultur eines jungen Na-

Deutungsvarianzen

tionalstaates, der viele Millionen Menschen umfassen kann? Man muss nicht über viel Phantasie verfügen, um die Folgen dieser Debatte zu erahnen. Da Kultur empirisch nicht nachweisbar sei, die erklärenden Theorieentwürfe Widersprüche aufwiesen und es keine geteilten Bedeutungsgewebe gebe, forderten einige Stimmen die Aufgabe des Kulturkonzepts.

1.6 | Fundamentalkritik am Kulturkonzept

Ethnozentrismus im Kulturkonzept

Christoph Brumann (1999) plädiert unter Einbeziehung der umfassenden Kritik für die Verwendung des Begriffs, da widersprüchliche Erklärungsmuster Teil eines wissenschaftlichen Diskurses sind und fehlende Präzision stets Teil von Sprache ist. Die fehlende Genauigkeit oder Eindeutigkeit bei einem Begriff kann kein Argument für seine Nichtverwendung sein. Auch wenn wir das Wort „Tal" nicht eindeutig bestimmen und die Grenzen zum „Hang" oder zum „Berg" fließend sind, so können wir dennoch nicht auf das Wort verzichten. Der aus meiner Sicht schwerwiegendste Einwand gegen die Verwendung des Begriffs „Kultur" ist sein immanenter Ethnozentrismus. Der Sprecher definiert Kultur aus seiner eigenen Erfahrung, in der seine Kultur eingeschrieben ist, und macht stets Aussagen über andere Kulturen, auch wenn er sie nicht benennt. In jeder Aussage über Kultur ist eine Differenz vorhanden, die in der gesellschaftlichen Praxis die Anderen bewertet. Eine Untersuchung auf dem Campus einer US-amerikanischen Universität hat gezeigt, dass viele rassistische Vorstellungen über die Mitstudierenden mit anderer Hautfarbe oder Muttersprache heute im Idiom „das ist ihre Kultur" weiterleben. Hier wird Kultur dinglich gedacht, reifiziert und essentialisiert.

Kognition ist nicht Bewertung

Das Beispiel des US-amerikanischen Universitätscampus wirft eine weitere Frage auf, die meist nicht diskutiert wird, obwohl sie an den Kern des Kulturverständnisses geht. Zunächst zur Theorie: In frühen Ethnographien wurde Kultur als „eine Weise des Denkens, Fühlens, und Glaubens" (vgl. Kluckhohn, zit. nach Geertz 1983: 8) definiert und somit Aspekte zusammengeführt, die eine gesonderte Betrachtung verdienen. Es ist zunächst sinnvoll, Kultur auf der Handlungsebene als Kognition zu begreifen, als die Fähigkeit, kulturelle Codes zu deuten. Die Fähigkeit, etwas zu verstehen, muss jedoch von der Bewertung getrennt werden. Auf dem nordamerikanischen Campus können die Studierenden unabhängig von ihrer Muttersprache und Hautfarbe kulturelle Codes erkennen und zuordnen. Sie teilen also die Campuskultur in diesem kognitiven Sinn. Innerhalb ihrer Gruppe werden jedoch kulturelle Unterschiede geäußert, die auf der Bewertungsebene anzusiedeln sind. Kultur manifestiert sich hier in Form einer Wertzuschreibung, die über die Kenntnis von Zeichensystemen hinausgeht. Das methodische Problem, das sich hier stellt, taucht auch in Ethnographien auf. Wenn Clifford Geertz über die Bedeutung des Hahnenkampfes auf Bali schreibt, in dem sich die Besitzer mit der Männlichkeit und Kampfeslust der Hähne identifizieren und dabei um ihren Status kämpfen (s. u.: Interpretative Ethnologie), und daraus Schlüsse über die Kultur der Balinesen zieht, ist nicht geklärt, ob er meint, dass die Balinesen die Bedeutungen lediglich kennen (im Sinn von „erkennen") oder die Zuschreibungen unhinterfragt teilen und sich mit ihnen identifizieren. Zweifellos ist es in vielen Zusammenhängen sinnvoll, Kultur mit Kognition gleichzusetzen, doch zeigen die Beispiele, dass Identitätsprozesse oft untrennbar mit kulturellen Zuschreibungen verbunden sind, und somit Kultur nicht nur ein System von Zeichen, sondern auch von Bewertungen umfasst (Schlee 2007). Beide müssen getrennt voneinander behandelt werden.

Die Lokalisierung von Kultur | 1.7

Die kulturwissenschaftlichen Forschungen zur Globalisierung, zur Migration und zur Diaspora kommen zu Ergebnissen, die nicht so recht zu den ortsgebundenen Kulturkonzepten passen. Kommunikationsakte und Handlungskontexte lassen sich ebenso wie Loyalitätsverpflichtungen und Zugehörigkeitsgefühle nicht mehr an physischen Räumen festmachen. Globale Güter finden weltweite Verbreitung, soziale Netzwerke überspannen Kontinente und Sinnfindung überschreitet nationale Grenzen. Die Entwicklungen des Internets halten weitere Argumente für ein ortsentbundenes Kulturkonzept bereit. Die Arbei-

Enträumlichte Kultur

ten zum Transnationalismus liefern zudem überzeugende Belege für eine enträumlichte Kultur. Dies entspricht der einen Seite der Münze. Die andere Seite zeigt jedoch gleichermaßen deutlich, dass sich die de-territorialisierten Kulturen weiterhin konkret vor Ort manifestieren. Die globalen Kulturströme docken nicht nur an konkreten Orten an wie Schiffe in einem Hafen, sondern werden vor Ort kreativ aufgenommen, transformiert und angeeignet. Somit findet das Kulturkonzept wieder eine räumliche Dimension, die sich jedoch von der von früheren, ortsfixierten Kulturkonzepten unterscheidet (s.u.: Migration).

1.8 | Drei Ebenen von Kultur

Kommen wir zur Kardinalfrage zurück: Wenn wir Kultur als Abstraktion verstehen, haben wir noch nicht geklärt, worauf sich diese bezieht. Ein fiktives Beispiel soll uns weiterhelfen. Stellen wir uns vor, ein Ethnologe aus einer uns fremden Gesellschaft interpretiert für seine Leserschaft, der das Fußballspiel nahezu unbekannt ist, den deutschen Fußball. Wenn wir auf die genannte Dichotomie von Praxis und Norm zurückkommen, so würde die Beschreibung eines bestimmten Spiels auf der Faktenebene recht langweilig. Die Beschreibung der einzelnen Spielzüge mit einem Streben nach Genauigkeit wird zur Geduldsprobe für seine Leser. Zudem würden einzelne Spielzüge zunächst ohne Sinn bleiben. Es empfiehlt sich also, in den Bericht die Normen, hier: die formalen Regeln des Spiels, einzubeziehen. Der Leser könnte also einen Pass in Hinblick auf die Abseitsfalle besser verstehen. Eine weitere Ebene entfaltet sich jedoch erst, wenn man das Spiel in einen weiteren gesellschaftlichen Zusammenhang stellt. Es geht bei jedem Match zugleich um diese höhere Bedeutungsebene, die im Fußball in Hinblick auf Fairness, Einsatz, Mannschaftsgeist oder Ähnliches zum Ausdruck kommt. Oft kommt Lokalpatriotismus hinzu, der seine konkrete Form wiederum durch die Vorstellungen vom Gegner erfährt. Wie beim balinesischen Hahnenkampf geht es um mehr: um Prozesse der Identifikation, Statuszuschreibungen und die Idealisierung von Ausdauer, Potenz, Geschick und Angriffslust. Wir können festhalten, dass eine Ethnographie des

Abstraktionsebenen von Kultur

Fußballs neben der empirischen Dimension der beobachtbaren Spielzüge und der normativen Ebene der Regeln eine weitere, noch abstraktere Ebene einbeziehen muss.

Rodney Needham (1966), ein britischer, dem Strukturalismus nahe stehender Ethnologe, hat in der Verwandtschaftsforschung drei Ebenen unterschieden, die ich zur Diskussion des Kulturkonzepts wie folgt benennen möchte.

Ebene 1: Empirie, Praxis oder Pragmatik;

Ebene 2: Norm, Regel, Institution;

Ebene 3: Ideal, Ideologie oder – um einen Begriff von Louis Dumont (1990) zu verwenden – Wert-Idee.

Wichtig ist hier festzuhalten, dass es sich bei den drei Ebenen selbstredend um Abstraktionen handelt, die ich deshalb verwende, weil sie gut handhabbar sind. Man könnte auch von mehr als drei Ebenen sprechen (etwa von vier oder fünf Ebenen), doch halte ich die gewählte Anzahl für pragmatisch sinnvoll. Diese Ebenen sind nicht deutlich voneinander abzugrenzen, sondern bilden ein Kontinuum. Es gibt Regeln, die sind der Praxis geschuldet. So sollte ein Torwart nicht bis zum gegnerischen Tor laufen. Andere Regeln sind an einem Ideal orientiert und beziehen sich meist auf eine ethische Dimension. So sollte man den augenscheinlich verdienten Sieg des Gegners nicht anzweifeln. Solche praxisbezogenen und an Wert-Ideen orientierten Regeln sind auf der von Needham skizzierten Skala an unterschiedlicher Position anzusiedeln und zeigen das Kontinuum von der Pragmatik zur Wertidee recht deutlich. (vgl. Hardenberg 2008)

In diesem Sinn können wir Kultur je nach Kontext unserer Aussage als Praxis, als Norm oder als Ideal betrachten. Ein Kulturvergleich sollte stets die Abstraktionsebene berücksichtigen und sich jeweils auf die referierende Ebene in zwei Kulturen oder die Beziehungen der Ebenen zueinander innerhalb einer Kultur beziehen. Bei genauem Hinsehen wurden oft die Ideale der einen mit der Praxis der anderen Kultur verglichen. Im Kalten Krieg stand die Menschenrechts*praxis* im Osten nicht selten im Vergleich mit Menschen*rechten* im Westen. Heute wird oft die religiöse Lehre in einem Land mit der Religionspraxis in einem anderen verglichen. Solche Vergleiche hinken und zeugen vom impliziten Ethnozentrismus der Verfasser.

Kulturvergleich muss Ebenen beachten

Fazit

Für den zentralen Begriff „Kultur" liegt heute aus guten Gründen keine einheitliche Definition vor, da das wissenschaftliche Instrumentarium jeweils im Erkenntnisprozess und in der Annäherung an den Untersuchungsgegenstand neu justiert wird. Jede Kulturdefinition ermöglicht Erkenntnis und schränkt sie zugleich ein. Mit den Verweisen auf den maximalistischen Ansatz im ethnologischen Verständnis von Kultur, die Bezogenheit auf Zeichen und Symbolsysteme, die dynamischen Eigenschaften, den kollektiven und zugleich umstrittenen Charakter und die Differenzierung von analytischen Ebenen soll jedoch ein Einstieg in die Diskussion des kulturell Fremden gefunden werden.

Fragen

1 Warum ist das Fremde immer Teil des Eigenen?
2 Warum ist Fremdheit relational?
3 Warum können Begriffe aus der eigenen Wissenschaftstradition den Blick auf das Fremde verstellen?
4 Warum ist eine feste (oder „wasserdichte") Definition von Kultur problematisch?
5 Welche Argumente wurden für die Aufgabe des Kulturbegriffs angeführt?
6 Welche Gründe sprechen für eine Beibehaltung des Kulturbegriffs?
7 Warum ist es sinnvoll, von unterschiedlichen Ebenen von Kultur zu sprechen? Welche Ebenen gibt es?

Antworten

1 Das Fremde existiert nicht als Ding an sich, sondern ist ein historisches und politisches Konstrukt, das letztlich aus der eigenen Imagination entsteht. Wir brauchen das Fremde, um das Eigene zu bilden. Somit ist das Fremde als ein konstitutives Teil der eigenen Identität eingeschrieben in das Eigene.
2 Der eigene Standpunkt legt stets fest, was man selbst als fremd betrachtet. Das Fremde entsteht somit in Relation zum Eigenen.

3 Neue Erkenntnis schließt stets am Bekannten an und erweitert dieses. Wenn der Untersuchungsgegenstand, etwa ein Tauschsystem ohne Währung und ohne Markt, mit den bekannten Kategorien erfragt wird, läuft man Gefahr, eine Sinndeutung zu liefern, die nur wenig mit der emischen Sicht zu tun hat.

4 Mit der Definition von Kultur werden das Erkenntnisinteresse und der Fragehorizont festgelegt. Wer den Begriff „Kultur" für alle Kontexte und auch für zukünftige Forschung definieren möchte, läuft Gefahr, den Blick auf neue Aspekte und Perspektiven zu verbauen.

5 In den Augen der Kritiker des Kulturbegriffs besteht die Gefahr, dass flexible und fluide Aspekte festgeschrieben, verdinglicht und reifiziert werden. Kulturelle Modelle beinhalten oft ethnozentrische Sichtweisen. Zudem lässt sich Kultur nicht empirisch belegen und die Kulturtheorien widersprechen sich gegenseitig.

6 Kultur hat, wie viele andere Begriffe, mehrere Bedeutungen, die einander überlappen oder auch widersprechen können. Probleme einer eindeutigen Definition liegen in vielen Bereichen vor und gehören zum wissenschaftlichen Diskurs. Man sollte daher behutsam und reflexiv mit dem Begriff umgehen und für implizite Herabsetzungen anderer Kulturen sensibel sein.

7 Aussagen über Kultur können auf sehr unterschiedlichen Abstraktionsebenen angesiedelt sein. Ohne die Zuordnung einer Ebene können Aussagen oft nicht eingeordnet werden, da nicht immer klar ist, ob es sich um eine empirische Beobachtung, eine normative Stellungnahme oder um ein ideologisches Konstrukt handelt.

2 | Methoden: Feldforschung und teilnehmende Beobachtung

2.1 | Methoden

Die Methoden der Ethnologie sind vielfältig, sie dienen der Gewinnung, Aufarbeitung und Deutung von Daten. Da es sich oft um Quellen aus dem direkten sozialen Kontakt handelt, also aus Face-to-face-Interaktionen, werden soziologische und diskursanalytische Methoden einbezogen. Das Führen von Interviews und die Aufnahme von Lebensgeschichten, das Erheben von Zensusdaten und die visuelle Dokumentation gehören ebenso zum Methodenspektrum wie die Beschreibung und Deutung materieller Objekte, die Sammlung und Interpretation von Archivmaterialien oder anderen schriftlichen Kulturdokumenten. In jedem Fall werden die Methoden der Nachbarwissenschaften in Hinblick auf die fremdkulturelle Perspektive der eigenen Forschungssituation angepasst. Die wichtigsten Quellen der Ethnologen sind im Rahmen von Feldforschungen entstanden.

Feldforschung

Der Begriff „Feldforschung" ist sperrig und deutet in eine völlig falsche Richtung. Es geht hier nicht um Forschung auf einem „Feld" im alltäglichen Sinn, sondern um einen Aufenthalt in einer fremden Welt, die sich in vielfacher Hinsicht von einem landwirtschaftlichen Feldversuch unterscheidet. Man folgt meist keiner festen Versuchsanordnung, sondern entwickelt die Fragen im Prozess, man ist mit Haut und Haaren, mit Leib und Seele Teil dessen, was man untersucht. Der Prozess verschmilzt für eine gewisse Zeit mit dem eigenen Leben, dessen frühere Form stets in Frage gestellt wird. Es geht also um Forschung in einem sozialen Feld, und nur in dieser Hinsicht macht der Begriff heute noch Sinn. Alternative Bezeichnungen wie „Forschung vor Ort" haben sich weder im deutschsprachigen noch anglophonen Raum durchgesetzt, wo *fieldwork* nach wie vor der Terminus technicus der ethnologischen Methode ist.

Die teilnehmende Beobachtung ist ein fachgeschichtlich identifikatorischer und ideologisch oft überhöhter Begriff (Stagl 2002), dessen Auftakt meistens mit Malinowskis Forschung in Melanesien während des Ersten Weltkriegs verbunden wird. Auch bei diesem Begriff handelt es sich nicht im wörtlichen Sinn um das Mitmachen und Hinsehen, sondern um (1) einen stationären Aufenthalt in der Fremde, (2) den Erwerb von Sprachkompetenz und eine direkte Kommunikation und somit (3) um die Einnahme einer sozialen Rolle in der Gastgesellschaft. Es wurden als weitere Untergattungen Methoden oder Ansätze entwickelt, die veränderten politischen Verhältnissen, etwa der Dekolonisation, und ethischen Neuorientierungen Rechnung trugen. Man spricht heute von partizipatorischen und dialogischen Methoden, die auf ein flaches Machtgefälle im Forschungsprozess verweisen, von dichter Teilnahme (Spittler 2001), die eine emotionale Teilnahme einschließt, von *advocacy anthropology* mit dem Verweis auf die politische Identifikation und beratende Teilnahme des Ethnologen in einer marginalisierten Gesellschaft oder einer *multi-sited ethnography* (Marcus 1995), die in einer mobilen Welt angemessen erscheint. Teilnehmende Beobachtung bedeutet jedoch nicht die unreflektierte oder möglichst vollständige Übernahme von Verhaltensformen und Wertvorstellungen der Gastgesellschaft. Ein solcher Prozess, auch als *going native* bezeichnet, würde der notwendigen Distanz bei der wissenschaftlichen Reflexion entgegenwirken. Im ethnologischen Erkenntnisprozess wechseln sich Phasen der Annäherung und der distanzierten Betrachtung ab.

Teilnehmende Beobachtung

Die Geschichte der teilnehmenden Beobachtung | 2.2

Vor Malinowski basierte das Wissen von fremden Kulturen auf Berichten von Reisenden, Händlern oder Missionaren und einiger weniger Forschungsreisender. Die reiseunwilligen Ethnologen wurden als „arm-chair anthropologists" bezeichnet. Einer der berühmtesten von ihnen, Sir James George Frazer (1854–1941), wird auf die Frage nach einer eigenen Feldforschung gerne mit seinem Ausruf „Gott bewahre" zitiert. Er druckte stattdessen Leitfäden zur Beschreibung fremder Sitten und Ge-

Lehnstuhlethnologen

bräuche und unterhielt eine umfangreiche Korrespondenz nach Übersee. Lewis Henry Morgan (1818–1881), Rechtsanwalt und Begründer einer Verwandtschaftsethnologie, führte bereits in den 1840er Jahren bei den Irokesen im Bundesstaat New York eine Feldforschung durch und schuf die erste ethnologische Monographie über einen Indianerstamm (Morgan 1851). Seine folgenden Werke (1871; 1877) basierten auf Fragebögen, die ihm einen weltweiten Vergleich von Verwandtschaftstermini ermöglichten.

Sammlungsreisen

Ab der Mitte des 19. Jahrhunderts führte Adolf Bastian (1826–1905), Wegbereiter der deutschen Ethnologie, mehrere Sammlungsreisen durch, doch seine Befragungen der Fremden, aus denen er die psychische Einheit aller Menschen schloss, kann rückblickend nicht als Feldforschung bezeichnet werden. Sein Schüler, der Begründer der US-amerikanischen Ethnologie, Franz Boas (1858–1942), fand einen wesentlich engeren Bezug zum Fremden. Er führte Feldforschungen auf insgesamt 13 Reisen an der Nordwestküste, vor allem bei den Kwatiukl, durch. Von 1888 bis 1931 arbeitete er eng mit George Hunt (1854–1933), Sohn einer Tlingit und eines Weißen, zusammen. Hunt sammelte Mythen, transkribierte und übersetzte, er korrespondierte über Jahrzehnte mit Boas und wurde zum Koautor einiger Werke. Bastian und Boas hatten beide einen naturwissenschaftlichen Hintergrund, strebten eine möglichst minuziöse Beschreibung an und hinterließen ein immenses Korpus an Veröffentlichungen. Boas publizierte allein über die Nordwestküsten-Indianer mehr als 10 000 Seiten, von denen die meisten Texte ohne interpretativen Anspruch waren. Unübersehbar war das Postulat der Zeit: Dokumentation.

Expeditionen

Zu den wichtigsten Forschungsreisen zählt die Cambridge-Expedition 1898 zu den Torres Straits, einer Inselgruppe zwischen Australien und Neuguinea, und die Hamburger Südsee Expedition von 1908 bis 1910, die einen interdisziplinären, explorativen Charakter und einen Sammlungsauftrag hatten. Die Praxis solcher groß angelegter Unternehmungen führten auch Museumsethnologen wie Leo Frobenius (1873–1938) mit einem Tross von Mitarbeitern und Zeichnern zum Kopieren der Felsbilder nach Afrika. Bis zum Beginn des 20. Jahrhunderts galt das Interesse einer Menschheitsgeschichte und somit der Einordnung von Einzelkulturen, ihren Verbindungen und Abgrenzungen. Man suchte nach Evolutionslinien oder Migrations- bzw. Diffusionsmustern, um die Welt zu ordnen. Diese Forschungspraxis zeichnete sich somit durch Breite, Mobilität und Betonung des Materiellen aus.

Seit etwa einhundert Jahren wird jedoch eine stationäre Feldforschung als solide Datenbasis angesehen. In vielen Lehrbüchern wird Bronislaw Malinowski als Begründer der teilnehmenden Beobachtung und des britischen Funktionalismus angeführt, da er seinen unfreiwilligen Aufenthalt auf Kiriwana im Trobriand-Archipel des nördlichen Neuguinea (1915–18) zur Reflexion über seine Untersuchungsmethoden nutzte und dies im einleitenden Kapitel seines Klassikers *Argonauten des Westlichen Pazifik* (1979[1922]) darlegte (dazu mehr im Kapitel über den Funktionalismus). Zu den frühen stationären Forschern zählen sicherlich der Jesuitenmissionar Joseph-Francois Latifau (1681–1746), der seiner Zeit weit voraus eine ethnographische und kulturvergleichende Studie der Irokesen verfasst hat, und Frank Hamilton Cushing (1857–1900), der fast zehn Jahre bei den Zuni in Kalifornien lebte, um dann als Pueblo-Priester seine eigene Kultur hinter sich zu lassen. Kohl nennt dieses Phänomen, das mit einer Feldforschung wenig zu tun hat, „kulturelle Überläufer". (Kohl 1993: 108). Ziel der Forschung ist stets (1) das Einfinden in eine fremde Gesellschaft, (2) die Übersetzung des Fremden in den Kontext des Eigenen und (3) ein Beitrag zur Ethnologie, d.h. die Einbindung in einen übergeordneten Theorierahmen. Der dritte Aspekt unterscheidet somit autobiographische Erlebnisromane von Ethnologie, auch wenn diese seriös entstanden sind und wertvolle Beobachtungen liefern. Zu den frühen Feldforschern im modernen Sinn zählt auf jeden Fall der Zoologe Baldwin Spencer (1860–1929), dessen genaue und überzeugende Beschreibungen der Aranda in Zentralaustralien zur empirischen Grundlage einer modernen Religionsethnologie wurden (vgl. Durkheim 2005 [1912]).

In die Reihe der frühen Feldforscher gehört auch W.H.R. Rivers (1864–1922), der Erfinder der genealogischen Methode. Rivers, der bereits auf der Cambridge-Torres-Straits-Expedition ethnographisch forschte, verbrachte einige (wahrscheinlich fünf) Monate bei den südindischen Toda, legte die Feldforschungsbe-

Frühe Feldforscher

W.H.R. Rivers

dingungen offen und beschrieb die Probleme, die er mit den folgenden Ethnologengenerationen teilen sollte: Seine Hauptinformanten wurden krank oder von Schicksalsschlägen ereilt, weil sie – so sagte man – ihm Geheimnisse preisgegeben hätten. Er arbeitete stets mit möglichst vielen Informanten, um Daten abgleichen zu können, doch die besten Kenner erwiesen sich als verschwiegen. Er sprach zwar kein Toda, doch er benutzte ihre Begriffe für ihre Dinge und Toda-Toponyme und nahm die Genealogie aller Toda auf (Rivers 1906: 3–13). Wichtiger als diese Transparenz war jedoch sein doppelter Anspruch, den er gleich im ersten Satz formulierte: Die Dokumentation von Tradition und Glauben einer Ethnie und die Darlegung einer neuen, ethnologischen Methode. Rivers war es auch, der bereits 1913 als Anspruch für eine Feldforschung bei einer kleinen, etwa vier- bis fünfhundert Personen umfassenden Ethnie die dreifache Forderung erhob: einjährige Residenz, Spracherwerb und direkte Kommunikation (Stocking 1983: 90–120, vgl. Kohl 1993: 109)

multi-sited ethnography   Mit der Erweiterung des ethnologischen Arbeitsfeldes haben sich auch die Methoden verändert. Heute geht man davon aus, dass Kultur nicht nur vor Ort, sondern auch zwischen den Orten, also unterwegs entsteht. In einer zunehmend globalisierten und vernetzten Welt liegt es nahe, den Dingen, Ideen und auch Menschen auf ihren Wegen zu folgen. George Marcus fordert daher eine *multi-sited ethnography*, die eine Beziehung zwischen den Lokalitäten, etwa in der Diaspora oder im Transnationalismus, hervorhebt. Nach James Clifford ist Kultur zugleich *rooted* und *routed*, also einerseits ortsgebunden und verwurzelt, andererseits mobil und keinesfalls unabhängig von Infrastruktur (Clifford 1997). Ethnologen folgen somit den Migranten auf ihrem Weg vom Ursprungsort zum zeitweiligen Ziel und wieder zurück und zeigen kulturelle Nahtstellen, Kontaktzonen und Verflechtungen mit all ihrer Komplexität und Ambivalenz auf.

2.3 | Feldforschung als Quelle

Ethnologie ohne Arbeitsteilung   Feldforschung und Interpretation sind nicht voneinander trennbar und im Grunde nicht arbeitsteilig. Der Ethnologe schafft seine Quellen, die er selbst deutet. Natürlich gibt es Ausnahmen, die auch mit prominenten Namen verbunden sind: Lévi-Strauss interpretierte Mythen, die Boas und Hunt aufgezeichnet hatten. Die Regel sieht jedoch anders aus. Die Daten, die zu ethnologischen Abhandlungen führen, werden vom Ethnologen selbst im Rahmen einer Feldforschung gesammelt, meist mit Hilfe von Mitarbeitern, Übersetzern, Hauptinformanten und anderen Interaktionspartnern. Das Ausgangsmaterial – das er natürlich mit der wissenschaftlichen Literatur zusammenführt – hat er selbst geschaffen und es kann oft auch nur von ihm sinnvoll interpretiert werden. In dieser Hinsicht unterscheidet sich die Ethnologie grundlegend von den textbasierten Wissenschaften wie Turkologie, Iranistik, Arabistik, Indologie, Sinologie etc. einerseits und von arbeitsteiligen Wissenschaften wie Psychologie, Politologie oder Soziologie andererseits, in denen Versuchsreihen von Mitarbeitern oder Umfragen von Hilfskräften durchgeführt werden können. Dies hat – abgesehen von einer längeren Dauer der feldforschungsbasierten Promotionen – weitere Folgen.

Der Ethnologe ist mit seiner ganzen Persönlichkeit Teil seines Projekts, mit seinen Vorlieben und Aversionen, mit seiner wissenschaftlichen Vorbildung und seinen bevorzugten Fragestellungen, mit seiner politischen Haltung gegenüber der Wissenschaft und den Nationalstaaten seiner Gastgesellschaften, mit seiner psychischen und physischen Belastbarkeit und mit seinen Fähigkeiten zum Kommunizieren. All dies beeinflusst die Wahl der Forschungsregion, der thematischen Ausrichtung und der jeweiligen Gruppe, den persönlichen Zugang zu den Fremden, die Dauer des Aufenthalts und schließlich den Stil der Monographie. Das Alter und das Geschlecht des Ethnologen spielt ebenso eine Rolle wie der Umstand, ob man allein, mit Partner, mit Kindern bzw. mit anderen Begleitern ausreist. Die persönliche Färbung der Forschung kann sich negativ auswirken, wenn ein unreflektiertes Bild der Gastgesellschaft gezeichnet wird, indem die Vorlieben des Ethnologen zum kennzeichnenden Merkmal der Fremden erhoben werden. Sie wirkt sich aber dann positiv aus, wenn der Forschungsprozess transparent gemacht wird, und der Leser sich ein Bild vom Forscher, vom Feldforschungsprozess, der Themenfindung und der Interpretation machen kann. Anders ausgedrückt, wenn der Leser dem For-

Der Ethnologe als
Dokumentationskörper

scher über die Schulter schauen kann, muss dessen subjektive Sicht kein Nachteil sein.

Die Darlegung der Datengewinnung

Doch wie geht der Ethnologe mit seinen persönlichen und psychischen Problemen während der Feldforschung um und in welcher Weise sollen sie in seine Monographie einfließen? Eine mögliche Form des Umgangs zeigt Michael Moffatt (1979: Introduction) auf, indem er seine psychischen Probleme und die Folgen für den Forschungsverlauf offen legt. So erwies sich der absolute Verlust von Privatsphäre für ihn als ein unüberwindbares Problem. Er berichtet, wie er unter den Augen seiner Gastgesellschaft, einer Gruppe von „Unberührbaren", einschlief und wieder aufwachte, ohne jeden Schutz vor fremdem Blicken. Dies war jedoch nur einer der Gründe, der ihn dazu veranlasste, seinen ersten Feldforschungsversuch abzubrechen. Während seines zweiten Aufenthalts wohnte er nicht in der Unberührbarensiedlung, fuhr mit seinem Übersetzer täglich zu seinen Informanten und arbeitete mit langen, offenen Interviews. Sein „Gefühl" für das Thema stammt aus dem ersten, die intellektuelle Durchdringung aus dem zweiten Aufenthalt. Diese Offenlegung des ersten Scheiterns und des eingeschränkten Zugangs war zur Zeit von Malinowski, in der Monographien in einem allwissenden Stil verfasst wurden, kaum möglich. In der postmodernen Ethnologie wird eine möglichst transparente Darlegung gefordert. Als Beispiel für die Verarbeitung von existentiellen Erfahrungen und extremer psychischer Belastung wird oft Renato Rosaldo (1993 [1984]) zitiert. Während einer gemeinsamen Feldforschung im Norden der Philippinen stürzte seine Frau vom Weg ab und erlag ihren Verletzungen. Die Verarbeitung ihres Todes, bei der er zugleich Wut und Trauer empfand, führte ihn zu einem tieferen Verständnis dessen, was ihm seine Gastgesellschaft bereits viele Jahre zuvor zu vermitteln versuchte (siehe auch Kapitel 8).

Selbst- und Fremdbilder

Die Arbeiten von Boas, Malinowski sowie ihren Schülern haben nicht nur zu einem anderen Menschenbild beigetragen, sondern auch in den Untersuchungsregionen das Selbstbild der Gastgesellschaften verändert. Yanomami in Venezuela und Brasilien wissen, dass sie als wilde Krieger beschrieben wurden, Tuareg sehen sich selbst – und posieren vor den Touristenkameras – als höchst selbstbewusste und freiheitsliebende Wüstenbewohner, und die christlichen Naga im indisch-burmesischen Grenzgebiet haben zwar die Kopfjagd der Vorväter abgelegt, doch wissen sie von der Faszination der Europäer und ihrem Status als edle Wilde. Solche Selbstwahrnehmungen wirken sich nicht unerheblich auf die Feldforschungen aus. Ethnologen bekommen Rituale in den Notizblock diktiert, die nur in Veröffentlichungen existieren. So deckten sich in den südindischen Nilgiri die Aufzeichnungen von Anthony Walker (1986) nicht mit seinen Beobachtungen. Die Informationen basierten auf der Lektüre von Rivers' Toda-Monographie von 1906, die seine Gesprächspartner als Quelle dem eigenen Augenschein vorzogen (persönliche Mitteilung).

Feldforschung im politischen Kontext | 2.4

Ethnologische Forschung findet nicht im politischen Vakuum statt. Sie ist oft von ihren eigenen Werken überschattet und steht stets im post- oder neokolonialen Kontext. Bis in die 1950er und 1960er Jahre standen die Forscher unter dem Schutz der Kolonialmächte, vor denen sie sich zunächst legitimieren mussten. Heute ersucht der westliche Ethnologe zunächst die Botschaft des Gastlandes um ein Forschungsvisum und legt dabei seine Forschungspläne dar. Anschließend erklärt er sich in seiner Forschungsregion vor den lokalen Führern. War es früher die Nähe zur Kolonialmacht (oder zu den Missionaren), die seine Fremdwahrnehmung bestimmte, so ist die Lage heute meist komplizierter. Der Status des Westens variiert in den jungen Nationalstaaten von völliger Ablehnung der westlichen Außenpolitik gekoppelt an nicht unberechtigte Schuldzuweisungen aus der Kolonialzeit bis zur Hochschätzung technologischer Errungenschaften und demokratischer, nicht korrupter Tugenden. Gelegentlich verwischen und verzerren sich Fremdwahrnehmungen, wenn beispielsweise in Indien die Deutschen als Verursacher des Zweiten Weltkrieges mit einer anti-britischen Haltung und so mit dem Ende der Kolonialzeit assoziiert werden. Die nationale Fremdwahrnehmung des Forschers wird oft von innenpolitischen Machtverhältnissen überschattet, da er nicht selten im Verdacht eines Regierungsspions steht. Die meisten

Forschung in der
postkolonialen Welt

Ethnien oder Lokalgesellschaften verfügen über eine politisch selbstbewusste Führerschaft, die den Ethnologen mit gutem Recht nach seinen Absichten und später nach seinen Veröffentlichungen fragt.

Loyalitätskonflikte

Bereits vor der Feldforschung stellt sich eine Reihe von Fragen: Schreibt der Ethnologe für einen akademischen Titel, für den Auftrag des Geldgebers, für eine bessere Repräsentation der Fremden oder für die spezifischen Interessen seiner Gastgeber, die gern idealisiert werden oder von ethnologischer Instanz das traditionelle Recht auf das Land der Nachbargruppe attestiert bekommen wollen? Im Forschungsprozess werden andere Fragen aktuell: Wem gegenüber verhält er sich im Zweifelsfall loyal? Gegenüber der Wissenschaft (und veröffentlicht Interna gegen den Willen der Gastgesellschaft), gegenüber dem Gastland (und liefert den Behörden die Informationen zum Nachteil der Lokalgruppe), oder gegenüber der Gastgruppe, die oft durch den Ethnologen eigene Ziele verfolgen. Die Wahl zwischen diesen drei Positionen wäre nicht so schwierig, wenn die Gastgesellschaften homogen wären. Doch auch vor Ort gibt es Fraktionen, nennen wir sie Modernisten und Traditionalisten, wobei den Ethnologen meist eine Affinität zu Letztgenannten unterstellt wird. Andere Aufteilungen trennen Christen von den Nichtkonvertierten, Militante von Gemäßigten, Alte von Jungen, Männer von Frauen, das Oberdorf vom Unterdorf etc. Und wo steht der Ethnologe? Wie begründet er sein Wirken vor Ort, vor der Wissenschaft und vor allem vor sich selbst? Ethische Fragen wurden in den vergangen Dekaden ausführlich diskutiert, mit viel Gewinn, doch ohne Generallösung.

2.5 | Aktionsethnologie und angewandte Ethnologie

Feldforschung bei Minderheiten in Industriestaaten – nordamerikanische Indianer

Einen Ausweg aus all diesen Fallstricken ließ die Aktionsethnologie (*action anthropology*) oder Aktionsforschung (Amborn 1993) erhoffen, die ihren Anfang 1948 bei einer Feldforschung bei den Mesquaki in Iowa im sogenannten „Fox-Projekt" nahm. Als sich Mesquaki weigerten, gut gemeinte Hilfsangebote anzunehmen, erkannten Sol Tax (1907–1995) und seine Mitarbeiter in ihrer z.T. selbst herbeigeführten sozialen Marginalisierung eine Strategie der Selbstbehauptung, der Verweigerung einer Integration in den nordamerikanischen Lebensstil. Ihre Identität war ihnen wichtiger als Wohlstand. Aus dieser Konstellation ergab sich ein neuer Dialog, der die „Entwicklungsziele" der Ethnologen in Frage stellte. Als Schüler von Tax wurde Karl Schlesier mit recht radikal anmutenden Forderungen der prominenteste Vertreter dieser Richtung. Sein moralisches Gebot forderte den Ethnologen auf, während der Feldforschung die Seiten zu wechseln, sich mit den Benachteiligten dieser Welt zu identifizieren und ihnen nicht richtungsweisenden Rat im Sinne von Information über die realen Machtverflechtungen zu geben. Er selbst arbeitete als Universitätsethnologe ohne zusätzliche Forschungsgelder, also unabhängig, und wurde von den Tsistsistas (oder südlichen Cheyenne) adoptiert, vertrat ihre Landforderungen vor Gericht und erfuhr durch diese enge Zusammenarbeit sehr viel über ihre Gesellschaft. Die Begründer des Münchner Trickster Verlages und Herausgeber der gleichnamigen Zeitschrift (siehe Trickster 4/5, 1980) trugen die Diskussion mit großer Resonanz in die Öffentlichkeit, mit dem Erfolg, dass Barnard und Spencer (2004: 594) die Aktionsethnologie heute als „especially prominent in Germany" bezeichnen. Während meines Studiums nannte Klaus E. Müller in seiner Frankfurter Vorlesung 1980–81 die Aktionsethnologie als wahrscheinlich einzig mögliche Form zukünftiger Feldforschung, ohne je im Verdacht eines radikalen Linken gestanden zu haben. Unabhängig von Schlesiers Forderung nach einer ökologisch vertretbaren – oder ökozentrischen – Ethnologie wurde sein Konzept auch als Türöffner zu verschlossenen Gesellschaften verstanden. Es war offensichtlich, dass Ethnologen nicht mehr wie zu Malinowskis Zeiten mit einem Boot zu einer Insel übersetzen konnten, um dort den Fremden zu erklären, dass sie nun Objekt seiner Forschung seien.

Die Kritik an der Aktionsforschung zielte auf ihren Ausgangspunkt, das Primat und die Einseitigkeit des Erkenntnisgewinns (Petermann 2004: 957). Wenn Aktionsethnologen ihre subjektiven Erfahrungen aus einem Dialog als Interpretationsgrundlage nehmen, so widerspreche das der Wissenschaftlichkeit, die immer auch die Möglichkeit der Falsifizierung bieten müsse. Die Arbeitsweisen der Schlesier-Schüler waren so unterschiedlich,

Kritik an der Aktionsethnologie

dass man nur von Aktionsethnologen, aber nicht von einer Aktionsethnologie sprechen konnte. Letzteres mag begründet sein, trifft aber auf vieles zu, auch auf die teilnehmende Beobachtung. Andere Einwände erwiesen sich nach meiner Einschätzung jedoch als folgenschwerer. Wenn sich der Ethnologe der Gastgesellschaft unterordnet und sich (bedingungslos!) zu ihrem Werkzeug macht, so dürfte dies in der Praxis zum Scheitern mancher Forschungen führen. Wer will schon bei Beschneidungen assistieren, mithelfen, der Nachbarethnie das Wasser abzugraben, oder einen Streit vom Zaun zu brechen. Wenn nun die Aktionsethnologie nicht zu Unrecht folgert, dass in diesem Fall der Ethnologe dort nichts zu suchen habe, so führt dies langfristig dazu, dass nur die „ethisch genehmen" Gesellschaften auf der ethnologischen Weltkarte erscheinen. Auch dies ist keine Lösung! Als Fazit kann jedoch festgehalten werden, dass die Aktionsethnologie zu einem allgemeinen Umdenken geführt hat, den Begriff der Praxis neu besetzt hat, die Forderung Malinowskis nach der emischen Sichtweise weiter geführt hat und die alte Erkenntnis mit neuer Vehemenz vorgetragen hat, dass Forschung immer in einem historischen, gesellschaftlichen und politischen Kontext stattfindet.

Ethnologie in
Entwicklungsprojekten

Die Feldforschung im Rahmen einer angewandten Ethnologie (*applied anthropology*) kennt ihre Ziele vor Forschungsbeginn und wird meist von Entwicklungsinstitutionen oder Regierungen (oder deren Geheimdiensten) finanziert. Auch Unternehmensberater stellen Ethnologen – jedoch meist projektgebunden – ein. Die Verflechtungen von Macht und Interessen sind zu komplex, um in ein einfaches Schema zu passen. Die Mitwirkung bei der Umsiedlung für ein Staudammprojekt – ein Klassiker – kann im Auftrag des Gastlandes erfolgen und – zumindest theoretisch – auch als Interessenvertretung für die benachteiligten Gruppen verstanden werden. Wer für ein Aidsbekämpfungsprojekt arbeitet, muss nicht voraussetzen, dass die Zielgruppe dies auch wirklich will, zumal Ungeborene beteiligt sind. Brasilianische, philippinische und indische Ethnologen sind oft im Auftrag ihrer Regierungen tätig und stehen vor dem Problem, das Sol Tax vor einem halben Jahrhundert formulierte. Heute ist ein beachtlicher Teil (vielleicht die Mehrheit) der Ethnologen für zahlungskräftige Auftraggeber tätig, die enge Zeitrahmen und umfassende Forschungsagenden vorgeben, so dass oft nur eine Übersichtsstudie möglich ist. Die außeruniversitäre Erwartungshaltung an den Ethnologen fügt sich nicht zum Bild des Feldforschers, das in den letzten 50 Jahren im Licht der Methodenkritik entstanden ist.

Grenzen der Erkenntnis und der Vermittelbarkeit | 2.6

Die Feldforschung ist bereits vor ihrem Beginn von den Rahmenbedingungen und Zielen grundlegend beeinflusst. Es macht einen Unterschied, ob man für die Weltbank eine Untersuchung zu Gesundheit und Bildung anfertigt, als Aktionsethnologe für eine anstehende Gerichtsverhandlung über Landrechtsfragen, heilige Orte und ihre Bedeutungen untersucht, oder versucht, einen Schamanen zu verstehen. Die zu verwendenden Methoden unterscheiden sich auch je nach der verfügbaren Zeit vor Ort, der Persönlichkeit des Forschers und natürlich der Gastgesellschaft. Clarence Maloney war überrascht und überfordert, als er auf den Malediven auch bei langen Überfahrten in kleinen Booten einfach mit niemandem ins Gespräch kam. Seine Hoffnung, durch Berichte aus der eigenen Gesellschaft als Gegenleistung etwas von der Gastgesellschaft zu erfahren, wurde enttäuscht. Die Mitreisenden schwiegen tagelang und blickten aufs Meer. Den Filmemachern Judith und David MacDougall ging es ähnlich. Aus Ostafrika kannten sie wortreiche und expressive Führer, deren verbale Selbstrepräsentation für eine Untertitelung geeignet war. In Australien trafen sie jedoch bei den Aborigines auf wortkarge Protagonisten. Es gibt also keine fertigen Rezepte für eine erfolgreiche Feldforschung. Das übergeordnete Ziel, die Weltsicht der Fremden aus ihrer Perspektive zu sehen, ist jedoch allen Ansätzen gemeinsam.

Das Bild des Ethnologen ist heute nicht mehr das des einsamen Helden, wie ihn Malinowski verkörpert hat, sondern hat menschliche Züge, räumt Vorlieben und Schwächen ein. Nicht selten wird der Forscher zwar weiterhin idealisiert, jedoch als selbstreflexiver Wissenschaftler, der die Wege seiner Erkenntnis nachzeichnet, seine Einschränkungen erkennt und in sein gesellschaftskritisches Bild einbaut, und schließlich doch zu

Die Fragen bestimmen den Erkenntnishorizont

Nicht jede Gesellschaft verbalisiert ihre Kommunikation

Bekennende Ethnographie oder der Forscher als komische Figur brauchbaren Ergebnissen kommt, ohne sie als endgültige Weisheit zu deklarieren. Einige Autoren stilisieren sich selbst als komische Figur und erzielen unter dem Vorwand einer Selbstkritik durchaus hohe Auflagen. Sie werden gelegentlich auch als „bekennende Ethnographen" bezeichnet, doch verzerren sie den ernsthaften Prozess der Feldforschung und karikieren sich dabei – stellvertretend für andere – selbst (vgl. Barley 1990).

Hauptinformanten als Datenquelle

Heute ist eine seriöse Selbstreflexion möglich, die gerade in Bereichen, bei denen die Übersetzung der emischen Sicht auf die Grenzen der Wissenschaft stößt, vonnöten ist. Zwei Sammelbände, die den Weg von einem naturwissenschaftlich ausgerichteten und lückenlos erklärenden zu einer verstehenden Ethnographie nachzeichnen, sollen hier exemplarisch genannt werden. In *In the Company of Man* (Casagrande 1960) beschreiben zwanzig etablierte Ethnologen ihre Zusammenarbeit mit einem Hauptinformanten und zeichnen dabei ein Bild vom Forschungsprozess, der mehr durch Glücks- und Zufälle und weniger von exakten Methoden geprägt war. In der Tat arbeiten Ethnologen oft mit denjenigen zusammen, die aufgrund von Verletzungen nicht auf die Jagd gehen können, exkommuniziert wurden oder sich von ihren Verwandten durch eine formale Schulbildung abheben. In den 1960er Jahren flossen dann mehr subjektive Empfindungen, Ängste und Hoffnungen, Unsicherheiten und Erkenntnisgrenzen in die Ethnographien ein und führten schließlich zu einer stärkeren Beschäftigung mit den Resultaten, den Texten, als mit dem Feldforschungsprozess. Da nun die Grenzen des Erkennens in die ethnologischen Diskussionen eingebracht waren, konnten wieder Themen wie Magie oder Schamanismus, die zuvor aus distanzierter und erklärender Perspektive abgehandelt wurden, neu aufgegriffen werden.

Hexen, Schamanen und das Irrationale

Der Wissenschaftler und das Irrationale (Duerr 1981 Bd 1 u. 2) ist eine Aufsatzsammlung, in der 65 Autoren die Grenzen von Erkenntnis thematisieren. Ein Beispiel soll die Problematik illustrieren. Michael Oppitz berichtet von einem Schamanen der Magar im Osten Nepals: „Der Schamane Kathka sieht in einem Baume eine Hexe sitzen. Ich sehe Kathka diese Hexe sehen, *sehe aber selbst diese Hexe nicht.*" (1981: 38 HiO). Dies ist auch wenig verwunderlich, denn nicht jeder kann die Hexe sehen, das kann

Kathka bestätigen. Nach einer ausführlichen Beschreibung der Szene stellt Oppitz zwei Haltungen vor: Er könne „vermerken, daß das alles Humbug sei und phantastische Quacksalberei" oder freundlich den Schamanen als „Psychoanalytiker der Eingeborenen einstufen und die Hexengläubigen als animistische Poeten" (1981: 56). Er könne behaupten, dass ihn die Frage, ob es Hexen gebe, nicht interessiere, doch sind sie zumindest in der Vorstellung der Schamanen wirkmächtig und drängen so die Frage auf, ob es sie vielleicht doch gebe? Oppitz spricht für viele Ethnologen, wenn er sich keiner dieser Haltungen wirklich anschließen kann und sich eher in der Rolle des Dokumentaristen sieht. Konsequenterweise hat er einen vierstündigen Dokumentarfilm „Schamanen im Blinden Land" gemacht und das gezeigt, was er nicht verstehen kann. Er schließt mit dem Fazit, dass solche Phänomene behandelt werden sollen, aber nicht wissenschaftlich, denn es gibt – allein schon aus Gründen der sprachlichen Übersetzung – keine Evidenzen und nur Ansichten (Oppitz 1981: 58). Oppitz hat sich einem Phänomen angenähert, Bücher zum Verwandtschaftssystem der Magar geschrieben und vieles interpretiert – anderes nicht, und das ist gut so. Wer glaubt, alles zu verstehen, hat wohl weniger verstanden. Dies gilt nicht nur für den interkulturellen Bereich.

Dichte Teilnahme | 2.7

Für eine Radikalisierung der teilnehmenden Beobachtung hat Gerd Spittler in seinem Beitrag *Dichte Teilnahme* (2001) plädiert. In Anlehnung an den von Clifford Geertz verwendeten Begriff der „dichten Beschreibung", der explizit mehr meint als Beobachtung, sondern Motivationen und Bedeutungen einschließt, plädiert Spittler für eine ganzheitliche Teilnahme des Ethnologen. Er muss lernen, wie die Fremden zu sehen, zu riechen, zu schmecken, er soll „körperlich arbeiten und tanzen, aber auch leiden" (2001: 20, vgl. Stoller 1989) und damit seine performativen und sensorischen Fähigkeiten schulen. So wie Menschen eine Sprache erlernen, so werden auch ihre sinnlichen Wahrnehmungen bis hin zum Sehen von Farben und Perspektiven kulturell geprägt. Da Lernen und auch Kognition stets emotio-

Das Lernen von Emotionen und körperlichen Fähigkeiten

nal eingebettet sind, erweist sich das „Erlernen" fremder Emotive (kulturell konstruierter und meist mit Begriffen belegter Emotionen) als förderlich. Menschen bewegen sich in Gefühlslandschaften, deren Kenntnis eine weitere Facette ihrer Kultur darstellt. Diese Forderung von Spittler erscheint mir angesichts der hohen Mobilität von Feldforschern besonders wichtig. Da heute auch entfernte und entlegene Regionen im Vergleich zu Malinowskis Zeiten recht einfach und meist auch preiswert zu erreichen sind, besteht die Gefahr der Fragmentierung von Feldforschung. Kurzbesuche und Interviews können stationäre Forschung nicht ersetzen. Gelegentlich kann man den Vorwurf hören, dass die Lehnstuhlethnologie zurückgewiesen und zugleich Klappstuhlethnologie betrieben werde. Gegen solche Tendenzen wendet sich Spittler mit dem Konzept der dichten Teilnahme, ohne jedoch damit eine Monopolstellung im Korpus der Methoden vorzuschlagen. Es bleibt festzuhalten, dass eine möglichst dichte Teilnahme einen privilegierten Zugang zum Verständnis fremder Kulturen eröffnet.

Fazit

Ethnologen betreiben Feldforschung, um in längeren Aufenthalten die Sichtweise der Gastgesellschaften kennenzulernen. Dazu erlernen sie deren Sprache, nehmen eine soziale Rolle ein und können durch aktive Teilnahme am täglichen Leben überprüfen, ob ihre Annahmen von der fremden Kultur haltbar erscheinen. Diese Methode wird als teilnehmende Beobachtung betitelt, wobei es um mehr als Mitmachen und Zuschauen geht. Durch ein möglichst intensives Teilhaben soll sich der Ethnologe in das Fremde einfügen und einfühlen, und sich somit Erkenntnismöglichkeiten jenseits von Interviews schaffen. Das wirklich Fremde kann nicht erfragt werden, sondern erschließt sich nur in langjährigen Prozessen der Annäherung, in hermeneutischen Frageformen, die um einen unbekannten Gegenstand kreisen und sich nur langsam einem unbekannten Ziel nähern. Dazu benötigt der Forscher das Vertrauen der Fremden und muss sich mit ethischen Fragen auseinandersetzen, denn das eigene Forschungsinteresse muss nicht dem der Gastgesellschaft entsprechen.

Fragen

1 Welche wesentlichen Merkmale zeichnen die teilnehmende Beobachtung aus?

2 Welche Feldforschungsansätze haben sich in der zweiten Hälfte des 20. Jahrhunderts entwickelt?

3 Was ist mit Aktionsethnologie gemeint?

4 Was ist mit angewandter Ethnologie gemeint?

5 Was ist mit dichter Teilnahme gemeint?

Antworten

1 Ein stationärer Aufenthalt in der Fremde, der Erwerb von Sprachkompetenz und eine direkte Kommunikation sowie die Einnahme einer sozialen Rolle in der Gastgesellschaft.

2 Partizipatorische und dialogische Forschung, *multi-sited ethnography,* Aktionsethnologie (*action anthropology*), angewandte Ethnologie (*applied anthropology*).

3 Aktionsethnologie fordert vom Forscher ein aktives Eingreifen in gesellschaftliche Prozesse zugunsten seiner Gastgeber (in der Regel marginalisierte Gruppen), das jedoch primär beratend und explizit nicht richtungsweisend sein soll. Seine primäre Loyalität gilt der untersuchten Gruppe und nicht der eigenen Herkunftsgesellschaft (also implizit euroamerikanischen Wissenschaftsbetrieben).

4 Die angewandte Ethnologie nutzt das Fachwissen für die Realisierung von Entwicklungsmaßnahmen und führt eigenständige Forschung im Rahmen solcher Projekte durch. Zudem arbeiten Ethnologen für Unternehmensberater oder als Dienstleister in anderen Wirtschaftsbereichen.

5 Gerd Spittler hat in seinem Beitrag „Teilnehmende Beobachtung als dichte Teilnahme" gefordert, dass Ethnologen nicht nur Sprache und kognitive Konzepte lernen, sondern sich ganzheitlich in die fremde Welt einbringen, dabei sensorische und performative Fähigkeiten ihrer Interaktionspartner der Gastgesellschaft erlernen.

Teil II
Die ersten 100 Jahre:
Fachgeschichte und Theorien

Im zweiten Teil wird die Geschichte der Ethnologie wohlwollend und in aller Kürze nachvollzogen. Es geht mir darum zu zeigen, welche Erkenntnisse für einen begrenzten Zeitraum das ethnologische Denken geprägt haben, um sie dann gegen ihre Kritiker abzuwägen. Es wird zu schnell vergessen, dass der Evolutionismus die erste umfassende Wissenschaftstheorie war, die die Welt aus sich selbst heraus – also ohne jede Metaphysik – erklären wollte. Es war der Funktionalismus, der zuerst eine vermeintliche Irrationalität der Fremden zurückwies. Vom Strukturalismus ist geblieben, dass die Kategorien, mit denen wir denken, weitgehend logische Arrangements sind, was weder für das Handeln noch für die Weltentwürfe selbst gesagt werden kann. Der Hauptgrund für diesen kurzen Theorieabriss ist jedoch ein Postulat der Postmoderne, das sich hinter dem Allerweltswort „Selbstreflexivität" verbirgt. Akteure, so auch Feldforscher und Autoren, sollen selbstreflexiv handeln, beobachten und schreiben, indem sie sich selbst als interpretierende Wesen sehen, sich selbst mit-beobachten und sich schließlich selbst in den Text einweben, damit der Leser die selbstkritische Haltung erkennt. Wer dieses zweifellos richtige Postulat ernst meint, muss mehr über sich selbst wissen und die Fachgeschichte in Grundzügen kennen.

3 | Evolutionismus und Diffusionismus

3.1 | Die Institutionalisierung der Ethnologie

Der Beginn der ethnographischen Beschreibung und der ethnologischen Theoriebildung wird gelegentlich in vorchristliche Zeit datiert. Wenn es in einem weitgefassten Sinn um das Anliegen geht, das Fremde möglichst exakt zu dokumentieren und in ein theoretisches Modell einzubetten, dann können wir die Wurzeln der Ethnologie im antiken Griechenland finden. Da die ersten Erd- und Völkerbeschreibungen aus der Feder Herodots stammen, wird er gelegentlich als Begründer der Ethnographie bezeichnet. Auf die *Geschichte der antiken Ethnologie* (Müller 1997) soll jedoch an dieser Stelle nur verwiesen werden. Besonders prägend für das Fach Ethnologie wirkten sich zum einen die Aufklärung und zum anderen der Kolonialismus aus, zwei wirkmächtige Pole, die sich im 19. Jahrhundert nicht nur in der Anti-Sklaverei-Bewegung, sondern auch in der Herausbildung der Ethnologie als Universitätsdisziplin trafen.

Die Institutionalisierung der Ethnologie in der zweiten Hälfte des 19. Jahrhunderts

Die Institutionalisierung der Ethnologie vollzog sich mit der Gründung ihrer Gesellschaften, Zeitschriften, Museen und Professuren in der zweiten Hälfte des 19. Jahrhunderts. Die *Sociéte Ethnologique de Paris* wurde 1839 gegründet, das *Anthropological Institute of Great Britain and Ireland* 1871 und das *Bureau of American Ethnology* 1879, die *Berliner Gesellschaft für Anthropologie, Ethnologie und Urgeschichte* 1869, im gleichen Jahr erschien die erste Ausgabe der bis heute bedeutenden *Zeitschrift für Ethnologie*. Die zum Teil schon etablierten ethnologischen Sammlungen wurden in der zweiten Hälfte des 19. Jahrhunderts in die ersten Völkerkunde-Museen, so 1886 in Berlin und in München, überführt. Durch die Museumsarbeit gefördert, entstanden zwischen 1869 (in Berlin) und 1899 (in New York) die ersten Dozenturen und Lehrstühle an den Universitäten. Edward B. Tylor wurde 1884 Dozent und 1889 erster Professor für Anthropology in Oxford. Der dingliche Zugang zum Fremden fügte sich zwar einerseits zu dem übermächtigen Forschungsparadigma der Zeit, dem Evolutionismus, brachte andererseits jedoch massive Kritik an dieser Schule hervor.

Evolutionismus

| 3.2

Der Evolutionismus ist die umfassendste und wirkmächtigste Theorie der vergangenen zwei Jahrhunderte. In der Mitte des 19. Jahrhunderts löste sie im euro-amerikanischen Raum das theologische Weltbild ab, demzufolge Gott die Natur und den Menschen geschaffen habe. Die Thesen von Geologen über die Entstehung und das Alter von Erdschichten und vor allem die biologische Evolutionstheorie von Charles Darwin ermutigten Wissenschaftler, die Welt aus sich selbst heraus zu erklären. Die Vorstellung, dass jedes Phänomen in seiner Entwicklung eine deutliche Richtung vom Einfachen zum Komplexen aufweist, wurde durch Beobachtungen in zahlreichen Wissensgebieten vielfach belegt. Eine Klassifikations- und Ordnungsmanie erfüllte den Elfenbeinturm mit einem neuen Geist. Diese Ablösung des christlichen und somit transzendentalen Weltbilds wurde von Wissenschaftshistorikern oft als Beginn der modernen Wissenschaft bezeichnet.

Die Ablösung des transzendentalen Weltbildes

Bis heute muss das evolutionäre Entwicklungsparadigma als ein Kernkonzept der modernen Welt verstanden werden. Metaphern, mit denen wir die Welt erklären, rufen konkrete Bilder hervor, die in ihren Assoziationen und Aussagen oft über das Erklärungspotential der Modelle hinausgehen. Im Evolutionismus werden mit Metaphern aus der Biologie wie Saat, Wachstum, Blüte, Organismus, Körper oder Sterben die Geschichte sowie gesellschaftliche Prozesse und Institutionen imaginiert und suggerieren somit eine quasi gesetzmäßige Notwendigkeit, die keinesfalls gegeben ist. Entwicklung erscheint als gerichteter, oft als eindimensionaler Prozess hin zu einem fiktiven Zielpunkt und findet seine Konkretisierung auch in Begriffen wie „Entwicklungsland" oder „Entwicklungshilfe". In Schulbüchern und in Leitartikeln, im Parlament und am Stammtisch liest und hört

Die Theorie und die Metaphern des Evolutionismus suggerieren eine Gesetzmäßigkeit kultureller Entwicklung

man von Entwicklungsstufen, die in den Vorstellungen regelrecht zu Treppenhäusern mutieren. Wachstum gilt für eine gesunde Volkswirtschaft in der Wirtschaftstheorie als conditio sine qua non. Wenn der Begriff „Entwicklung", wie die Börse belegt, gelegentlich eine negative Konnotation erfährt, greift man der Klarheit halber auf den Terminus „Fortschritt" zurück, der das evolutionäre Modell noch deutlicher umfasst. Auch wenn dies ein unzulässiger Vorgriff ist, so möchte ich dennoch schon an dieser Stelle andeuten, dass Ethnologen heute die eigene Gesellschaft aus der Ferne betrachten und mit der gleichen Distanz wie die fremden Kulturen wahrnehmen sollten. So erweist sich unser gesunder Menschenverstand einschließlich des Entwicklungs- und Fortschrittsgedankens auch als kulturelles Modell, also als eine Sichtweise unter vielen.

Charles Darwin, Henry Summer Maine und Johann Jakob Bachofen

Die Ethnologie etablierte sich als eigenständige Wissenschaft etwa zeitgleich mit dem Evolutionismus. Charles Darwins *Ursprung der Arten* wurde erstmals 1859 veröffentlicht und in den 1860er und 1870er Jahren entstand eine Reihe von umfangreichen Werken, die von einer gesetzmäßigen Entwicklung der Menschheit ausgehen, die überall nach den gleichen Mustern, jedoch mit unterschiedlichen Geschwindigkeiten verläuft.[2] Der Cambridger Jurist Henry Summer Maine (1822–1988) unterschied in seinem Werk *Ancient Law* (1861) zwischen „statischen" und „progressiven" Gesellschaften, mit denen er jeweils Recht aufgrund von Status im ersten, und aufgrund von Verträgen im zweiten Fall attestierte. Im ersten Fall wurde eine Gruppe und im zweiten Fall ein Individuum für Fehlverhalten verantwortlich gemacht. Rechtsprechung basierte zunächst auf Einzelentscheidungen von Ältesten und im weitesten Sinn auf dem Prinzip Verwandtschaft und entwickelte sich allmählich zu einem kodifizierten Recht und einem territorialen Prinzip. Ein weiteres juristisch informiertes Werk aus demselben Jahr, *Das Mutterrecht* (Johann Jakob Bachofen, 1861), beschrieb den Weg von der

---

2 Zu den im Folgenden zitierten und weiteren Werken siehe die gut lesbaren Kurzdarstellungen in Feest/Kohl (2001). Einzelne Fachvertreter werden mit ihrem wissenschaftlichen Werk im Sammelband von Marschall (1990) vorgestellt. Eine mehr als tausendseitige und vielschichtige Geschichte der Ethnologie bietet Petermann (2004). Im Anhang ist eine graphische Abbildung als „Theoriebaum" zu finden.

ungeregelten Ehelosigkeit zur Stufe der Matrilinearität, bei der Kulte um Muttergöttinnen vorherrschten, zur Patrilinearität und dem Aufkommen von Heldensagen, spaltete die Meinung von Fachkollegen, die es als irrationale Schwärmerei oder als rechtsvergleichendes Standardwerk ansahen, und wurde mehr als hundert Jahre nach seinem Erscheinen auch von feministischer Seite umstritten besprochen.

E.B. Tylor, L.H. Morgan und H. Spencer bilden das den Evolutionismus beherrschende „Dreigestirn" (Petermann 2004: 474). Edward Burnett Tylors (1832–1917) ethnographische Interessen waren so breit gefasst wie seine Kulturdefinition. Sein zweibändiges Hauptwerk *Primitive Culture* (1871) erhob ihn in den Rang der führenden britischen Wissenschaftler seiner Zeit. Anzumerken ist hier, dass das Adjektiv *primitive* im Englischen wertfreier als das deutsche „primitiv" verstanden wird und für das Gegenteil von „komplex", etwa „gering ausdifferenziert" steht. Im ersten Band *The Science of Culture* wird erstmals der Versuch unternommen, eine umfassende Kulturwissenschaft zu begründen. Er führte den Begriff *survival* (Überlebsel) ein, mit dem er Kulturelemente aus einer vorangegangenen Entwicklungsstufe bezeichnet, die sich dem evolutionären Prozess entzogen haben und somit „überlebten". Das Konzept leistete einen doppelten Dienst, indem es einen Einblick in frühere Entwicklungsstufen ermöglichte und – aus der Perspektive des Kritikers – den nicht in das Modell passenden Elementen einen Namen und eine Erklärung gab. Der zweite Band *Animism* legt seine gleichnamige Theorie dar, nach der sich Religionen aus einer Vorstellung von der Beseeltheit von Natur entwickelt haben. Der Begriff Animismus (von lat. *anima* = Seele) wird heute nicht mehr verwendet, da die Anhänger von Religionen, die nicht zu den Weltregionen zählten, in herabwürdigender Weise als „Animisten" bezeichnet wurden – was in der Tat recht animalisch klingt.

Lewis Henry Morgan (1818–1881) hatte sich bereits als Ethnograph der Irokesen (1851) und als Erfinder der Verwandtschaftsethnologie (1871) einen Namen gemacht und legte mit *Ancient Society* (1877) eine systematische Evolutionsgeschichte der Menschheit vor. Sein Werk, gegliedert in die großen Kapitel „Wildheit", „Barbarei" und „Zivilisation", die in den ersten beiden Teilen in eine untere, mittlere und höhere Stufe unterteilt

Die umfassende Kulturtheorie von Edward Burnett Tylor

Wildheit, Barbarei, Zivilisation

waren, ordnete technische Aspekte, Erfindungen, die soziale Organisation einschließlich der Heirats- und Erbregelungen zu den Eigentumsverhältnissen und zeichnete so eine lange Entwicklungslinie von einer nur schwach strukturierten Gesellschaft bis hin zum modernen Staat nach. Er ging davon aus, dass somit jede Kultur erstens einer bestimmten Entwicklungsstufe zugeordnet werden könne; zweitens – dies war wohl der Kern des Faszinosums – würden somit weniger entwickelte Gesellschaften Auskunft über die eigene Vergangenheit geben. Dieser Prämisse widersprach später die ethnographisch und auch erkenntnistheoretisch begründete Kritik. Jäger und Sammler können durchaus aus komplexen Gesellschaften geflohen sein oder Administration und Zentralherrschaft aus ihrer Nachbarschaft kennen. Ungeachtet des begründeten Widerspruchs stellen private und öffentliche Medien in ungebrochen ethnozentrischer Manier einzelne, uns fremde Gesellschaften heute noch als unser „Fenster zur Vergangenheit" vor.

staatenlose Gesellschaften sind kein Fenster in die Vergangenheit

„survival of the fittest"

Herbert Spencer (1820–1903) hat sich durch seine Formel „survial of the fittest" in die Weltgeschichte eingeschrieben. Die ihm zugeschriebene Bezeichnung als „Sozialdarwinist" erwies sich als ebenso griffig wie seine Theorie, doch halten beide einer kritischen Betrachtung nicht stand. Weder der Gedanke noch der Begriff stammen von Darwin, sondern beide kursierten zuvor in akademischen Nischen. Spencer hat die allgemeine Entwicklungsidee, die Darwin für die Biologie nutzte, auf die Entwicklung von Gesellschaften übertragen, wobei nicht wie in der Natur Arten, sondern Individuen, allein oder in Verbänden, um ihr Überleben kämpften. Nach seiner Theorie ist die Zivilisation ein Teil der Naturgeschichte, beide unterliegen den gleichen Prinzipien, entwickeln sich vom Einfachen zum Komplexen. Doch was in der Biologie „Anpassung" war, wurde bei Spencer „Kampf" und aus den „Angepassten" wurden die „Besten" und die „Stärksten" und somit die „Sieger". Es erklärt sich von selbst, dass das individuelle Streben als der Motor für Fortschritt galt und jeder Eingriff im Sinne eines Sozialprogramms den Fortschritt hindern würde. Spencers Lehren, hier sei nur sein kulturvergleichendes Hauptwerk *The Principles of Sociology* (1874–96) erwähnt, fügten sich zum blühenden Manchester-Kapitalismus, der ohne die ideologische Unterfütterung von John Locke und Adam Smith wohl weniger Dynamik entwickelt hätte. Spencers Gedanken förderten nachhaltig den Neoliberalismus.

Last but not least soll hier James Georg Frazer (1854–1941) in die *hall of fame* des Evolutionismus eingereiht werden. Frazer verfügte über die besondere Gabe, anschaulich und spannend zu schreiben. Sein zwölfbändiges Werk *The Golden Bough* ist in zahlreichen Auflagen und Sprachen, deutsch *Der goldene Zweig*, gekürzt und ungekürzt ab 1911 erschienen. Sein Einfluss auf die Wissenschaft und die lesende Öffentlichkeit kann kaum überschätzt werden. Auch Malinowski berichtete, dass er durch den *Goldenen Zweig* auf die Ethnologie aufmerksam gemacht wurde. Seine Berichte von der rituellen Tötung des Oberhaupts im sakralen Königtum lesen sich wie ein Kriminalroman. Er klassifizierte seine Daten und fügte eine überwältigende Informationsmenge in klare Entwicklungslinien. So unterschied er eine „praktische Magie" von einer „theoretischen Magie" und ihre „positive" und „negative" Form. Mit Magie verband er die Vorstellung, die Welt zu erklären und zu verändern und fügte sie somit in die Entwicklungslinie von Welterklärungsmodellen: „Magie – Religion – Wissenschaft".

Magie – Religion – Wissenschaft

E.B. Tylor, L.H. Morgan, H. Spencer und J.G. Frazer haben zur Entwicklung der Ethnologie in England und in den USA ein erstes Fundament gelegt und mit ihren Schriften weit in das 20. Jahrhundert gewirkt. Wenn wir heute nach Keimzellen von Ideen suchen (um wieder eine biologische Metapher zu verwenden), so werden wir bei ihnen auch heute noch fündig. Es fällt nicht schwer, die zeitgenössische Kritik aus den Reihen des Klerus zu erahnen, der diese Modelle als unwissenschaftliche Gotteslästerung betrachtete. Die fachinternen Kritiker zeigen, dass die modellhaft beschriebenen Stufen mit spezifischen Technologien, Religionsformen und sozialen Systemen oft nicht dem ethnographischen Befund entsprachen. So gab es, um nur ein Beispiel zu nennen, auf Hawaii ein zentralisiertes politisches System, das nicht so recht zum damaligen Stand der Technik passen wollte, denn man kannte keinen Pfeil und Bogen! Bis in die Gegenwart ist in den USA an einigen Schulen die Evolutionslehre aus religiösen Gründen verboten; sie widerspricht dem Bibeltext. Zu den unwidersprochenen und

Kritik an der Stufenlehre

vielleicht deshalb meist übersehenen Leistungen dieser Zeit zählt der Übergang von einer metaphysischen zu einer wissenschaftlichen Erklärung der Welt, die Trennung von biologischen (rassistischen) Theorien von Kulturtheorien, die Einbeziehung der außereuropäischen Gesellschaften in ein einheitliches Analyseschema und somit die Konstruktion *einer* Menschheitsgeschichte.

Die erste Kritik, die in ein neues Forschungsparadigma mündete, kam von Franz Boas, der mit seiner Theorie des Historischen Partikularismus, wie der Name bereits andeutet, genau das Gegenteil des Evolutionismus anstrebte: lokal verankerte Untersuchungen unter Einbezug ihrer Geschichte. Da hier eine tiefe Zäsur vorliegt und seine Schüler den Kulturrelativismus geschaffen haben, der die Ethnologie bis in die Gegenwart prägt, soll zunächst auf den Diffusionismus im deutschsprachigen Raum, ebenfalls ein Gegenmodell zum Evolutionismus, und anschließend auf den Neo-Evolutionismus eingegangen werden.

3.3 | Diffusionismus und Kulturkreislehre

Überblick

Die räumliche Verbreitung von Gütern und Technologien

Der Diffusionismus entstand in Deutschland im späten 19. Jahrhundert und wird im anglophonen Raum als German School bezeichnet. Dies ist ein wenig rühmlicher Verweis auf die deutsche Ethnologie, weil dieser Ansatz in der Theoriegeschichte nur eine Nische füllt und heute einen altbackenen Beigeschmack aufweist. Während der Blütezeit des Evolutionismus wurde diese Theorie in Deutschland bewusst als Gegenposition zu den britisch-amerikanischen Entwicklungen formuliert. Die Grundidee war, dass sich Kulturgüter meist nach einer einmaligen Erfindung oder Entwicklung vom Ursprungsort verbreiten und historische Prozesse anhand der Verbreitung von materiellen Gütern und Technologien oder anderen Kulturzeugnissen nachvollzogen werden können. Aus diesen Arbeiten entwickelte sich eine Kulturkreislehre, die für einige wenige Vertreter der deutschsprachigen Ethnologie bis in die 1960er Jahre die theoretische Grundlage blieb. Bevor wir auf die wichtigsten Vertreter des Diffusionismus zu sprechen kommen, muss auf einen Wegbereiter der deutschen Ethnologie eingegangen werden, der nur schwerlich einer theoretischen Schule zugeordnet werden kann.

Adolf Bastian (1826–1905), zunächst Autodidakt und Schiffsarzt, dann Sammler von Ethnographica, war Inhaber der ersten Privatdozentur für Ethnologie in Berlin (1869), erster Direktor des Völkerkundemuseums ebendort (ab 1886), Lehrer von Franz Boas, Gründer von mehreren ethnologischen Gesellschaften und Zeitschriften. Zwischen seinen neun ausgedehnten Weltreisen verfasste er etwa 80 zum Teil mehrbändige Bücher, über 200 Aufsätze und über 300 Rezensionen, insgesamt ein voluminöses Schrifttum, das einige Kritiker als redundant und andere als unlesbar beschrieben. In der Tat erschwert sein eigenwilliger Stil die Lektüre und die Nachvollziehbarkeit.

Adolf Bastian als Begründer der deutschen Ethnologie

Als philosophische Orientierung diente Bastian das Werk von Johann Gottfried Herder (1744–1803), der bereits früh die These von einem Volksgeist und einem Nationalcharakter ausgeführt hat. Mit Herder wird oft ein idealistischer Ansatz in der Ethnologie verbunden, der den Vorstellungswelten mehr Aufmerksamkeit widmet als den materiellen und empirisch fassbaren Aspekten von Kultur. Bastian interessierte jedoch alles. In Anlehnung an Herders Volksgeist entwickelte er das Modell eines Völkergedankens, der die jeweilige Ausprägung von Elementargedanken ist, die wiederum allen Menschen gemeinsam sind. Er ging von der psychischen Einheit der Menschheit aus, die unter ähnlichen Umweltbedingungen dann zu kulturellen Konvergenzen führen kann. Eine nähere Bestimmung der Elementargedanken erfolgte jedoch nicht. Bastian erklärte seine Theorie mit dem Beispiel der weltweiten Verbreitung des Bogens als Elementargedanken und der aus ihm entwickelten Armbrust als einen Völkergedanken (Fiedermutz-Laun 1990: 121). Seine theoretischen Entwürfe blieben nicht widerspruchsfrei und führten auch nicht zur Herausbildung einer eigenen Schule.

Elementargedanke und Völkergedanke

Friedrich Ratzel (1844–1904) gilt als Begründer des Diffusionismus. Er war Sozialgeograf, Verfasser eines frühen völkerkundlichen Übersichtswerks (1885–88) und legte lange Inventarlisten von Artefakten an. Ratzel zögerte nicht, Bastian zu

Die Inventarisierung der musealen Artefakte

widersprechen, da der Bogen in Australien bei den Aborigines unbekannt war. Sie jagten mit dem Bumerang. Ratzel suchte nach Antworten zu den großen Fragen der Menschheitswerdung und der Kulturentwicklung und lehnte die Vorstellung von einer bestimmten Entwicklungs*richtung* der Evolutionisten vehement ab. In diesem Punkt können wir ihm heute noch zustimmen. Ihn beschäftigten die überwältigenden kulturellen Übereinstimmungen, die er jedoch weniger in den Gedankenwelten, sondern in der materiellen Kultur fand oder genauer: dingfest machen konnte. Diese Ähnlichkeiten konnten nach seiner Meinung nur durch einen Prozess der Verbreitung in Zeit und Raum erklärt werden. Mobilität ist eine Eigenschaft, die allen Völkern und Kulturen zu eigen ist, und Migration bedeutet Diffusion. Es galt nun, die Verbreitung von Kulturgütern, Technologien und Kunstformen zu kartieren, Wanderungsrichtungen zu entdecken und den „Ursitz" einer Kultur zu finden.

Quantitätskriterium, Qualitätskriterium und Kontinuitätskriterium

Fritz Graebner (1877–1934) entwickelte die Verbreitungslehre weiter und zählt zu den Mitbegründern der Kulturkreislehre. In seiner *Methode der Ethnologie* (1911) kamen Ratzels Hauptkriterien zum Tragen. Das Quantitätskriterium ist erfüllt, wenn zahlenmäßig viele Ähnlichkeiten zwischen zwei Kulturen aufzuweisen sind. Das Qualitätskriterium wird erreicht, wenn sich die Parallelen nicht aus der Sache selbst oder der Materialität ergeben. So erfüllt ein Einbaum – im Gegensatz zu einem Auslegerboot – das zweite Kriterium nicht. Wenn nun zwei Kulturen sehr weit voneinander entfernt waren, so sollte die Verbindung durch ein Kontinuitätskriterium, durch Funde auf den Migrationswegen, belegt werden. Zusammen mit Bernhard Ankermann (1859–1943) rekonstruierte Graebner Kulturkreise als Verbreitungsräume und Kulturkomplexe als sinnvollen Zusammenschluss von Kulturelementen. Da er historisch arbeitete und sich diese Komplexe veränderten oder aufspalteten, fügte er den Begriff „Kulturbrücken" hinzu, die diese Einheiten verbanden.

Paideuma und Kulturmorphologie

Leo Victor Frobenius (1873–1938) war ebenfalls ein Schüler Ratzels und wirkte maßgeblich an der Entwicklung der Kulturkreislehre mit, als dessen Erfinder er auch bezeichnet wird. Anders als Graebner sah er jedoch die Möglichkeit einer kulturinternen Weiterentwicklung. Beide waren Direktoren von Völkerkundemuseen, Frobenius in Frankfurt am Main und

Graebner in Köln am Rhein. Beide entwarfen z.T. recht große Kulturkreise, die von Afrika bis nach Ozeanien reichten. Dabei sprach Frobenius von Kulturschichten, die wie Erdschichten eine relative Chronologie aufweisen. Mit Hingabe kartierte er Artefakte, sprach auch von einem „Kartenerlebnis", und entdeckte regionale Verdichtungen von spezifischen Kulturformen. Im Gegensatz zu Graebner war Frobenius leidenschaftlicher Feldforscher und reiste mit großem Gefolge mehrfach durch Afrika. Er war näher am Menschen und entwickelte das Konzept *Paideuma*, das mit der Erklärung „Kulturseele" auch im Duden steht. Seine wissenschaftliche Kulturlehre oder Kulturmorphologie, die von einer kulturimmanenten Entwicklung nach einer festen Abfolge ausgeht, traf zwar zwischen den Weltkriegen auf ein großes öffentliches Interesse, wurde später jedoch nicht wissenschaftlich rezipiert. Die nach ihm benannte „Frobenius-Gesellschaft" zählt heute zu den renommierten ethnologischen Institutionen.

Pater Wilhelm Schmidt (1868–1954) kann als letzter Diffusionist bezeichnet werden. Bis zur Mitte des 19. Jahrhunderts unterrichtete er in Wien, und meine Lehrer hörten noch seine Vorlesungen. Sein Lebenswerk trägt den programmatischen Titel *Der Ursprung der Gottesidee* und erschien in 12 Bänden von 1926 bis 1955. Er ging von einem christlichen Weltbild und konkret von einer Uroffenbarung aus, die in grauer Vorzeit zu einem Urmonotheismus geführt habe. Schmidt untersuchte Migrations- und Diffusionsprozesse und förderte die empirische Forschung, vor allem bei Jägern und Sammlern, die in besonderem Maß Auskunft über die Genese von Religion geben sollten. Die „Wiener Schule" hat so zahlreiche fundierte Ethnographien hervorgebracht, die in ihrer Gesamtheit nicht unter dem diffusionistisch-kulturhistorischen Sammelbegriff untergebracht werden können. Heute fragt kein Ethnologe mehr nach dem Ursprung von Religion oder allgemeiner von Kultur. Eine solche Fragestellung beinhaltet bereits eine theoretische Orientierung, die heute nicht mehr geteilt wird.

Die Suche nach dem Ursprung der Gottesidee

In den USA entwickelte sich in der ersten Hälfte des 20. Jahrhunderts unter dem Leitparadigma der Diffusion die Theorie der Kulturareale (*culture area*), die sich durch spezifische Kulturzüge (*cultural traits*) auszeichnete. Melville Jean Herskovits (1895–

Diffusionistische Ansätze in den USA – culture area und cultural traits

1963) teilte Afrika in neun Areale und Clark Wissler (1870–1947)
die amerikanischen Kontinente in sieben Regionen. Der Lehrer
der beiden, Franz Boas, verwendete zwar den Begriff „Kultur-
areal" und verschloss sich nicht der Möglichkeit von Diffusion,
doch sah er in ihr eine untergeordnete Kraft. Weltkarten mit
der Verbreitung von Haustieren (*horse complex, cattle complex* etc.)
oder Fernwaffen betrachtete er mit einer gewissen Skepsis. Als
schließlich im Hyperdiffusionismus Ägypten als die Wiege der
Menschheit bezeichnet wurde, von der nicht nur alle Hochkul-
turen, sondern auch nordamerikanische Indianer und Aborigines beeinflusst worden seien, verlor die Idee der Diffusion an
Glaubwürdigkeit und an Attraktivität.

Human Relation Area
Files als Datenbank

Geblieben ist eine Institution, die namentlich mit dem Diffusionismus, der Kulturen zusammenführt, stärker verbunden ist
als mit der Idee, weil sie systematisiert und trennt. Die *Human
Relation Area Files* (HRAF), ein Lebenswerk von George Peter Mur-
dock (1897–1985), eine gigantische Datenbank, die alle erforschten Kulturen mit ihren nach strengen Regeln auf Stichworte re-
duzierten Eigenschaften katalogisiert. So lässt sich problemlos
nachschlagen, ob Patrilinearität – die Abstammung durch die
männliche Linie – mit Patrilokalität – der Wohnort des Ehepaa-
res ist durch den Mann bestimmt – oder auch mit einer bestimmten Wirtschaftsform korreliert. Im vergangenen halben
Jahrhundert wurden die Datensätze von Karteikarten auf käuf-
liche Mikrofiches und später in elektronische Form übertragen
und bieten heute weit mehr als Schlagworte.

3.4 | Neo-Evolutionismus

So schnell, wie der Evolutionismus in der zweiten Hälfte des
19. Jahrhunderts an Bedeutung gewann, so schnell verschwand
er zu Beginn des 20. Jahrhunderts durch die Kritik der späteren
Kulturrelativisten in der akademischen Versenkung. Eine Re-
naissance erlebte er durch J. H. Steward und L. A. White, die ihn
in einer verdünnten Form bzw. in ideologischer Färbung wieder-
belebten. Dem Neo-Evolutionismus fehlte die entschiedene Klarheit des Originals, was ihn zwar sympathisch, jedoch strecken-
weise belanglos macht. Statt von Stufen wurde von Übergängen

gesprochen, die fortan nicht mehr zwingend waren, und somit wurden empirisch begründete Ausnahmen schulterzuckend zur Kenntnis genommen.

Julian Haynes Steward (1902–1971), einer der bedeutendsten Ethnologen Nordamerikas nach dem Zweiten Weltkrieg, wäre unzureichend mit dem Label Neo-Evolutionist beschrieben, weil sein breit gefächertes Arbeitsfeld von der Frühgeschichte bis zur Modernisierung unter Einschluss von Forschungen über Jäger und Sammler, Bauern und Prozesse in Nationalstaaten reichte. Sein theoretisches Interesse galt der Mensch-Umwelt-Beziehung in all ihren Facetten. Da er weniger von einer europäischen geisteswissenschaftlichen Tradition und stärker von einer nordamerikanisch szientistischen Richtung beeinflusst war und die partikularen Betrachtungen von Boas keine Antworten auf seine systematisch ausgerichteten Fragen erlaubten, griff er auf evolutionistische Modelle zurück. Dabei lehnte er jedoch sowohl die allgemeine Evolution, die von einer Kultur der Menschen ausgeht, ab wie die unilineare Variante, die von einem starren Verlauf entlang eines Stufenmodells ausging. Steward schlug eine multilineare Evolution vor, die sich stark an seinem kulturökologischen Werk orientierte. Parallele Entwicklungen erklärte Steward mit wiederkehrenden Kausalzusammenhängen, womit aus meiner Sicht Evolution als Produkt und nicht als Ursache erklärt wird.

Mensch-Umwelt-Beziehungen als Entwicklungsfaktor

Leslie Alvin White (1900–1975) war ein linker Intellektueller, der gern polarisierte und mit markanten Thesen auf sich aufmerksam machte. Auf den ethnologischen Tagungen brachte er die Gemeinschaft der Boas-Schüler gegen sich auf und kam mit seinen Thesen auf die Titelseiten der *New York Times* und der *Pravda*. Mitten im Kalten Krieg, als die USA den Vorsprung der UdSSR in der Raumfahrt, den Sputnik-Schock, verdauen mussten, hielt er auf dem Kongress der *American Anthropological Society* einen Vortrag über die kulturelle Evolution der Religion und schloss mit dem Satz: „Ein Kultursystem, das Satelliten in den Weltraum befördert, kann auf Götter ganz verzichten." (zitiert nach Guksch 1990: 282). Er vertrat auch die These, dass die Höhe des Energieverbrauchs und die Effizienz der technischen Geräte dem Grad der kulturellen Evolution entsprechen. Inspiriert wurde White von L.H. Morgan, mit dessen Werk er sich ausführ-

Energieverbrauch als Entwicklungsmaß

lich beschäftigte, und von seiner Feldforschung bei den Pueblo in New Mexico. In seinem Hauptwerk *The Evolution of Culture* (1959) fasst er seine Theorie, die Kulturologie (*culturology*), zusammen, aus der jedoch keine Schule entstehen sollte.

Kulturologie

3.5 | Kritik

Aus heutiger Sicht drängen sich am frühen Evolutionismus einige Kritikpunkte auf, die unter den Rubriken (1) Eurozentrismus, (2) Deduktionismus und (3) Ungeschichtlichkeit zusammengefasst werden können. Ad 1: Die Evolutionisten betrachteten die Welt aus ihrer Warte und räumten der emischen Sichtweise wenig Raum ein. Ihre eigene Gesellschaft galt als Zielpunkt der Entwicklung, als ihre höchste Stufe. Mit dieser Position erfolgt eine Wertung, die zur Legitimation von Kolonialismus und Rassismus herangezogen werden kann. Ad 2: Die Idee des Fortschritts, gemeint ist die Entwicklung vom Einfachen zum Komplexen, blieb unhinterfragt und die Einordnung der Befunde erfolgte deduktiv nach dem wissenschaftlichen Modell. Petermann (2004: 471–72, 478) hat darauf hingewiesen, dass Maine, Tylor, Frazer und anderen oft fälschlicherweise ein *unilinearer* Prozess als Diktum unterstellt wurde. Doch blieb die Fortschrittsidee die Leitlinie für die Einordnung und Deutung der Fakten. Ad 3: Das evolutionistische Modell widerspricht der Vorstellung von der menschlichen Handlungsmacht, oft als *agency* bezeichnet, mit der Geschichte beeinflusst oder auch „gemacht" wird. Geschichte setzt ein Bewusstsein über die eigene Vergangenheit voraus und dient als Orientierungspunkt für die Handlung in der Gegenwart. Indem die „Zivilisation und ihre Vorläufer" als Teil der Naturgeschichte gesehen werden, wird Geschichtlichkeit widersprochen.

Die Kritik am Diffusionismus richtet sich gleichermaßen auf die zugrunde liegenden Annahmen. Erfindungen müssen nicht singuläre Ereignisse sein, sondern können durchaus unabhängig voneinander erfolgen. Die Bedeutung von Artefakten erschließt sich nur im sozialen Kontext und nicht im Archiv eines Museums durch einen Kulturvergleich. Aus der Ferne betrachtet könnte der Diffusionismus als eine frühe Form der Globalisierungstheorie erscheinen, doch wurden zentrale Elemente wie die Machtverhältnisse und der kreative Prozess der Aneignung nicht thematisiert. Gegen einen gemäßigten Diffusionismus, der die Verbreitung von Dingen und Gedanken in Zeit und Raum thematisiert, dürfte auch heute wenig einzuwenden sein. Die diffusionistische Forschung übersah jedoch die Pluralität der Deutungsmöglichkeiten von Dingen. Heute geht man davon aus, dass es kein „Ding an sich" gibt, sondern Bedeutungen stets in den Interaktionen geschaffen werden.

Fragen

1 Wann und wie vollzog sich die Institutionalisierung der Ethnologie?
2 Kann die naturwissenschaftliche Evolutionslehre auf menschliche Kulturen übertragen werden?
3 In welchen Bereichen und Konzepten finden wir heute implizite Annahmen der Evolutionslehre?
4 Können staatenlose Gesellschaften der Gegenwart Auskünfte über unsere eigene Vergangenheit geben?
5 Wie lautet die Kritik am frühen Evolutionismus?
6 Was war die Grundidee des Diffusionismus?
7 Wie lautet die Kritik am Diffusionismus?
8 Worin unterscheidet sich der Neo-Evolutionismus von Julian Steward vom frühen Evolutionismus?

Antworten

1 In der zweiten Hälfte des 19. Jahrhunderts wurden ethnologische Zeitschriften und Verbände sowie Völkerkundemuseen gegründet und Lehrstühle etabliert.
2 Die Evolutionslehre, die von einer gesetzmäßigen und notwendigen Entwicklung vom Einfachen zum Komplexen ausgeht, hat für kulturelle Phänomene keine Gültigkeit. Die Idee von Entwicklungsstufen wurde vielfach widerlegt.
3 Viele Modelle von Entwicklung und Fortschritt, einschließlich der Begriffe „Entwicklungsland" und „Entwicklungshilfe" sowie ökonomische Modelle von der Notwendigkeit

des Wachstums, weisen deutliche Spuren eines naturwissenschaftlichen Evolutionsmodells auf.

4 Der Erkenntniswert über unsere eigene Vergangenheit aus dem Studium der gegenwärtigen nichtstaatlichen Gesellschaften (z. B. Jäger und Sammler) ist sehr gering, da jede Gesellschaft ihre eigene Geschichte hat. So können Jäger und Sammler durchaus ihre Wurzeln auch in komplexen Gesellschaften haben, aus denen sie sich zurückgezogen haben oder vertrieben wurden.

5 Der frühe Evolutionismus geht von der euro-amerikanischen Gesellschaft als höchstem Entwicklungspunkt (Ethnozentrismus) aus. Er presst die Feldforschungsdaten in ein starres Entwicklungsschema und negiert die Geschichtlichkeit der staatenlosen Gesellschaften.

6 Die Grundidee des Diffusionismus war die Einmaligkeit der Erfindung oder Entwicklung von Kulturgütern, die sich anschließend vom Ursprungsort verbreiten; und somit historische Prozesse anhand der Verbreitungslinien nachvollzogen werden können.

7 Kulturelle Prozesse können nicht allein aus Artefakten abgelesen werden. Erfindungen können an unterschiedlichen Orten unabhängig voneinander gemacht werden. Wichtig ist die Sinnzuschreibung der Dinge, die sich aus ihrer Materialität nicht erschließen lässt.

8 Der Neo-Evolutionismus geht nach Julian Steward von multilinearen Entwicklungslinien aus, die der kulturellen Evolution mehr Flexibilität einräumen und der Mensch-Umwelt-Beziehung mehr Wirkkraft zuschreiben.

Kulturrelativismus und die Kultur- und Persönlichkeitsschule | 4

Grundposition und Grenzen | 4.1

Die Grundlagen für den Kulturrelativismus wurden in den USA in der ersten Hälfte des 20. Jahrhunderts erarbeitet. Heute ist es ein Gemeinplatz, dass keine Kultur „besser" als eine andere ist und Kulturen nicht pauschal hierarchisiert werden können. Für die ethnologische Forschung ist eine kulturrelativistische Haltung einerseits Voraussetzung für einen möglichst wertfreien Vergleich, andererseits erweist sich dieser Ansatz in letzter Konsequenz als Unmöglichkeit, weil wir unseren Blick immer an unseren eigenen Vorannahmen orientieren und auch die Kategorien, mit denen wir denken, nicht nur in unserer Sprache und Kultur, sondern auch in unseren wissenschaftlichen Methoden verankert sind. Neben diesem erkenntnistheoretischen Problem liegen ethische Dilemmata vor, weil hier Verhalten, das wir als Verletzung der Menschenrechte betrachten, etwa weibliche Genitalverstümmelung, weder ausblenden noch im üblichen ethnographischen Stil wertfrei aus der Sicht ihrer Befürworter dokumentieren können. Diese Fragen sollten sich jedoch erst nach der Entwicklung dieses heuristisch grundlegenden Ansatzes stellen. Zu seiner Entwicklung haben zahlreiche Geisteswissenschaftler beigetragen, doch in die öffentliche Diskussion wurde die Forderung nach einer kulturrelativistischen Haltung von Franz Boas und seinen Schülern (oder an dieser Stelle genauer: Schülerinnen und Schülern) getragen.

4.2 | Franz Boas und die Ablehnung der großen Theorien

Historischer Partikularismus und die Ablehnung der großen Leittheorien

Franz Boas (1858–1942) misstraute den großen allerklärenden Theorien des Evolutionismus und des Diffusionismus. Auch in dieser Hinsicht kann er als moderner Denker verstanden werden, da heute die meisten Ethnologen jedem „ismus" wie „Funktionalismus" oder „Strukturalismus" kritisch begegnen. Er sah in der langfristig angelegten Feldforschung, die Malinowski später mit dem Paradigma der teilnehmenden Beobachtung verbinden sollte, die einzige Möglichkeit des Zugangs zum kulturell Fremden. Sein Interesse galt der Sicht der Gastgesellschaft und strebte die Dokumentation *ihrer* Erklärungen der Mythen, Rituale und Institutionen an. Folglich ging er vom Einzelfall aus und sah in der kulturellen Vielfalt eine zu große Herausforderung für eine umfassende Theorie. Da er – in Abgrenzung zur evolutionären, also nach festen Gesetzen verlaufenden Veränderung – von einer Geschichtlichkeit der schriftlosen Völker ausging und stets den Einzelfall betonte, wurde sein Ansatz später *Historischer Partikularismus* genannt. Aufgrund seiner anthropometrischen Forschungen widerlegte er den Rassengedanken mit seinem Nachweis, dass der Schädelindex bereits nach einer Generation große Unterschiede aufwies, die er auf Ernährungs- und Umwelteinflüsse zurückführte. Er zeigte, dass sich Biologie, Sprache und Kultur als grundlegende Dimensionen des Menschen unabhängig voneinander entwickeln. Dabei war Kultur stets eine kollektive Größe, die den Menschen in seinem Handeln vorrangig beeinflusst. Die Ablehnung der großen Leittheorien, die Betonung von Feldforschung und der kulturellen Binnensicht, die Trennung von Biologie und Kultur und die sich daraus ableitenden (von seinen Schülern formulierten) Thesen des Kulturrelativismus können bis heute als wegweisend für eine moderne Ethnologie betrachtet werden (Boas 1940). Es erübrigt sich zu betonen, dass dies nur der Auftakt für eine selbstreflexive Wissenschaft vom kulturell Fremden war.

Biographie von Franz Boas

Das Leben von Boas verweist in seinem biographischen Verlauf auf Entwicklungen in der Weltgeschichte und auf einen Paradigmenwechsel in den anthropologischen Wissenschaften. Er studierte zunächst Physik und Geografie und kam durch seine Untersuchungen zur Farbe des Meerwassers nach Baffin Island im Norden Kanadas, wo ihn die kulturellen Fähigkeiten der Inuit beeindruckten. Sein ethnographisches Interesse führte ihn zu Adolf Bastian nach Berlin, doch blieb ihm dort als Jude der Weg zur Professur versperrt. Im Jahr seiner Habilitation 1886 emigrierte er in die USA. Er erwies sich zeitlebens als politisch denkender Wissenschaftler, dessen Bücher wegen der antirassistischen Thesen im Dritten Reich verbrannt wurden. Als überzeugter Pazifist sprach er sich auch gegen den Eintritt der USA in den Zweiten Weltkrieg aus und widersprach vor allem der evolutionäre Einordnung von Kulturen. Bereits 1887 sprach er sich gegen ein Ausstellungskonzept aus, das Masken unterschiedlicher Kulturen vergleichend nebeneinander stellen wollte, da sie ihre Bedeutung nur innerhalb der jeweiligen Kultur erhalten. Was ein Kurator und ein Museumsbesucher mit der Kategorie „Maske" verbinden, muss nichts mit dem indigenen kulturellen Konzept zu tun haben. Masken können der Unterhaltung, der Verkörperung von Mythen, der Gruppenidentität oder der Heilung dienen. Der wissenschaftliche Werdegang von Boas steht exemplarisch für den Übergang einer deduktiven, naturwissenschaftlichen Anthropologie zu einer induktiven, deutenden Ethnologie.

Nach Forschungen bei den Nordwestküsten-Indianern, vor allem bei den Kwakiutl, verschiedenen Tätigkeiten für Völkerkundemuseen und der Lehre an der Clark University (1889–92) wurde Boas 1899 als erster Professor für Anthropologie an die Columbia University in New York berufen. Hier wirkte er bis zu seinem Tod, führte weitere Feldforschungen durch und veröffentlichte über die Kwakiutl umfangreiches ethnographisches, weitgehend unkommentiertes Material. Sein Empirismus wurde oft fälschlicherweise als Theoriefeindlichkeit ausgelegt, doch Boas wollte dokumentieren, so lange die kulturellen Formen noch „lebten". Diese *salvage anthropology* wurde später zu Recht kritisiert, da Kulturen sich stets im Wandel befinden und nicht dokumentarisch „gerettet" werden müssen. Doch seine Zurückhaltung, analog zu den Naturwissenschaften kulturelle „Gesetze" zu formulieren, wird heute von den meisten Ethnologen geteilt. Seine Arbeiten legten großen Wert auf die Sammlung von linguistischem Material und bezogen die Vor- und Frühgeschichte ein. Methodisch wurde er oft als gemäßigter

Von deduktiven zu induktiven Methoden

Diffusionist bezeichnet, da er in Ablehnung des Primats der Diffusion und im Gegensatz zu großräumigen Modellen der kleinräumlichen Beeinflussung von benachbarten Kulturen Beachtung schenkte. Die *four field anthropology*, die in den USA die Bereiche Physische Anthropologie, Linguistik, Archäologie und Kulturanthropologie umfasst, entstand aus seiner Forschung und Lehre. Ein Hinweis zur Begrifflichkeit: „Kulturanthropologie" ist eine direkte Übersetzung von *cultural anthropology* und zugleich die Bezeichnung einer älteren philosophischen Disziplin und wird hier in Abgrenzung zur britischen „Sozialanthropologie" (s. u.) verwendet.

Physische Anthropologie, Linguistik, Archäologie und Kulturanthropologie als four field anthropology

4.3 | Das Superorganische nach A.L. Kroeber und R. Lowies konvergente Entwicklung

Kroeber und das „Superorganische" als Ordnungsrahmen jenseits der menschlichen Handlungsmacht

An der Columbia Universität bildete Boas – den Erinnerungen seiner Schüler zufolge am liebsten im kleinen Kreis am Küchentisch – die ersten zwei Generationen nordamerikanischer Ethnologen aus. Sein erster Doktorand, Alfred Louis Kroeber (1876–1960), war einer der bedeutendsten Ethnologen in den USA in der ersten Hälfte des 20. Jahrhunderts, doch er entfernte sich im Gegensatz zu den beiden Schülerinnen deutlich von seiner Lehre. Der Titel seines Aufsatzes *The Superorganic* (Kroeber 1917) verweist auf eine Ebene von Kultur jenseits des organischen Gefüges von Gesellschaft und nahm Bezug auf eine übergeordnete Ebene von Kultur, die das Individuum aus eigener Kraft nicht direkt beeinflussen kann. Er sah in Kunst, Musik und Mode nicht nur den Ausdruck von Geschichte und individuellem Handeln, sondern entdeckte wiederkehrende Formen und Strukturen, die methodisch an das kollektive Unbewusste von Émile Durkheim erinnern und später im Strukturalismus von Claude Lévi-Strauss aufgegriffen wurden. Wie sein Lehrer, war Kroeber deutschsprachig, Feldforscher, ein Vielschreiber mit mehr als 500 Artikeln, Monographien, Hand- und Lehrbüchern und vielseitig interessiert. Er arbeitete archäologisch und in Museen, war ausgebildeter Psychoanalytiker und lehrte ab 1919 am Department for Anthropology in Berkeley, an das er später auch Lowie berief.

Robert Lowie (1883–1957) war ein weiterer Boasschüler der ersten Stunde, der sich stärker als Kroeber an seinem Lehrer orientierte und mit detaillierter Beschreibung der Aufgabe stellte, die
evolutionistische Stufenlehre zu widerlegen. Sein Werk *Primitive
Society* (1920) basierte dank seiner Sprachkenntnisse als gebürtiger Wiener auf nahezu allen gedruckten Ethnographien seiner
Zeit. Er zeigte, dass Matrilinearität nicht der Patrilinearität vo-
rausging, was einige Evolutionisten wegen der bei den frühen
Völkern „unsicheren" Vaterschaft vermuteten. Gegen eine Entwicklungslinie sprach auch die Existenz von Eigentumsvorstel-
lungen in wenig komplexen Gesellschaften. Wie sein Lehrer,
sah Lowie im Gegensatz zum unilinearen Evolutionismus auch
die Möglichkeit von konvergenten Prozessen, also unterschiedlichen Wegen zum gleichen Ziel, die er als Entwicklungslinien
nachzeichnete. Die These von einer graduellen Entwicklung von
kleinen territorialen Machtzentren hin zum Staat widerlegte er
ethnographisch und verwies auf die Möglichkeit, dass Geheimbünde und Altersklassen als Beginn einer Staatenbildung angesehen werden können. Wie Boas kann auch er als gemäßigter
Diffusionist bezeichnet werden. Petermann (2004: 668) bezeichnet seinen Ansatz als „eine spezielle Chaostheorie der Kultur"
und fährt fort: „Der Zufall und die Kontingenz sind die wahren
Herren kultureller Prozesse."

Lowie widerlegt die evolutionistische Stufentheorie

Ruth Benedict und die Integration von Kultur | 4.4

Zum großen Schülerkreis von Boas zählten auch Edward Sapir,
Melville Herskovits, Paul Radin sowie Ruth Benedict und Margaret Mead. Die beiden Frauen waren befreundet und auch das
Verhältnis zu ihrem Lehrer, den sie „Papa Franz" nannten, war
familiär. Sie hatten erheblichen Anteil an der Entwicklung der
jungen Wissenschaft zur *cultural anthropology*, gelegentlich auch
„American School" oder „Boas School" genannt. Ruth Fulton Benedict (1887–1948) entdeckte die Ethnologie für sich im Alter
von 32 Jahren. Sie hatte zuvor Englische Literatur studiert, als
Grundschullehrerin gearbeitet und sich als Literatin einen Namen gemacht. Nach einer gescheiterten Ehe, feministischem Engagement und dem Beginn eines Studiums in New York an der

New School for Social Research traf sie auf Boas, der sie nachhaltig beeinflusste. Es ist ihrem Einfluss zu verdanken, dass sich die Ethnologie von einer naturwissenschaftlich orientierten Wissenschaft zu einer Kulturwissenschaft entwickelte. In ihren Feldforschungen machte sich ihr eingeschränktes Hörvermögen stärker bemerkbar als im New Yorker Alltag, wo sie von den Lippen ablesen konnte. Ihr Blickwinkel war stärker vergleichend. Während einer Forschung bei den Zuni fiel ihr auf, dass diese Gesellschaft eine völlig andere Kultur entwickelt hatte als ihre Nachbarn, die unter ähnlichen Umwelteinflüssen lebten. Bei Boas war der Umweltgedanke ein Baustein in seinem Denkgebäude, bei Benedict sollte es die kulturelle Integration werden, also der Einfluss eines Ganzen auf seine Teile. Ihr theoretisches Modell war der Konfigurationsansatz, den sie von deutschen Kulturphilosophen und Gestaltpsychologen übernommen hatte. Wie ein Individuum, dessen komplexe Eigenschaften aufeinander bezogen sind, so entwickeln auch Kulturen ihren spezifischen Stil.

Kultur als integratives System

Das bekannteste Werk von Benedict ist *Patterns of Culture* (1934; deutsch: Kulturmuster). Es wurde in 14 Sprachen übersetzt, erfuhr eine Gesamtauflage von mehr als zwei Millionen Exemplaren und steht bis heute als Paperback in nordamerikanischen Universitätsbuchhandlungen in den Regalen. Auf den ersten Blick wirken die Thesen heute etwas merkwürdig, weil sie drei der damals gut dokumentierten Kulturen jeweils ein dominantes Attribut nach einer Typologie von Friedrich Nietzsche geben. Die im trockenen Südwesten der USA lebenden Zuni, deren anmutigen Fotografien mit Ökoweisheiten auf erdfarbenen Postern auch in deutschen WGs der 70er Jahre hingen, galten als ausgleichend und harmoniesuchend, also als „appolinisch". Die von Malinowski erforschten Dobu in Melanesien wurden aufgrund ihrer ausgefeilten Kenntnis von Zauber und Gegenzauber als „paranoid" beschrieben und die von Boas erforschten Kwakiutl von der Nordwestküste Nordamerikas erhielten wegen ihrer Rivalitäten und ihrer überschwänglichen Festgelage das Prädikat „dionysisch". Benedict räumte ein, dass nicht jede Kultur einen so hohen Grad an Integration aufweist wie die drei genannten und dass es sich hier um Orientierungen handelt, die vom tatsächlichen Verhalten unterschieden werden müs-

Kulturmuster oder: die Charakterisierung von Kulturen

sen – also normativ oder ideell und nicht pragmatisch zu verstehen sind. In den ausführlichen Theoriekapiteln legt sie dar, dass somit jedes Verhalten vor einem spezifischen kulturellen Hintergrund stattfindet und nur vor diesem bewertet werden kann. Menschen erlernen ihre eigene Kultur und wirken auf sie zurück, doch in diesem Prozess findet eine kulturelle Integration statt, die auf eine geschlossene Gesamtkultur ausgerichtet ist. Sie definiert „Normalität" als das, was eine Kultur im Hinblick auf ihre eigenen Werte als angemessen oder richtig beurteilt. Das Werk wurde als „kopernikanische Wende" gefeiert, da es die wesentlichen Positionen des Kulturrelativismus bereits darlegte.

Margaret Mead, Samoa und der Blick von außen auf die eigene Gesellschaft | 4.5

Margaret Mead (1901–1978) wirkte stärker in der US-amerikanischen Öffentlichkeit als jeder andere Ethnologe im 20. Jahrhundert. Sie forschte in Südost-Asien und in den USA über populäre Themen, schrieb meist für ein breites Publikum und gelegentlich mit grenzwertiger Vereinfachung, war in zahlreichen hochkarätigen nationalen Gremien vertreten, sie erhielt 28 Ehrendoktorwürden, und von Jimmy Carter wurde ihr 1979 posthum die Friedensmedaille verliehen. Ihr Porträt wurde – wie auch das von Boas und Benedict – in den USA auf Briefmarken gedruckt. Die Ethnologie erfuhr in den USA durch ihr Lebenswerk bereits zu einer Zeit große Bedeutung, als in Deutschland Teile dieser Disziplin noch in der Nähe zu Rassentheorien standen. Für Mead ist die Ethnologie eine angewandte Wissenschaft, genauer: eine anwendbare Wissenschaft, denn sie vermittelt uns Grundkenntnisse über das Wesen des Menschen und über spezifische Kulturen. Der Erfolg ihrer Werke ist vor dem Hintergrund der „*nature/nuture*"-Debatte zu verstehen, die nach dem Primat des Biologischen oder des (durch Erziehung vermittelten) Kulturellen fragt. Mead verwendet hier den Begriff Enkulturation (*enculturation*), dem Erlernen von den Bedeutungsfeldern einer Kultur, im Gegensatz zur Sozialisation, der Vermittlung von richtigem sozialem Verhalten. Ausgangspunkt ihrer ersten Feld-

Ethnologie als anwendbare Wissenschaft vom Menschen

Enkulturation als Erlernen von Kulturmustern

forschung waren die Probleme von Pubertierenden, die im prüden Nordamerika biologisch, als unvermeidlich durch eine Umstellung des Körpers, erklärt wurden. Sie vertrat eine Gegenposition.

Pubertät nicht als biologisches, sondern als kulturelles Phänomen

Coming of Age in Samoa (Mead 1928; deutsch: Aufwachsen in Samoa. Eine psychologische Studie primitiver Jugend für die westliche Zivilisation) basiert auf einer dreimonatigen Feldforschung, die Mead als 24-Jährige in drei Dörfern weitgehend in Interviewform mit 50 jungen Frauen durchgeführt hat. Nach weiteren sechs Monaten Feldforschung kehrte sie in die USA zurück und entwarf eine psychosoziale Gegenposition zu ihrer eigenen Gesellschaft. Nach Mead ist die Adoleszenz auf Samoa nicht durch Restriktionen gekennzeichnet, Sexualität wird spielerisch erlernt und das Sozialverhalten ist auch im späteren Leben frei von Konkurrenz und Neid, es gibt weder Eifersucht oder Schuldgefühle noch Kriminalität. Es bedarf wenig Vorstellungskraft, um sich die Wirkung dieser Monographie auf die US-amerikanische Gesellschaft vorzustellen. Die in den 1930er Jahren hervorgerufenen Diskussionen über den Stellenwert von Biologie und Kultur im weit gefassten Bereich der Sexualität sind – auch nach einem flüchtigen Blick in die heutigen Massenmedien – noch lange nicht abgeschlossen. Was sich hier jedoch anbahnte und bis heute eine fruchtbringende Perspektive darstellt, ist der Blick von außen auf die eigene Gesellschaft.

Der Blick von außen auf die eigene Gesellschaft

Sozialisation zur Rationalität und zur Geschlechterrolle

Die zweite größere Feldforschung führte Mead auf den Admiralitätsinseln vor der Küste von Papua-Neuguinea durch und rückte Kognition und Rationalität in staatenlosen Gesellschaften ins Zentrum ihres Interesses. Sie griff die Thesen aus der Pädagogik auf, denen zufolge das „Denken der Wilden" im Erwachsenenalter dem Stadium der Kinder in den euro-amerikanischen Gesellschaften entspräche. Ihre Ausführungen zeigten gegenläufige Entwicklungen: Während in den USA die Kinder an eine Beseeltheit von Dingen glauben und zur Rationalität erzogen werden, so denken die Kinder in Melanesien rational und erlernen später ein Weltbild mit einer „animistischen" Komponente. Dies sei, so Mead, auch deshalb naheliegend, da die natürliche Umwelt bereits von Kindern ein klares Ursache-Wirkung-Denken fordere und sie erst später rituell initiiert werden. Ihre Sprache sei zudem klar und auf Rationalität ausgerichtet.

In weiteren Forschungen thematisierte sie die als männlich und weiblich verstanden Eigenschaften und zeigte auch hier kulturalistische Prägungen auf. In einem späteren Werk *Male and Female* (1949) räumte sie sowohl biologischen als auch kulturellen Dimensionen in der Geschlechterkonstruktion einen eigenen Stellenwert ein.

Kultur- und Persönlichkeitsforschung | 4.6

Die von Benedict und Mead geförderte Forschung wird unter dem Begriff „Culture and Personality" geführt. Sie gingen davon aus, dass Mensch und Kultur einen Wirkmechanismus bilden, der mächtiger ist als das von Kroeber vertretene Superorganische und die später von den Neo-Evolutionisten untersuchte Beziehung „Mensch und Umwelt". Ein bisher noch nicht genannter Wegbereiter ist Sigmund Freud (1856–1913), der die Wirkung von kulturellen Vorstellungen auf das Individuum und den Einfluss des Unbewussten erforschte. So wie er als Psychoanalytiker eine tiefer liegende Schicht im Menschen untersuchte, so wollten auch die Vertreter der Kultur- und Persönlichkeitsschule ins Innere der Kultur vordringen. Der Mensch lieferte die Metapher für die Kultur, mit der er im Wechselverhältnis stand. Edward Sapir (1884–1939) plädierte bereits vor Mead für die Untersuchung der kindlichen Entwicklung, um zu verstehen, wie Zeichen und Symbole arbeiten, und Ralph Linton (1893–1953) und Abram Kardiner (1893–1981) differenzierten eine als gegeben erachtete *basic personality* von einer eher individuell ausgeprägten Individualität (Kardiner/Linton 1939). Aus diesen Forschungen entstand später die Ethnopsychologie, die ebenfalls die Wirkung von Kultur *auf* das Individuum (und genau in dieser Richtung) untersuchte.

Die andere Richtung dieser wechselseitigen Beziehung betonte Paul Radin (1883–1953), Querdenker und Philosoph. Er sah bereits sehr früh das Potential, mit dem der Einzelne auf seine Gesellschaft einwirken kann. Seinem Lehrer Franz Boas warf er vor, seine eigene Persönlichkeit bei der Interpretation der Fremden zu übersehen. Der Möglichkeit der Rekonstruktion von vorkolonialen Kulturen stand er ebenso skeptisch gegen-

Sigmund Freud als Wegbereiter

Für eine Ethnologie des Individuums

über wie dem Postulat einer ganzheitlichen Beschreibung von Kultur. Im Vorgriff auf postmoderne Forderungen, den Stimmen der Anderen mehr Raum zu verschaffen, veröffentlichte er bereits 1926 die umfangreiche Biographie eines Indianerhäuptlings und forderte eine Ethnographie des Individuums. Sein Werk kann als frühe Stimme für eine „Vielstimmigkeit" im Chor der Stimmen verstanden werden, die später zum Forderungskatalog der Postmoderne zählen sollte.

Die Sapir-Whorf-Hypothese: Bestimmung des Denkens durch Sprache

Eine andere Debatte, die ebenfalls zahlreiche Neuauflagen erlebte, geht auf die Sapir-Whorf-Hypothese zurück. Vereinfacht lautet die Aussage, dass Denken durch Sprache determiniert sei. Somit fügt sie sich in den Kulturrelativismus, denn Sprecher unterschiedlicher Sprachen können (!) die Welt nur durch ihre Sprache vermittelt wahrnehmen. Dabei wurde nicht nur das Lexikon, sondern vor allem die Grammatik untersucht und nach der logischen Verbindung der Satzteile gefragt. In ihrer Absolutheit ist die Sapir-Whorf-Hypothese verworfen worden, doch Fragen nach dem Zusammenhang von Sprache und Denken wurden später in abgeschwächter Form auch in der kognitiven Ethnologie aufgeworfen. Heute wird – auch in den Naturwissenschaften – die Frage nach der Bedeutung von Symbolen und Metaphern gestellt, mit denen wir wissenschaftliche Modelle entwerfen (Knorr Cetina 1999).

4.7 | Kritik und die Freeman-Mead-Debatte

Kritik an den Boasianern: Kulturdeterminismus und der Skandal Minik

Die Kritik, die an den einzelnen Positionen innerhalb der Ethnologie geübt wurde, ist meist den theoretischen Positionen geschuldet. Ein Vorwurf an Benedict verwies auf die Heterogenität von Kulturen, denen sie mit ihren Kulturmustern nicht gerecht wurde. Boas wurde vorgehalten, durch seine zu seiner Zeit üblichen anthropometrischen Messungen eine falsche Fährte für das Fach gelegt oder den Einfluss der Umwelt unterschätzt zu haben. Ein anderer Vorwurf, der auch ohne Kritik als Positionierung verstanden werden konnte, lautete „Kulturdeterminismus". Darunter verstand man die Annahme, dass Kulturen direkt und nachhaltig auf Individuen einwirken. Somit hätte der Einzelne kaum eine Möglichkeit einer eigenständigen Entwicklung. Doch diese Debatten blieben in den Seminarräumen und Fachjournalen. Auf die Titelseiten von großen Tageszeitungen kam Boas hingegen mit einem Skandal um den Eskimojungen Minik, dessen Vater auf einer Tour als Mitglied einer Völkerschau in New York verstorben war. Boas ließ Minik in Gegenwart von mitschreibenden Studenten die Totenrituale durchführen, ohne ihm zu sagen, dass der Leichnam seines Vaters bereits der Museumssammlung übergeben wurde und für das Ritual durch ein hölzernes Dummy ersetzt wurde (vgl. Petermann 2004: 645–46). Der „Fall Minik" hat jedoch dem Ruf von Boas nicht nachhaltig geschadet. Gemessen an der Kritik der Boas-Schule am Evolutionismus blieb die Kritik an seinem Ansatz insgesamt verhalten. Eine Auseinandersetzung um das Werk von Mead, die über längere Zeit hohe Wogen schlug, soll abschließend erwähnt werden.

Die sogenannte „Freeman-Mead-Debatte" wurde vier Jahre nach ihrem Tod durch das Buch des Neuseeländers Derek Freeman (1916–2001) ausgelöst, das in deutscher Übersetzung zeitgleich mit dem englischen Original unter dem Titel *Liebe ohne Aggression. Margaret Meads Legende von der Friedfertigkeit der Naturvölker* (1983) erschien. Die Staatsangehörigkeit des Autors ist nicht ohne Belang, da sein Angriff auf die Ikone der US-amerikanischen Ethnologie nicht ohne nationale Untertöne geführt wurde. Doch in der Sache ging es um sehr viel mehr. Freeman hatte insgesamt sechs Jahre auf Samoa geforscht und warf Mead vor, ein völlig falsches Bild ihrer Gastgesellschaft gezeichnet zu haben. Er legt Statistiken zu Vergewaltigungen und Suiziden vor und beschreibt repressive und depressive Züge der Lokalgesellschaft. Der Sprengstoff in der Debatte lag weniger in den sprachlichen und ethnographischen Fehlern, die er Mead vorwarf, oder in ihrem naiven Glauben einer 24-jährigen Berufsanfängerin an Interviewinhalte, sondern im Wissenschaftsbild der Gegenposition. Freeman erklärt und belegt soziobiologisch; er sieht die Fehlleistung von Mead in ihrem Boas geschuldeten kulturdeterministischen Ansatz. Über mehrere Jahre erstreckte sich die Kontroverse. Auf die Anklage wurde mit dem Vorwurf eines fehlgeleiteten Szientismus geantwortet. Aus postmoderner Sicht erklärt James Clifford die Debatte als eine Art zweiflügeliges Altarbild, als „... Diptychon, dessen gegenüberliegende

Kulturdeterministische versus szientistische Erklärungsmodelle

Tafeln eine immer wiederkehrende westliche Ambivalenz bezüglich des ‚Primitiven' anzeigen" (zit. nach Petermann 2004: 712−14). Diese wunderschöne und versöhnende Metapher verweist zu Recht, doch in der Folge für das ethnologische Projekt in seiner exklusiven Blickrichtung fehlgeleitet, auf uns und vergisst die Samoaner.

Fazit

Zusammenfassend kann die Ethnologie der ersten Hälfte des 20. Jahrhunderts in den USA in dreifacher Hinsicht als wegweisend für die weitere Entwicklung des Fachs betrachtet werden. Erstens erlangte die *cultural anthropology* innerhalb der umfassenden Vier-Fächer-Anthropologie eine gewisse Autonomie und eine Vorrangstellung, die einherging mit einer theoretischen Verankerung im Kulturrelativismus und in der Kultur- und Persönlichkeitsforschung. Der Begriff „Kultur" erfuhr in der Wissenschaft und Öffentlichkeit eine neue Bedeutung. Zweitens fand eine Politisierung statt. Die Ethnologie fand ihren Weg in den öffentlichen Diskurs und griff brisante Themen auf, die von Boas Vorwurf der geheimdienstlichen Tätigkeit von Ethnologen bis zur Verurteilung der Rassenpolitik reichten. Benedict und Mead äußerten sich zur Erziehung und Ernährung in den USA und zur Außenpolitik, insbesondere während des Zweiten Weltkriegs. Diese Entwicklung hielt lange an, so dass den Stimmen der Ethnologen bei den Protesten gegen den Vietnamkrieg mehr Gehör geschenkt wurde, als es später im Irakkrieg der Fall war. Drittens – und dies gilt gleichermaßen für die Entwicklung in England – fand eine Hinwendung zur Feldforschung statt. Einige Ethnologen sehen den größten Wert in dem umfangreichen Korpus von Ethnographien, die aus stationären und intensiven Feldforschungen hervorgegangen sind. Die Kulturen der Native Americans wurden in ungezählten Abhandlungen dokumentiert, viele von Boas' Schülern haben mehr als ein Dutzend Monographien verfasst. Dies sind die Kronjuwelen der Ethnologie, historische Zeugnisse, in ihrer Art einzigartig und unwiederbringlich.

1 Welche These steht hinter der Theorie von Franz Boas, die später Historischer Partikularismus genannt wurde?
2 Was meint Alfred Kroeber mit „superorganisch" und warum widerspricht dies der Lehre von Boas?
3 Was sind nach Ruth Benedict Kulturmuster und was versteht sie unter kultureller Integration?
4 Welche Position nahm Margret Mead in der *nature-nurture*-Debatte ein?
5 Was versteht man unter Enkulturation und wie grenzt sie sich von Sozialisation ab?
6 Was besagt die Sapir-Whorf-Hypothese?
7 Worum ging es in der Freeman-Mead-Debatte?

1 Boas lehnte die deduktive Methode des Evolutionismus ab und wollte induktiv vom Einzelfall ausgehen. Er geht davon aus, dass Gesellschaften nicht durch ein evolutionäres Muster, sondern durch ihre eigene, auf die Lokalität bezogene Geschichte geprägt sind. Er plädiert daher für die Untersuchung des Partikularen, deshalb: „Historischer Partikularismus".
2 Kroeber sieht Kultur als System oder Struktur mit ihren eigenen Regeln und geht daher von einer selbstregulierenden Kraft jenseits menschlicher Kreativität aus, die in der Lehre von Boas nicht vorgesehen war.
3 Benedict geht davon aus, dass die Wertorientierungen und allgemein verbindlichen Normen einer Gesellschaft aufeinander bezogen sind und kulturelle Muster bilden. Soziale Interaktionen werden vor diesem Muster vollzogen und bewertet und somit erfolgt eine kulturelle Integration. Kulturen weisen also – wie Individuen – spezifische Charakterzüge auf.
4 Mead argumentierte gegen die biologische Determination des Menschen und plädierte für die hohe Wirkkraft des Kulturellen. Am Beispiel der Pubertät in Samoa zeigte sie, dass

es nicht notwendigerweise zu Krisen in der Adoleszenz kommen muss. Das ethnographische Material wurde später jedoch durch die Freeman-Mead-Debatte in Frage gestellt.

5 Sozialisation bezeichnet den Prozess, in dem ein Individuum soziale Normen erlernt und sich in ein Gemeinwesen einfügt. Enkulturation hingegen bezieht sich auf das Erlernen von kulturellen Mustern.

6 Die Sapir-Whorf-Hypothese geht davon aus, dass sinnliche Wahrnehmung und Denken (weitgehend) durch Sprache determiniert sind.

7 Freeman wirft Mead nicht nur ethnographische Fehler bei ihrer Feldforschung auf Samoa vor, sondern leitet daraus den Vorwurf des Kulturdeterminismus ab, also die Prämisse der überaus prägenden Kraft der kulturellen Muster. Er selbst argumentiert mit empirischen Belegen eher soziobiologisch und zeigt die Krisen in der Pubertät auf, die Mead anders bewertete.

Funktionalismus und Strukturfunktionalismus | 5

Kultur oder Gesellschaft? | 5.1

Die Bezeichnungen „Kulturanthropologie" für die Entwicklung in den USA und „Sozialanthropologie" für den englischen Zweig des Fachs klingen zunächst programmatisch und suggerieren eine deutliche Abgrenzung. Diese Differenz spiegelt sich auch in Einführungswerken wider. Lucy Mair (1901–1986) bezeichnet in ihrem über lange Jahre einflussreichen Lehrbuch *An Introduction to Social Anthropology* ihr Fach als einen Zweig der Soziologie. Das Fachinteresse sei das Soziale, das im Gegensatz zur Kultur Systemcharakter aufweise (Mair 1977: 1, 12 [1965]). Kultur sei die Form, in der sich das Soziale ausdrücke, und das, was der Ethnologe als Erstes wahrnehmen würde. Nach Mair entspricht Kultur dem Offensichtlichen, etwa einem Gruß, einer Tätowierung oder der sichtbaren architektonischen Form. Unsichtbar wäre hingegen die Sozialstruktur, die man nur erschließen könne. Zu Recht sieht sie die Gefahr der Reifizierung von Kultur, wenn man diese nicht als Teil einer Gesellschaft, sondern als autonome, abstrakte Größe sehe (1977: 10). Wer Kultur untersucht, so argumentiert sie, bezieht sich auf E.B. Tylor und F. Boas, wer sich hingegen der Sozialstruktur widmet, steht in der Tradition von Malinowski (ihrem Lehrer) und Radcliffe-Brown. Nach Mair (1977: 9–12 [1965]) ist Kultur nichts weiter als die Form, die sich eine Gesellschaft gibt. Eine spiegelbildliche These der Kulturanthropologie müsste dann lauten, dass soziale Systeme lediglich ein Ausdruck von kulturellen Mustern seien. Eine so einfach gestrickte Gegenüberstellung zeigt zwar eine wissenschaftliche Position an, kann jedoch nicht ernsthaft aufrecht erhalten werden.

Bei der Betrachtung der eingangs vorgestellten Abstraktionsebenen von Kultur (nach Needham) wird deutlich, dass Mair hier eine empirische Ebene von Kultur mit einer normativen

Kulturanthropologie und Sozialanthropologie

Gesellschaft und Kultur als Abstraktion desselben Gegenstandes

oder ideellen Ebene von Gesellschaft vergleicht. Eine ebenso schräge Gegenüberstellung wäre die Behauptung des Gegenteils: Soziale Interaktionen seien offensichtlich und könnten leicht erkannt werden. Die Gruppenzugehörigkeit von Tausch- und Heiratspartnern, von Dorfgemeinschaften und Kriegsallianzen würden auf der Hand liegen, hingegen ließen sich die kulturellen Bedeutungsfelder nur durch ein komplexes Interpretationsverfahren erschließen. Sinnvoller ist es jedoch, beide, Gesellschaft und Kultur, als Abstraktionen zu betrachten. Geertz hat sie als zwei Seiten derselben Münze betitelt. Um diese Metapher weiter zu verwenden, könnte man behaupten, dass sich Kultur- und Sozialanthropologen von Anbeginn für die gleichen Münzen interessiert haben, doch jeweils eine Vorliebe für die eine oder andere Seite gezeigt haben. Allein die Lebenswege der beiden Hauptfiguren der frühen britischen Ethnologie zeigen die Verflechtungen: Als Malinowski in die USA emigrierte, kehrte Radcliffe-Brown nach längerer Lehrtätigkeit aus Chicago nach England zurück. Jeder Versuch einer völligen Trennung der beiden Schulen erweist sich als ebenso willkürlich wie die Trennung von Gesellschaft und Kultur. Die Unterschiede bleiben graduell und perspektivisch, dennoch hilfreich.

5.2 | Bronislaw Malinowski und seine Feldforschung auf Trobriand (1915–1918)

Malinowskis Rückzug auf die Trobriand-Inseln

Bronislaw Kaspar Malinowskis (1884–1942) großes Werk begann mit seiner großen Feldforschung, die jedoch eher unfreiwillig erfolgte. Nach dem Studium der Chemie und Physik mit anschließender Promotion kam er nach einer Zwischenstation in Leipzig zum Studium der Völkerpsychologie bei Wilhelm Wundt an die London School of Economics (LSE) und veröffentlichte 1913 seine erste ethnologische Abhandlung über *The Family among the Australian Aborigines*. Als er ein Jahr später zu einem Kongress nach Australien reiste, brach der Erste Weltkrieg aus. Da sein Geburtsort Krakau von der Donaumonarchie 1846 annektiert worden war, führte er – wohnhaft in London – einen österreichischen Pass, der ihn somit in Australien zum Angehörigen einer feindlichen Nation machte. Durch akademischen Einfluss konnte er sich der Internierung entziehen und forschte zunächst auf Mailu und anschließend zwischen Juni 1915 und Oktober 1918 auf Kiriwana, der Hauptinsel des Trobriand-Archipels, an der Nordküste von Neuguinea. Hier sammelte er Daten, die zu einer Vielzahl von oft zitierten Publikationen führte. In seiner ersten Monographie *Argonauten des westlichen Pazifik* (1979 [1922]) beschreibt er die Umstände seiner Forschung im einleitenden Teil bzw. im Vorwort:

„Versetzen Sie sich in die Situation, allein an einem tropischen Strand, umgeben von allen Ausrüstungsgegenständen, nahe bei einem Eingeborenendorf abgesetzt zu sein, während die Barkasse oder das Beiboot, das Sie brachte, dem Blick entschwindet." (1979: 26)

„Auf ... dieser Inselgruppe lebte ich etwa zwei Jahre im Verlauf dreier Expeditionen nach Neuguinea. Natürlich eignete ich mir in dieser Zeit eingehende Sprachkenntnisse an. Ich arbeitete völlig alleine und lebte den größten Teil dieser Zeit direkt in den Dörfern. Daher spielte sich der Alltag der Eingeborenen ständig vor meinen Augen ab, und gelegentliche dramatische Begebenheiten, wie Todesfälle, Händel, Dorfgezänk, öffentliche und zeremonielle Ereignisse, konnten meiner Aufmerksamkeit nicht entgehen." (1979: 16)

Die Umstände der Feldforschung

In ausführlichen Kapiteln erklärt Malinowski die „angemessenen Bedingungen ethnographischer Arbeit", die zunächst darin bestehen „sich aus dem Umgang mit anderen Weißen" (1979: 28) herauszulösen. Er plädiert für eine umfassende, holistische Feldforschung, um „das ganze Gebiet der Stammeskultur *in all seinen Aspekten* in die Untersuchung" (1979: 33 HiO) einzubeziehen. Dabei muss der Ethnograph „nicht nur sein Netz am rechten Ort auswerfen und auf das warten, was sich darin fängt. Er muß aktiver Jäger sein ..." (1979: 30) Er plädiert für eine „wechselseitige Befruchtung von konstruktiver Arbeit und Beobachtung", das Belanglose von dem Beständigen zu trennen, diese in tabellarischer Form aufzulisten, um so zu den „tatsächlichen Zuständen" zu kommen. „Diese Methode könnte als *Methode statistischer Dokumentation durch konkrete Zeugnisse* bezeichnet wer-

Methode und Ziele der Feldforschung

den." (1979: 41 HiO) Malinowski war von einem naturwissenschaftlichen Ansatz geprägt, der auf Nachvollziehbarkeit der Quellen und objektiver Dokumentation beruht und Exaktheit fordert. Die teilnehmende Beobachtung ist aus dieser Forschung hervorgegangen, doch stellt sie die Angemessenheit der eigenen Begrifflichkeit und Methoden in Frage.

Die Forderung nach einer emischen Sichtweise „... den Standpunkt des Eingeborenen, seinen Bezug zum Leben zu verstehen, und sich *seine* Sicht *seiner* Welt vor Augen zu führen" (Malinowski 1979: 49 HiO).

Ein weiteres Postulat von Malinowski, die Hervorhebung der emischen Sicht, hat bis heute nichts von seiner Gültigkeit eingebüßt. Es sei das oberste Ziel, „den Standpunkt des Eingeborenen, seinen Bezug zum Leben zu verstehen, und sich *seine* Sicht *seiner* Welt vor Augen zu führen" (Malinowski 1979: 49; HiO). Später wurden andere Formulierungen gefunden, „den Handelnden über die Schulter zu schauen", oder die Forderung des „Einfühlens" in die Gastgesellschaft oder als Voraussetzung eine „Liebesbeziehung" (K.H. Schlesier) zur fremden Kultur zu haben. Dieses in England gelehrte Postulat fügt sich zu dem des Kulturrelativismus, das zeitgleich in den USA von Boas-Schülern gelehrt wurde. Es ging Malinowski um ein Herantasten an fremdkulturelle Systeme, indem er jeweils versuchte, das Einzelne im Zusammenhang des Ganzen zu sehen und dann wieder umgekehrt und in diesem Prozess vorangegangene Interpretationsversuche zu verwerfen, um einen neuen Versuch zu starten, die Teile und die Gesamtheit zu verbinden. Ziel war das Erkennen lokaler Sinnzusammenhänge und die Einnahme der emischen Sichtweise, also die Perspektive der Gastgesellschaft. Bei dieser Methode, die damals noch nicht mit dem Begriff Hermeneutik in Verbindung gebracht wurde, ist ein ausführliches Tagebuch Grundvoraussetzung, weil man anfangs nicht entscheiden kann, was später wichtig sein wird. Darüber hinaus erweist sich das eigene Gedächtnis als unersetzbarer Fundus, da aus rein praktischen Gründen nicht alles notiert werden kann. Selbstredend stehen Tagebuch und Gedächtnis in einem dynamischen Verhältnis zueinander und befruchten sich gegenseitig. Auf Malinowskis Tagebuch soll später noch gesondert eingegangen werden.

Malinowskis schriftstellerisches Talent und charismatische Lehre

Rückblickend ging Malinowski jedoch nicht allein wegen einer besonders erfolgreichen Feldforschung als Erfinder der teilnehmenden Beobachtung in die Fachgeschichte ein. Es war vielmehr das Zusammenwirken seiner ethnographischen Beobachtungsgabe und seines schriftstellerischen Talents sowie seiner akademischen Positionen und des Einflusses seiner Schüler. Nach seiner Feldforschung erhielt er zunächst eine Dozentenstelle und später den ersten Lehrstuhl für *Social Anthropology* an der LSE. Dort bot er seine legendären Feldforschungsseminare an, mit denen er eine ganze Ethnologengeneration prägte. Von seinen Schülern wird er als charismatischer und exzentrischer Lehrer erinnert, der prophetenhaft seine Lehre vertrat. Er unterrichtete auch als Gast in den USA, erhielt 1936 die Ehrendoktorwürde von der Harvard University, nahm 1938 einen Ruf an die Yale University an und verstarb dort 1942 an einem Herzinfarkt.

Der Funktionalismus | 5.3

Malinowski teilte mit Boas die Ablehnung gegenüber den dogmatischen Formen des Evolutionismus und des Diffusionismus, die Betonung von Feldforschung und emischer Sichtweise sowie einen naturwissenschaftlichen Hintergrund. Der erste große Unterschied zu Boas bestand in Malinowskis Ablehnung eines historischen („diachronen") Verfahrens für die Ethnologie, da es aus seiner Sicht keine verwertbaren Quellen gebe und somit einer gegenwartsbezogenen (also „synchronen") Analyse einer überschaubaren Lokalgesellschaft der Vorzug zu geben sei. Zweitens war Malinowski nicht an überschaubaren diffusionistischen Prozessen interessiert und rückte die Methode der wissenschaftlichen Beobachtung ins Zentrum. Anders als Boas, dessen weitgehend unkommentierte Beschreibungen oder methodische Abhandlungen trockene Lektüre darstellten, erwies sich Malinowski als begnadeter Schriftsteller. Im Gegensatz zur antikolonialen und pazifistischen Haltung von Boas zeigte sich Malinowski zwar der britischen Gesellschaft gegenüber kritisch. Gegenüber seiner melanesischen Gastgesellschaft nahm er jedoch eine paternalistische Haltung ein und stellte den Kolonialismus nicht in Frage. Während die Boas-Schüler mit der „Integration von Kultur" die ethnographischen Details zusammenführten, war es für Malinowski die Wirkkraft der einzelnen Kulturelemente, die sie zusammenhielt.

Funktionalismus als auf die Gegenwart ausgerichtete Theorie

Die Nützlichkeit von Kultur

Der Funktionalismus geht davon aus, dass der Kern von Gesellschaft in der Nützlichkeit seiner Regeln, Normen und Gesetze zu suchen ist. Wie in einem mechanischen Uhrwerk die Zahnräder aufeinander abgestimmt ineinandergreifen und gemeinsam einem höheren Ziel dienen, so funktionieren auch die gesellschaftlichen Institutionen. Mit dieser Prämisse tritt die Lokalgeschichte in den Hintergrund, zumal es ohnehin keine überlieferten Dokumente gibt.

Der *kula*-Ring

Die intellektuelle Leistung von Malinowski bestand darin, den exotischen Verhaltensmustern der Trobriander einen Sinn zu geben, den man in England nachvollziehen konnte. Das Denken der „Wilden" wurde zweckrational erklärt und ihr Geist somit domestiziert. In den Argonauten beschreibt er ein symbolisches Tauschsystem, *kula*-Ring genannt, weil der überseeische Tausch (*kula*) von Wertgegenständen in einem großräumigen Kreis erfolgt. Bei diesen Transaktionen werden auf den ersten Blick nur „... lange Halskette[n] aus roten Muscheln, *soulava* genannt ..." und „... Armreifen aus weißen Muscheln, *mwali* genannt" (1979: 115) in entgegengesetzter Richtung getauscht.

Abb 1 |

Der Kula-Ring; in: Bronislaw Malinowski; Argonauten des westlichen Pazifik. Ein Bericht über Unternehmungen und Abenteuer der Eingeborenen in den Inselwelten von Melanesisch-Neuguinea. Hg. von Fritz Kramer, Frankfurt/M.: Syndikat, 1979, S. 114.

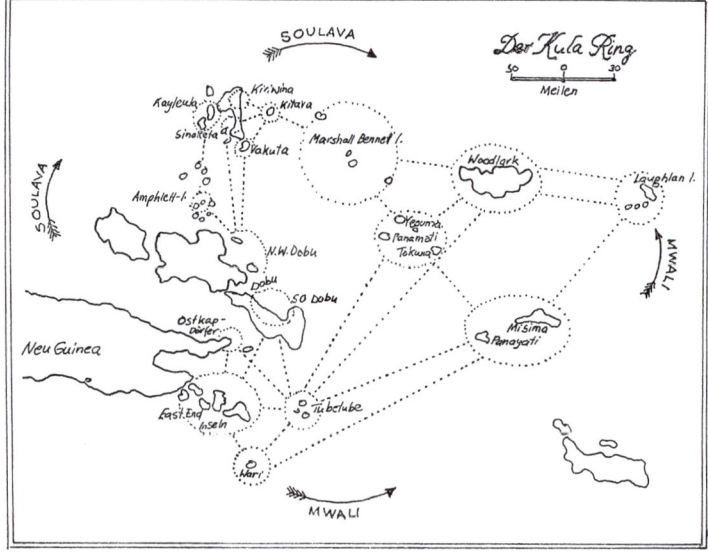

Bei der Interpretation geht Malinowski über sein Primat, „die Welt aus der Sicht der Fremden zu sehen", hinaus. Die *kula*-Partner tauschen, ohne den Umfang des Systems, geschweige denn seine soziologische Relevanz zu kennen (1979: 116). Der Tausch dieser „ziemlich nutzlose[n] Gegenstände" wird zum „Fundament einer großen intertribalen Institution" (1979: 119). Sie verbindet entfernt lebende Partner miteinander, fördert die Seefahrt und die Handelskontakte und dient als Statussystem auf den einzelnen Inseln. Die Bedeutung erkennen die Tauschpartner nicht, die kollektive Institution „liegt außerhalb ihres geistigen Horizonts." (1979: 116) Nach Malinowski handeln die Wilden zwar nicht zweck- und ziellos, wissen aber nicht um ihr Tun. Implizit bezieht er die Engländer in sein Argument mit ein, indem er die Kronjuwelen von Edinburgh als „häßlich, unnütz, plump" (1979: 121) beschreibt und anmerkt, dass sie ihren Wert, wie die *soulava* und *mwali*, nur aus ihrem kulturellen Kontext bekommen. In England muss man sie besitzen, in Melanesien hingegen tauschen, um Status zu erhalten.

Wertzuschreibungen erfolgen im sozialen Kontext

Malinowskis weitere Trobriand-Monographien *Das Geschlechtsleben der Wilden in Nordwest-Melanesien* und *Korallengärten und Magie* liefern noch mehr Belege für die Nützlichkeit von sozialen Regeln und Institutionen. Die Trobriander werden als rational handelnde Gärtner beschrieben, die ausgefeilte Techniken des Anbaus und der Bewässerung entwickelt haben. Um sich jedoch zu vergewissern, dass die Ernte gut ausfällt, erfolgen magische Praktiken. Magie ist also auf die Individualpsyche gerichtet und nicht auf die Pflanze. Malinowski vergleicht dies mit dem „zivilisierten" Aberglauben, der jedem Leser auch aus seiner heutigen Welt bekannt ist, in der man bekanntlich nicht *vor* einem Geburtstag gratulieren darf, weil dies Unglück bringt.

Magie als auf die Psyche ausgerichtete Praxis

> „Durch ihre affektstabilisierende Wirkung dient die Magie demnach der Wiederherstellung eines Zustandes, in dem rationales und zweckgerichtetes Handeln möglich ist." (Kohl 1990: 237)

Malinowski erklärt im Hier und Jetzt und erweist sich als gebürtiger Pole, naturalisierter Engländer, amerikanischer Immigrant und vor allem „Ex-Melanesier" (Kohl 1990: 227 nach I.C. Jarvie) stets gegenwartsbezogen. Um eine Institution oder ein Fest zu ver-

Theorie

stehen, sei die historische Genese nicht von Belang. Der soziale Sinn ist mit seinem Zweck untrennbar verbunden und beides erschließt sich in der Gegenwart. Mit diesem Postulat hat Malinowski eine Forschungsrichtung erschlossen, die gerade während der britischen Kolonialzeit aufblühte. Mit den Analysen zu den fremden sozialen Systemen ließen sich Kolonien besser verwalten.

Kritik

Erkenntnistheoretisch waren Malinowskis Einsichten keinesfalls unwichtig, sein Forschungsansatz erwies sich jedoch bald als überholt. Lévi-Strauss nannte die These, „(...) eine Gesellschaft funktioniere, ... eine Banalität; aber zu sagen, alles in einer Gesellschaft funktioniere, ist eine Absurdität" (Lévi-Strauss 1967: 25).

Malinowskis Grundbedürfnistheorie

Theorie

Kultur als ein adaptives System

Kultur befriedigt kulturunabhängige Grundbedürfnisse

Die Weiterentwicklung des britischen Funktionalismus zu einer Grundbedürfnistheorie erfolgte nach Malinowskis Emigration in die USA und wurde erst nach seinem Tod publiziert. Der Titel *Eine wissenschaftliche Theorie der Kultur* (1975 [1944]) zeigt bereits, dass Lucy Mair mit ihrer Gegenüberstellung von Kultur und Gesellschaft das Spätwerk ihres Lehrers unberücksichtigt ließ. Malinowski definiert hier Kultur additiv als „... jenes umfassende Ganze", jenen „... teils materiellen, teils personellen und teils geistigen Apparat, der es dem Menschen ermöglicht, mit den besonderen konkreten Problemen, denen er sich gegenübergestellt sieht, fertig zu werden." (1975: 74–75) Malinowskis Streben nach einer wissenschaftlich fundierten Theorie war eine Suche nach harten Fakten, nach festem Grund im Sumpf der Symbole und Bedeutungen. Als Ausgangspunkt zog er die „biologischen Tatsachen" heran, denn jeder Mensch braucht eine gewisse materielle Grundversorgung. Er benannte sieben Grundbedürfnisse (Stoffwechsel, Fortpflanzung, körperliche Bequemlichkeit, Sicherheit, Bewegung, Wachstum und Gesundheit), die durch sieben Kulturreaktionen erwidert werden (Ernährungswesen, Verwandtschaft, Wohnung, Schutz, Tätigkeiten, Training, Hygiene), wobei jedem Begriff minuziöse Ausführungen folgen. Aus den Kulturreaktionen ergeben sich instrumentelle

Imperative, die schließlich zur Ausbildung von Wirtschaft, Erziehung, politischer Organisation und gesellschaftlicher Überwachung führen. Somit folgen die Gesetze des Markts seinen eigenen Erfordernissen und dienen letztlich der Versorgung mit Lebensmitteln und dem Stoffwechsel.

Jede Regel hat somit eine Funktion, die in ihrer Entwicklung auf die Biologie des Menschen zurückzuführen ist. Malinowski hebt hervor, dass der Mensch ein Tier sei, das sich als biologisches Mangelwesen nicht allein ernähren könne, das daher Waffen für die Jagd und Zäune zum Schutz der Aufzucht brauche. Der kulturelle Apparat wird zu seiner sekundären Umwelt, die ebenfalls erhalten werden muss. Da zwischen den Trieben des Menschen und deren Befriedigung kulturbedingt „instrumentelle Verrichtungen" stehen, verändern sich die Triebe selbst, die folglich nicht auf die biologisch bedingte Befriedigung, sondern auf die „Verrichtungen" gelenkt werden. Mit anderen Worten, der Mensch entwickelt sich zu einem kulturellen Wesen, das seine selbst geschaffene Umwelt erhalten muss.

Der kulturelle Apparat wird zur sekundären Umwelt

Diese Entwicklungsthese ist rückblickend reinste Spekulation. Vielleicht hat sich der Mensch zu dem mutmaßlichen Mangelwesen entwickelt, weil er kulturell erfolgreich war? Wenn wir an diesem Punkt die Vermutungen zum Ursprung von Kultur beiseite schieben, schimmert die Lehre von Émile Durkheim durch, dem Begründer der französischen Soziologie. Nach Durkheim schafft eine Gesellschaft ihre Werte selbst. Soziales kann nur durch Soziales erklärt werden und nicht durch das Individuum und nicht durch die Umwelt. Diese Position bildete den Ausgangspunkt von Malinowskis stärkstem Gegner, Radcliffe-Brown.

Kritik

Die Veröffentlichung der Tagebücher | 5.5

Ein Vierteljahrhundert nach seinem Tod wurden Malinowskis in polnischer Sprache geführten Feldforschungstagebücher, ein Zufallsfund in seinem Nachlass, von seiner Witwe in englischer Übersetzung veröffentlicht (Malinowski 1986 [1967]). Für einen Skandal sorgten die Einträge, die die emotionale Seite des Forschers, seine Einsamkeit, seine Hoffnungen und Phantasien und

Die Offenlegung der Feldforschung trägt zur Krise der Ethnologie bei

auch sein Verhältnis zur Gastgesellschaft schildern. Die eher selten geäußerten Ausbrüche innerer Aggression und die Bezeichnung seiner Gewährsleute mit Schimpfworten rassistischer Prägung wurden oft mit der Folge zitiert, dass das Denkmal Malinowski und mit ihm der Mythos der Feldforschung wankte. Die Tagebücher rückten Malinowski in die Nähe des kolonialen Systems, von dem er sich in seinen Veröffentlichungen distanzierte. Wie konnte es passieren, dass er eine ganze Ethnologengeneration derart getäuscht hatte? Welchen Wert haben seine Daten, die schließlich eine moderne Ethnologie begründeten, wenn sie unter solchen Umständen entstanden sind? Die Identität des Faches wurde in Frage gestellt. Zu den wenigen Gegenstimmen zur allgemeinen Bestürzung zählt Frank Robert Vivelo, der sich in seiner Einführung in die Ethnologie auf Malinowski bezieht, als er den Kulturrelativismus erklärt. Ich schließe mich Vivelos Einschätzung grundsätzlich an, ohne jedoch den Schluss nahe zu legen, ein Ethnologe solle seine innere Welt verschweigen.

„Der Kulturrelativismus bedeutet bloß, daß der Anthropologe sich der Neigung, Werturteile abzugeben, bewußt ist und aktiv versucht, sich ihrer zum Zweck seiner Untersuchung zu enthalten. Er bedeutet *nicht*, daß Menschen (ob sie nun Anthropologen sind oder nicht) als Mitglieder einer Gesellschaft und als verantwortungsbewußte Bürger der Welt überhaupt keine Werturteile abgeben ... (...) Malinowski erlaubte seiner Abneigung und seinem Widerwillen nicht, störend auf seine Arbeit einzuwirken, welche darin bestand, das Leben der Trobriander als „sinnvoll" anzusehen, es aus seinen eigenen Bedingungen heraus zu begreifen und ein einigermaßen faires und unvoreingenommenes Bild davon zu geben. *Das* ist Kulturrelativismus." (Vivelo 1988 [1978]: 47–48 HiO)

5.6 | Alfred R. Radcliffe-Brown und seine Feldforschung auf den Andamanen (1906–1908)

Werdegang von
Radcliffe-Brown

Alfred Reginald Radcliffe-Brown (1881–1955) studierte ab 1904 in Cambridge *anthropology* bei W.H.R. Rivers, dem Begründer der genealogischen Methode, und A.C. Haddon, dem Leiter der Expedition zu den Torres-Straits. Er forschte auf den Andamanen und später bei den Aborigines in Westaustralien, unterrichtete in Cambridge und Birmingham, bekleidete Lehrstühle in Sydney und Kapstadt, war Gastprofessor in China, Ägypten und Brasilien und lehrte sechs Jahre in Chicago (1931–1937). Rastlos vertrat er seine Lehre, die später Strukturfunktionalismus genannt wurde, bis er 1937, ein Jahr vor Malinowskis Emigration in die USA, auf den neu geschaffenen Lehrstuhl für *social anthropology* nach Oxford berufen wurde. Als Schriftsteller zeigte er sich weniger erfolgreich als Malinowski, doch seine theoretischen Grundsätze erwiesen sich in den 1940er und 1950er Jahren als sozialwissenschaftliche Leitlinien. Radcliffe-Brown entwickelte einen neuen Blick auf Gesellschaft und sprach von „Strukturen", die sich jedoch von denen des späteren Strukturalismus grundlegend unterschieden.

Seine erste Feldforschung führte er 1906 bis 1908 auf den Andamanen durch, einer heute zu Indien gehörenden Inselgruppe im Golf von Bengalen. Die damals etwa 600 Personen zählenden, nach ihrem Wohnort auf der Hauptinsel Großandamaner benannt, lebten in einer vorteilhaften Umwelt, sie konnten Wildschweine jagen und Fische fangen. Ihre Sozialstruktur und Technologie war nur wenig ausdifferenziert. Sie kannten keine expliziten Sanktionen oder Strafen, waren mutmaßlich nicht in der Lage, Feuer zu machen und griffen daher auf natürlich entstandenes Feuer durch Selbstentzündung oder Blitzeinschlag zurück. Eine gewisse „Exotik" war wohl der äußeren Erscheinung der Andamaner geschuldet, die aufgrund ihrer Körpergröße und dunkler Hautfarbe als Pygmäen bezeichnet wurden, deren Migration jedoch spekulativ bleiben muss. Durch eingeführte Krankheiten dezimiert und aus ihrem ursprünglichen Lebensraum vertrieben, leben heute die letzten drei Dutzend Großandamaner kaserniert auf einer kleinen Insel. Das öffentliche Interesse, das sie auch auf die Titelseite der ersten Ausgabe von Geo brachte, hat ihre Situation keinesfalls verbessert.

The Andaman Islanders veröffentlichte Radcliffe-Brown erst nach langem Zögern 1922, also im selben Jahr, in dem Malinowskis *Argonauten* erschien. Das Geburtsdatum der britischen Sozialanthropologie wird gelegentlich an diesen beiden Publikationen festgemacht. Nach der Forschung hatte Radcliffe-Brown zwar die Daten, doch keinen Rahmen, keine passende

[Marginalie:] Feldforschung auf den Andamanen

[Marginalie:] Funktionen dienen dem Gemeinschaftserhalt

Theorie, in die sich seine ethnographischen Beschreibungen hätten fügen können. Als passende Form entschied er sich für eine Trennung von Deskription und Analyse. Er beschreibt zunächst die Beziehung der Generationen, der Geschlechter und der Verwandtschaftsgruppen und die ökonomischen und sozialen Verhaltensweisen. In den späteren Kapiteln interpretiert er Symbolik, Mythen, Zeremonien, Tanz und Körperbemalung sowie ihre emischen Deutungen in Hinblick auf ein Zusammenwirken aller Teile, die er – in Anlehnung an Durkheim – als gemeinschaftsstiftende Kräfte ansieht. Er fügt seine Beobachtungen zu einem funktionalen Gesamtbild, in dessen Zentrum stets die Gemeinschaft – und nicht wie bei Malinowski das Individuum – steht.

5.7 | Der Strukturfunktionalismus

Funktion des
Mutterbruders

Radcliffe-Brown (1924) hat an zahlreichen Beispielen aufgezeigt, dass Menschen in staatenlosen Gesellschaften aufgrund ihres Verwandtschaftssystems in Lokalgemeinschaften eingebunden sind und dass die Regeln der Verwandtschaft darauf ausgerichtet sind, die Gesellschaft zu erhalten. In einem frühen und viel zitierten Aufsatz über den Mutterbruder in Südafrika wendet er sich gegen die evolutionäre Erklärung, nach der in einer patrilinearen Gesellschaft (Kinder erhalten ihre soziale Zugehörigkeit sowie Rechte und Pflichten durch die männliche Linie) die besondere Stellung des Mutterbruders (also eines Vertreters einer anderen Linie) ein Relikt aus einer früheren matrilinearen Gesellschaftsform (die Nachkommen sind durch die Mutter definiert) sei. Anhand von ethnographischen Berichten aus Südafrika und aus Fidschi zeigt er auf, wie sich die zugeschriebenen Rollen – die des eigenen Vaters streng und autoritär, die der Mutter einschließlich ihres Bruders verständnisvoll und ausgleichend – zu komplementären Einheiten zusammenfügen, die in der Ahnenverehrung, im Ritual und in der Rechtsprechung entsprechende Dimensionen finden. Der Mutterbruder ist daher kein Überbleibsel einer früheren Gesellschaft, sondern erfüllt eine Funktion, die bei einer Kreuzcousinenheirat – einer weltweit verbreiteten Form (siehe Kapitel Verwandtschaftsethnologie) – mit der des Brautgebers zusammenfällt.

Theorie

Die Funktion, die in Malinowskis Lehre auf pragmatische Erfordernisse, vor allem auf den Nutzen für Individuen ausgerichtet war, erfährt hier eine andere Dimension. Sie gilt dem Strukturerhalt. Gesetze schützen nicht den Einzelnen, sondern den Fortbestand der Gesamtheit; Rituale dienen nicht als psychisches Ventil oder Rückversicherung, sondern schaffen die Identität der Gruppe; Magie hilft nicht dem Individuum, sondern trägt zur Aufrechterhaltung einer allgemeinen Ordnung bei. Wenn wir den Menschen als kulturell überformtes Wesen betrachten, rückt seine Biologie zu Recht in den Hintergrund, denn das, was er kognitiv und emotional wahrnimmt, ist durch das Kollektiv geprägt. Menschen leben – in Malinowskis Worten – in sekundären Umwelten, die sie selbst geschaffen haben. Und auf deren Erhalt ist die Funktion nach Radcliffe-Brown ausgerichtet. Aus seiner Sicht ergibt sich somit das Primat des Sozialen vor dem Kulturellen, wie es Lucy Mair eingangs skizziert hat. Da Menschen als Träger von sozialen Rollen und nicht als fleischgewordene Symbole handeln, reproduzieren sich nicht die symbolischen Formen sondern die sozialen Strukturen.

> Normen und Regeln dienen dem Erhalt von Gesellschaft

Doch nicht jede Interaktion ist Struktur. Radcliffe-Brown unterscheidet zwischen *social system*, dem System der direkt beobachtbaren Interaktionen von Personen und Gruppen, und *social structure*, dem Zusammenwirken von abstrakten Größen. Die Trennung ist schon deshalb unscharf, weil er nicht die Individualpsychologie der Menschen untersuchen wollte, sondern ihre sozialen Rollen. Es schien belanglos, wie sich ein junger Mann innerlich gegenüber seinem Mutterbruder fühlt. Bedeutend war, wie er sich normgerecht verhält. Auch ein Normbruch, der als solcher erkannt, benannt und ggf. sanktioniert wird, gibt Auskunft über die Kategorien. Indem Radcliffe-Brown also den Neffen als Träger einer Rolle betrachtet, abstrahiert er ein soziales System vom Neffen, seinen Eltern und seinem Onkel, das er schließlich in eine Sozialstruktur überführt, in der nur noch Normen, Rollen und Institutionen in Wirkzusammenhängen stehen. Wichtig war für ihn dabei das Zusammenspiel von verwandtschaftlichen, rechtlichen, politischen und ökonomischen Dimensionen. Das soziale System entspricht also Needhams zweiter Ebene, den

> Soziales System versus Soziale Struktur

Normen und Institutionen, und die Sozialstruktur entspricht der dritten Ebene, die den Akteuren nur bedingt bewusst ist.

Der Schülerkreis von Malinowski und Radcliffe-Brown

Zu den zahlreichen Schülern von Malinowski und Radcliffe-Brown zählen R. Firth als einer der Väter der Wirtschaftsethnologie, E.E. Evans-Pritchard als einer der Begründer der Politikethnologie und Max Gluckman als Rechtsethnologe, dessen Schüler aus seiner Manchester-Schule performative Ansätze entwickelten. Viele von ihnen arbeiteten religionsethnologisch und vor allem im Bereich der Verwandtschaft. Als streitbarer Geist und theoretischer Ausreißer orientierte sich E.R. Leach am französischen Strukturalismus. Der ethnographische Fokus lag auf dem afrikanischen Kontinent, und es war eher eine Ausnahme, dass M.N. Srinivas, ein Schüler von Evans-Pritchard, zum „Vater" der indischen Ethnologie wurde. Von den 1930er bis in die 1960er Jahre produzierten sie die Kronjuwelen der britischen Sozialanthropologie, auf die in späteren Kapiteln zu den ethnologischen Teilbereichen eingegangen wird.

Kritik

Malinowski und Radcliffe-Brown, deren Namen als Gründungsväter von Schulen oft wie die eines Brüderpaars genannt werden, erwiesen sich als die offensivsten Kritiker der jeweils anderen Schule. Die Vorwürfe gegen Malinowski betrafen die Hervorhebung des Individuums und der Biologie. Die an Radcliffe-Brown adressierten Attacken richteten sich gegen seinen Sozialdeterminismus. Ein Vorwurf an die funktionalen Schulen betraf ihre Haltung zur Historie, die zu Unrecht oft als geschichtsfeindlich bezeichnet wurde (vgl. Bargatzky 1997: 202). Die szientistische Haltung von Malinowski und Radcliffe-Brown duldete keine Spekulationen und lehnte Interpretation ohne harte Fakten ab. Somit ergab sich eine ahistorische Forschung von „ihren" Lokalgesellschaften und eine Ablehnung von Evolution und Diffusion als Welterklärung.

Grundbedürfnisse sind nicht gegeben, sondern wurden von Malinowski konstruiert

Die heutige Kritik bezeichnet die Annahmen von der Existenz von (1) „Grundbedürfnissen" oder (2) „Sozialstrukturen" ebenfalls als Spekulation, da (1) die kulturelle Form, die Ethnologen untersuchen, aus sich selbst und ihrer Geschichte, aus Abgrenzungsprozessen etc. und nicht aus Genen zu erklären sei und (2) Gesellschaften schon immer so vielschichtig und heterogen waren, dass man sie nicht mittels *einer* Struktur beschreiben könne. Zudem zeigen ethnographische Arbeiten die Einbindung von Lokalgesellschaften in größere Kontexte und weisen die Idee von relativ isolierten Gemeinschaften zurück. Eine Formulierung von Gesetzen zur Sozialstruktur wird heute folglich nicht mehr angestrebt. Vielmehr gilt es, das Instrumentarium der Interpretation zu verfeinern.

Gesellschaften sind vielschichtig und können nicht auf eine Sozialstruktur reduziert werden

Fragen

1 Welchen (natur-)wissenschaftlichen Anspruch erhebt Malinowski an die Feldforschung?
2 Wie begründet Malinowski die Wichtigkeit der emischen Sichtweise?
3 Welches Argument führt Malinowski gegen die Betonung der Geschichte an?
4 Welche Bedeutung haben die Grundbedürfnisse und die sekundäre Umwelt in Malinowskis Theorie?
5 Wieso trug die Veröffentlichung der Tagebücher von Malinowski zur Krise der Ethnologie bei?
6 Worin unterschied sich Radcliffe-Browns Strukturfunktionalismus von Malinowskis Funktionalismus?
7 Wie unterscheidet Radcliffe-Brown Sozialsystem und Sozialstruktur?
8 Welche Kritik wird an der Grundbedürfnistheorie geäußert?
9 Welche Kritik wird am Funktionalismus insgesamt geäußert?

Antworten

1 Malinowski fordert eine umfassende und detailbetonte Dokumentation aller sozialen Phänomene und die Nachvollziehbarkeit der Schlussfolgerungen, womit die Umstände der Feldforschung einbezogen sind.
2 Dinge und Handlungen erfahren ihre Bedeutung nur aus der emischen Sichtweise, also aus dem lokalen Sinnzusammenhang, der vom Ethnologen daher erkannt und beschrieben werden muss.

3 Malinowski argumentiert in seinen frühen Werken gegen die Untersuchung der Lokalgeschichte, weil es in den damals von Ethnologen untersuchten Gesellschaften keine Dokumente gibt und weil sie für die Untersuchung der Funktionsweise der Gegenwartsgesellschaft irrelevant ist. Zudem wendet sich Malinowski gegen die spekulativen Rekonstruktionsversuche der Evolutionisten.

4 Malinowski geht von biologisch festgelegten, also universalen Grundbedürfnissen aus, deren Befriedigung zu Technologie und Institutionen führen, die er als sekundäre Umwelt bezeichnet.

5 Aufgrund einiger Äußerungen wurde Malinowskis Haltung gegenüber seiner Gastgesellschaft als rassistisch bewertet. Da er jedoch die Offenlegung der Forschungsumstände forderte und die ethnographischen Daten im kolonial geprägten Kontext erhoben wurden, wurde die Validität seiner Ergebnisse und somit ein Teil der Fachidentität in Frage gestellt.

6 Radcliffe-Brown ging vom Primat aus, dass Soziales nur durch Soziales (und nicht durch Grundbedürfnisse) erklärt werden kann, und dass die Funktion von Normen und Regeln der Aufrechterhaltung von Gesellschaft (und nicht des biologischen Lebens des Individuums) dient.

7 Das Sozialsystem basiert auf beobachtbaren Handlungen und ist somit empirisch nachweisbar. Die Sozialstruktur ist die Abstraktion des Sozialsystems und wird in formalen Sätzen ausgedrückt.

8 Grundbedürfnisse sind durch historische Prozesse transformiert worden und existieren nicht in einer kulturunabhängigen biologischen Form. Kultur ist zudem mehr als ein adaptives System, das auf Umwelt und sekundäre Umwelt reagiert.

9 Kulturen können nicht auf das Funktionieren einzelner Institutionen reduziert werden. Gesellschaften sind auch Produkt ihrer eigenen Geschichte und erfüllen nicht nur die Funktion der Bedürfnisbefriedigung und des Systemerhalts. Gesellschaften sind zudem heterogen und lassen sich nicht auf eine Struktur (im Singular) reduzieren.

Strukturalismus und Kognitionsethnologie | 6

Émile Durkheim und Marcel Mauss – Die totalen sozialen Tatsachen | 6.1

Nachdem bisher die US-amerikanische Schule von Boas und die britische Schule von Malinowski und Radcliffe-Brown vorgestellt wurden, folgt nun die Entwicklung in Frankreich. Wenn am Ende dieses Kapitels auf die Kognitionsethnologie eingegangen wird, so wird das bisher bevorzugte Schema, ethnologische Richtungen nach Ländern vorzustellen, aufgebrochen, da dieser Zweig der Ethnologie zwar in die strukturalistische Theorielandschaft passt, jedoch in den USA entwickelt wurde. Beginnen wir mit der französischen Schule, deren Anfang mit den Schriften von Émile Durkheim (1858–1917) in den 1890er Jahren etwa zeitgleich mit dem Werk von Boas datiert werden kann. Durkheims Einfluss auf die amerikanischen und britischen Intellektuellen ist immens. Fälschlicherweise wird er oft als Evolutionist bezeichnet, da er von frühen religiösen Formen sprach, aus denen sich dann moderne Religionen entwickelt haben. Seine Theorie geht jedoch von völlig anderen Prämissen aus, die den Gedanken der Evolution und des Diffusionismus fundamental widersprechen.

Nach Durkheim kann Soziales nur durch Soziales erklärt werden. Gesellschaften schaffen sich selbst, denn ihre Institutionen sind auf den eigenen Kontext bezogen. Religion ist der Ausdruck von kollektiven Vorstellungen und somit feiert eine Gesellschaft sich selbst im Ritual. Veränderungen beziehen sich immer auf den Kontext, aus dem sie entstehen. Somit kann die französische Schule als erste „reine Sozialwissenschaft" bezeichnet werden. Nach dem Zweiten Weltkrieg entwickelte Lévi-Strauss die strukturale Ethnologie, die sich weiter von Durkheims Lehre entfernte als der Strukturfunktionalismus von Radcliffe-Brown.

Theorie

Gesellschaft geht
gesellschaftlichem
Handeln voraus

Der Einfluss von Durkheim auf die britische Schule ist offensichtlich. Nach seiner Lehre konnte man sich die Gesellschaft und ihre Institutionen in Analogie zu einem Körper vorstellen, dessen einzelne Organe für das Funktionieren der Gesamtheit eine spezifische Funktion haben und nur durch diese – stets bezogen auf das Ganze – erklärt werden können. Das Ganze geht dem Einzelnen voraus und bestimmt seine Funktion und seine Form. Das Zusammenleben der Menschen erfolgt auf der Basis von Regeln, sozialen Zwängen und internalisierten Vorstellungen, die unabhängig vom Individuum sind. An dieser Stelle unterscheidet sich Durkheim von Malinowskis Grundbedürfnistheorie und fordert eine strikte Trennung der individuellen Psyche und der Konsequenzen aus Erbanlagen von den sozialen Tatsachen. Die Mythen der Menschen, ihre Klanordnung und territorialen Orientierungen, die Arbeitsteilung der Geschlechter und die Verortung des Heiligen und des Profanen hängen zusammen, doch sie sind nicht biologisch und nicht individualpsychisch zu erklären. Sie gliedern die Gesellschaft. Aus ihnen resultieren allgemeingültige moralische Verpflichtungen, totale soziale Tatsachen, die man objektiv mit naturwissenschaftlicher Gründlichkeit untersuchen kann.

totale soziale
Tatsachen

Die Gesellschaft erklärt
sich selbst durch die
Religion

Sein Hauptwerk *Die elementaren Formen des religiösen Lebens* (2005 [1912]) basiert auf ethnographischen Beschreibungen der Aranda, zentralaustralischer Aborigines, vor allem auf ihren Mythen und ihrem Klansystem. Aus diesem Material, das Durkheim als Zeugnis einer frühen Religion ansieht, entwickelt er eine allgemeine, universale Theorie des Religiösen. In jeder Gesellschaft wird zwischen den Sphären des Heiligen und des Profanen unterschieden, das Heilige ist Ausdruck der gesellschaftlichen Werte, und im Ritual werden Regeln und Ideen vermittelt. Die Religion ist also nicht, wie bei Frazer, eine intellektuelle Erklärung der Welt, sondern sie erklärt die Gesellschaft. Genauer: Die Gesellschaft erklärt sich selbst durch die Religion. Weder Gott noch der Verstand, sondern die Gesellschaft spricht im Kult zu ihren Mitgliedern. Die Religion hat die Funktion, die kollektiven Vorstellungen, die sich in einer Gesellschaft entwickelt haben, zu vermitteln – heute würde man sagen, zu internalisieren, in den Geist und in den Körper ihrer Mitglieder „einzuschreiben". Der entscheidende Punkt ist jedoch, dass hier nicht Regeln, sondern Kategorien und Wertideen vermittelt werden. Die religiöse Performanz zielt also nicht auf die normative, sondern auf die ideelle Ebene. Dies ist nach Durkheim allen Gesellschaften gemeinsam. Somit sind die Aranda kein „Fenster in die Vergangenheit", sondern liefern dank ihrer klaren Struktur ein Modell, das für die moderne Gesellschaft gleichermaßen gilt. Mit dieser Ausrichtung auf die universalen Muster, die sich nicht evolutionär verändern, war der Grundstein für die französische Schule gelegt.

Émile Durkheim stammt aus einer orthodoxen Rabbinerfamilie in Lothringen, wurde zunächst Gymnasiallehrer, bekleidete den ersten soziologischen Lehrstuhl in Frankreich an der Universität in Bordeaux und kam erst 1902 nach Paris an die Sorbonne, zunächst als Lehrbeauftragter und ab 1906 als Professor. Er gilt als Vater der Soziologie in Frankreich und international als Begründer der Religionssoziologie. Die bahnbrechende Erkenntnis, mit deren Folgen auch die heutigen Diskussionen ringen, ist die Verankerung des Denkens in der jeweiligen Gesellschaft, die somit einen Vergleich, den Durkheim forderte, erschwert. Wie können wir die Grundlagen des Denkens verstehen, ohne stets auf unsere eigenen zurückzugreifen? Beeinflusst von seiner Lehre sind auch Arnold van Gennep, der bis heute viel zitierte Konstrukteur der dreiphasigen Übergangsrituale, die in jeder Gesellschaft zu jeder Zeit dem gleichen Plan folgen (siehe Kapitel: Religionsethnologie), und Maurice Halbwachs, dessen Überlegungen zum kollektiven Gedächtnis einen breiten Diskussionsstrang in den Kultur- und Sozialwissenschaften der 1980er und 1990er Jahre beflügelten. Zu seinen Schülern im engeren Sinn zählen sein Neffe Marcel Mauss und Robert Hertz (1881–1915), der Entdecker der universalen Rechts/Links-Ordnung als duales Prinzip, das auch auf den Körper bezogen wird.

Die Gabe (1990 [1925]) ist das bedeutendste Werk von Marcel Mauss (1872–1950), an dem sich die Grundlagen von Durkheims Soziologie gut illustrieren lassen. Es basiert auf den damals verfügbaren Ethnographien und der Idee der totalen sozialen Tatsachen. Wenn die feldforschenden Ethnologen Gold- und Diamantengräber waren, dann ist Mauss der Goldschmied und Edelsteinschleifer, der aus dem Rohmaterial eines der besten Stücke für den ethnologischen Familienschmuck geschaffen

Marginalien:

Durkheims Lebensweg und seine Schüler

Gabentausch basiert auf den Schritten: Geben, Nehmen, Erwidern hat. Als zentrale Quellen nutzt Mauss das *kula*-Tauschsystem nach Malinowski und die Beschreibungen von Boas zum *potlach*, ein an der Nordwestküste der USA bei den Kwakiutl dokumentiertes Gabensystem, bei dem durch aufwendige Geschenke an Kollektive der Status der eigenen Gruppe erhöht wird. Der Grundgedanke beinhaltet zwei Aspekte: Eine Gabe unterliegt in allen Gesellschaften den gleichen Grundprinzipien und erstreckt sich auf nahezu alle Bereiche. Zunächst sind drei Schritte zu nennen, denn eine Gabe muss (1) gegeben, (2) angenommen und (3) erwidert werden. Sie ist in die Vergangenheit und in die Zukunft gerichtet, sie hat keinen Anfang und kein Ende. Damit hat Mauss das Prozesshafte, das in heutigen Diskussionen betont wird, schon implizit in die Gabe eingeschrieben. Zweitens beziehen sich Gaben nicht nur auf Dinge, sondern auch auf Dienstleistungen, auf die Verwandtschaft (Braut als Gabe), auf Einladungen und auf den Gruß. Die Gabe ist somit ein „totales soziales Phänomen", dessen Funktion dem Erhalt der Totalität, der Gesellschaft, dient. Mauss' Werk legt die Grundlagen für die komplexe Gabentheorie, mit der sich die Ethnologie erst in der zweiten Hälfte des 20. Jahrhunderts intensiver beschäftigt hat.

eine Gabe muss gegeben, angenommen und erwidert werden

Die Gabe illustriert das überindividuelle Gesellschaftsmodell von Durkheim auch für den in Europa verhafteten Leser deshalb so gut, weil es leicht nachzuvollziehen ist, dass man einerseits „freiwillig gibt", andererseits ein gesellschaftlicher Zwang verspürt wird. Wenn man eine Dienstleistung oder ein Geschenk nicht erwidern will, so muss man die Annahme verweigern. Wer eine Erwiderung will, muss zunächst geben. Malinowski hatte im *kula* bereits zwischen Eröffnungs- und Erwiderungsgaben unterschieden. Im *potlach* muss die Erwiderung die erhaltene Gabe übertreffen und verweist so auf das System der totalen Tatsachen, deren Charakter R. Benedict als „dionysisch" bezeichnete.

kula und potlach als Gabentausch

Fazit

Gaben bilden teilautonome Systeme, die jeweils mit anderen Teilbereichen verwoben sind. Die soziale Kraft, die hier wirksam wird, fußt nicht in dem „Ding an sich" oder in der „Dienstleistung", die zur Gabe wird, und auch – um sie ein letztes Mal zu betonen – nicht in der Biologie oder der Psyche des Individuums, sondern in der Gesellschaft selbst. Mauss hat dies soziologisch und historisch vergleichend anhand von Materialien aus dem alten Indien, dem antiken Griechenland und aus dem germanischen Recht belegt. Der Essay der vergleichenden Soziologie, der als Erkenntnisziel die kulturelle Sinnstiftung beinhaltet, wurde daher im Nachwort von Henning Ritter zu Recht als die „ethnologische Wende" bezeichnet.

Claude Lévi-Strauss und die Welt der Kategorien | 6.2

Claude Lévi-Strauss (1908–2009) kannte die frühe französische soziologische Schule aus seinem Studium der Rechtswissenschaften in Paris. Er hatte auch Kontakt zu den von Durkheim inspirierten Intellektuellen und erhielt durch ihre Vermittlung eine Professur für Soziologie an der Universität von Sao Paulo (1934–37). Dort soll er durch die Lektüre von Lowies *Primitive Society* zur Ethnologie gekommen sein. In den vorlesungsfreien Zeiten führte er Feldforschungen in Brasilien, vor allem im Mato Grosso bei den Bororo und bei den Nambikwara, durch. Später hat er sich selbstkritisch zu seinen empirischen Forschungen geäußert, er litt unter den Unwegsamkeiten des Dschungels und gab nie vor, eine persönliche Nähe zu den Indianern entwickelt zu haben. Robert Lowie verhalf ihm 1941 zu einem Gastaufenthalt in New York an der New School for Social Research, wo er die Größen der nordamerikanischen Ethnologie kennenlernte. Unter ihnen waren Alfred Kroeber, Margaret Mead, Ruth Benedict und auch Franz Boas. (Als Boas während eines gemeinsamen Essens im Kreis seiner Kollegen plötzlich verstarb, war auch Lévi-Strauss unter den Gästen.) Nach dem Zweiten Weltkrieg kehrte Lévi-Strauss nach Paris zurück, bekleidete mehrere Positionen, u.a. war er 1953–1960 Generalsekretär des International Council of Social Sciences, und wurde 1959 auf den Lehrstuhl für Sozialanthropologie am Collège de France berufen, an dem er bis zu seiner Emeritierung 1982 forschte. (Reinhardt 2008)

Stärker als von der Soziologie Durkheims wurde Lévi-Strauss von der strukturalen Linguistik beeinflusst. In New York hatte er

Lebensweg

Einfluss der Sprach-
wissenschaften

Roman Jakobsen (1896–1982) kennengelernt und seine (und F. de Saussures) grundlegenden Theorien aus der Sprachwissenschaft auf die Untersuchung von Kultur übertragen. Die erste Einsicht ist, dass die Sprache ein auf sich bezogenes System bildet und wir zwischen der Welt der Dinge, den Signifikaten, und der Welt der Worte, den Signifikanten, unterscheiden müssen. Der Klang des Wortes „Buch" hat an sich nichts mit dem Ding „Buch" zu tun, das Sie in der Hand halten. Dasselbe Ding würde in anderen Sprachen mit einem anderen Wortklang assoziiert. Die Bedeutungen, die wir Dingen zuschreiben, existieren ebenso unabhängig von den Dingen wie die Sprache. Die strukturale Linguistik rückte von der historischen (diachronen) Erklärung von Sprache ab und erklärte sie synchron als ein logisches System, zerlegte Sprache in ihre kleinsten Einheiten, in Phoneme, und untersuchte die Beziehungen der Phoneme zueinander. Unterschieden wurde zwischen der gesprochenen Sprache, *parole*, und der Sprache als System, *langue*. Lévi-Strauss interessierte sich für Kultur als Zeichensystem und suchte nach den kleinsten Einheiten. Das verblüffende Ergebnis war, dass diese Einheiten durch *Notwendige Beziehungen* (Oppitz 1975) miteinander verbunden waren.

Das
Verwandtschaftsatom
als Beispiel für
notwendige
Beziehungen

Das Verwandtschaftsatom als kleinstmögliche gesellschaftliche Einheit kann dies illustrieren. Lévi-Strauss wählt vier Positionen innerhalb einer Familie aus, die die wichtigsten Relationen beinhalten, nennen wir sie der Einfachheit halber Vater, Mutter, Kind und den Mutterbruder. Da die Beziehung von Mutter und Kind empirisch immer positiv und die von Vater und Mutterbruder (also Brautnehmer und Brautgeber) immer negativ ist, ergeben sich vier variable Relationen: Vater – Kind, Ehemann – Ehefrau, Bruder – Schwester (also Mutter und Mutterbruder) und Kind – Mutterbruder. Das Kind ist hier männlich, somit steht der Mutterbruder in vielen Gesellschaften als potentieller Brautgeber für den jungen Mann und ist zugleich in einer spezifischen Verantwortung, die

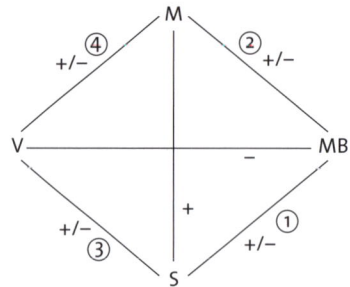

Abb 2 |
*Das Verwandtschafts-
atom*

Radcliffe-Brown schon in seinem Aufsatz zum Mutterbruder dargelegt hat. Nun untersucht Lévi-Strauss auf der Basis der ethnographischen Literatur die Systeme der Haltung der einzelnen Kategorien zueinander und findet nur vier (im erweiterten Sinn sechs) Variationen, obwohl 16 Möglichkeiten denkbar sind. Er kann sie aufgrund der Ausgeglichenheit der Beziehungen im Verwandtschaftsatom in Relation zueinander setzen: Die Beziehung von Onkel und Neffe verhält sich zu der von Bruder und Schwester wie die von Vater und Sohn zu Mann und Frau (Platenkamp 2007: 300).

Michael Oppitz (1975: 108–15) hat darauf hingewiesen, dass sich in den nachweisbaren Varianten stets equilibrierte Dreiecke zeigen. Bei beliebig gewählten drei Personen ergibt sich ein Beziehungsdreieck, dessen Summe der Haltungen positiv ist, wobei zwei negative Relationen zusammen positiv wirken. Mit derselben Logik ist augenscheinlich nicht nur die Dramaturgie in Spielfilmen angelegt, sondern auch die Weltpolitik geordnet. Die von den USA nach Beginn des Irakkriegs geforderte „Allianz der Willigen" – ein Aufruf zur Beteiligung an den Kriegshandlungen im Nahen Osten an der Seite der USA – ging davon aus, dass ein beliebiges Land, dessen Beziehung zum Irak positiv oder indifferent ist, nur negativ zur USA eingestellt sein kann. Da sich Deutschland nicht an diesem Krieg beteiligt hat, könnte man die These der equilibrierten Dreiecksbeziehungen als widerlegt betrachten, doch es geht im Strukturalismus nicht um die Praxis. Wichtig ist vielmehr das Modell, das ungeachtet der Gegenbelege explizit formuliert wird und zudem Wirkkraft entfaltet.

Equilibrierte Dreiecke als Modell für soziale Beziehungen

Das Verwandtschaftsatom zeigt einige Prinzipien der strukturalen Arbeitsweise und auch ihre Probleme. Zunächst muss im Verwandtschaftsatom das System der Haltung grundsätzlich vom Verhalten unterschieden werden. In Deutschland gilt beispielsweise die Kategorie der Schwiegermutter als schwierig, denn sie leidet unter dem Verlust des eigenen Kindes und übt soziale Kontrolle aus. Ein Onkel hingegen, immer als Kategorie (!) verstanden, kontrolliert nicht, er ist wohlwollend, vielleicht sogar ein Erbonkel. Unabhängig davon, wie sich im eigenen Erfahrungshorizont das Verhältnis zur Schwiegermutter und zum Onkel verhält, verstehen wir einen sogenannten Schwiegermutterwitz oder die Dramaturgie eines Familiendramas, weil wir die

Soziale Beziehungen versus Kategorien

Kategorien kennen. Nun sind Kategorien empirisch nur schwer nachweisbar und empirische Fallbeispiele, mit denen auch das Verwandtschaftsatom widerlegt werden sollte, wurden von Lévi-Strauss zurückgewiesen, da es sich aus seiner Sicht lediglich um Einzelfälle handelt. Die Behauptung, die jedoch hinter dem Verwandtschaftsatom steht, lautet, dass die sozial geschaffenen Kategorien nicht in zufälligen, sondern in logischen Beziehungen zueinander stehen.

6.3 | Die Thesen des Strukturalismus

Fazit

Die strukturale Theorie geht davon aus, dass die Kategorien, in denen wir denken, (1) nicht aus bezeichneten Dingen direkt abzuleiten sind, (2) in logischen Beziehungen zueinander stehen, (3) von den Mitgliedern einer Gesellschaft geteilt werden, (4) direkt unser Denken und somit indirekt auch unser Handeln bestimmen, obwohl sie (5) uns nicht notwendigerweise bewusst sind und (6) letztlich als Produkte des menschlichen Geistes (7) einer universalen Logik unterliegen.

Beispiel

Verwandtschaftstaxonomie geht dem Handeln voraus

Ich möchte diese Punkte am Beispiel eines südindischen Verwandtschaftssystems illustrieren. (1) Im Unterschied zu unserer eigenen Taxonomie unterscheiden Tamilen zwischen älteren Brüdern und jüngeren Brüdern, und als Brüder zählen auch die Söhne von Vaters Bruder. (2) Auch die Brüder des Vaters werden mit unterschiedlichen Begriffen bezeichnet, die älteren als „großer Vater", die jüngeren als „kleiner Vater". (3) Diese Unterscheidungen sind allen Tamilen bekannt und (4) haben Rückwirkungen auf das beobachtbare Verhalten. Die Wahrnehmung der sozialen Welt wird nur innerhalb gewisser Grenzen reflektiert (5), die Pflichten eines älteren Bruders werden normativ kaum hinterfragt. Diese Ordnung ist nicht primär als Ergebnis eines gesellschaftlichen Prozesses zu verstehen, wie es Durkheim vorschlägt, sondern (6) als das Resultat des menschlichen Geistes.

Die Grundzüge dieses Systems sind weltweit ethnographisch belegt und wurden von Morgan (1871) als „Irokesen-System" bezeichnet (7). Nur was Menschen denken können, findet Eingang in die sozialen Handlungen. Nur was logisch ist und einer Struktur entspricht, setzt sich durch. Der Kopf geht dem Denken und somit auch der Tat voraus.

Die Strukturmodelle reichen jedoch über die einzelnen Bereiche hinaus. In den meisten Gesellschaften gilt, dass man die „Eigenen" nicht heiratet (es wäre Inzest), sondern nur die „Schwiegerkategorie" und auch nicht die „Fremden" (es gibt viele Varianten der Apartheid). Diese Ordnung von Nähe und Ferne kann auch in die Geschäftswelt übertragen werden, denn man verhandelt weder in der Familie noch mit Unbekannten, die man nicht einschätzen kann. In übertragener Form gilt dieses Ordnungsprinzip auch für den Speiseplan. Man isst in Deutschland keine Schoßtiere, sondern nur Farmtiere und artverwandte Tiere des Waldes, jedoch keine Schlangen oder Insekten. Aus der Sicht der Strukturalisten eröffnet sich eine überwältigende Ordnung hinter den Dingen und impliziert ein Menschenbild, das nicht so recht in unseren Zeitgeist passen will. Das Individuum ist gefangen in den Kategorien seiner Gesellschaft.

Strukturmodelle existieren in allen Bereichen

Hier wird überdeutlich, dass Strukturen, so wie Lévi-Strauss sie versteht, nicht beobachtbar sind. Radcliffe-Brown wies in Korrespondenz mit seinem französischen Kollegen darauf hin, dass man bei einer Muschel die Struktur in Form von spiralförmig auf ein Zentrum zulaufenden Linien sehen könne. Ebenso könne man soziale Strukturen beobachten, sie seien existent. Für Lévi-Strauss hingegen ist bei der Muschel lediglich eine Form sichtbar, deren Linienverlauf, also Struktur, mittels einer mathematischen Formel ausgedrückt werden könne. Im Strukturalismus sind Strukturen nur als Modelle *denkbar*, im Strukturfunktionalismus sind sie hingegen *real* wie die Muschel. Diese Debatte, auch als Naturalismusstreit bekannt, verdeutlicht, dass nach Radcliffe-Brown Menschen Strukturen schaffen, und nach Lévi-Strauss sich die Akteure bestenfalls der Strukturen „bedienen" bzw. diese in die unbewusste Logik des menschlichen Geistes bereits eingeschrieben sind.

Naturalismusstreit

Kritik

Einer der häufigsten Vorwürfe an die strukturale Ethnologie betrifft die Ausblendung von Geschichte. Wo Historiker Veränderungen durch handelnde Menschen sehen, da erkennt der Strukturalist nur Transformationen von Strukturen. Grundordnungen bleiben unverändert, die Inhalte sind austauschbar. Ein zweiter Vorwurf betrifft die Hervorhebung der klassifikatorischen Ebene unter Vernachlässigung der erfahrbaren Welt. Wenn jemand einen Fremden heiratet und mit der eigenen Familie Geschäfte macht, so findet dies im Strukturmodell keine Erwähnung. Aus strukturalistischer Sicht bestätigen Regelbrüche, sofern sie erkannt und benannt werden, nur die Regel. Für Lévi-Strauss ist die emische Sicht zwar der Ausgangspunkt seiner Analysen, doch letztlich ein Mittel zum Zweck. Ein schwerwiegender Einwand hingegen ist die Reduktion von Komplexität auf einfache „Vorzeichen". Es ist in der Tat problematisch, die Haltung von Bruder zu Schwester als „positiv" oder „negativ" zu klassifizieren, da sie vom Kontext und den Altersstufen abhängig ist. Weltumfassende Modelle, die eine kleine Gesellschaft mit einer anderen auf der anderen Seite des Globus vergleichen, werden heute vermieden. Stattdessen orientieren sich die wenigen jüngeren Untersuchungen (vgl. Platenkamp 2007: 304) an den Ordnungsmodellen innerhalb überschaubarer Gesellschaften. Heute wird zudem aus guten erkenntnistheoretischen Gründen vermieden, die Forschungsergebnisse im Stil von Lévi-Strauss als absolute Wahrheiten zu präsentieren und dabei den Weg zur Erkenntnis auszublenden. Es bleibt jedoch die Einsicht, dass die Kategorien, mit denen wir denken, in sinnvollen Beziehungen zueinander stehen.

6.4 | Die Kognitionsethnologie

Übersicht

Die Kognitionsethnologie, auch Ethnoscience genannt, entstand in den USA in den 1950er und 1960er Jahren und suchte – wie der Strukturalismus – nach den Ordnungssystemen „hinter" den Phänomenen. Methodisch wurde das Pferd jedoch von einer anderen Seite aufgezäumt, man suchte nach den kognitiven Mustern in den jeweiligen Gesellschaften und nicht nach den universalen Strukturen. In einem zweiten Schritt erhoffte man, Allgemeines über die menschliche Kognition sagen zu können (Reimann 1998). Somit steht die kognitive Ethnologie in der Nähe der Neuro- und Kognitionsforschung, die sich mit den biochemischen Prozessen des Erkennens, Erinnerns und Verstehens beschäftigt. Sie geht davon aus, dass die Denkfähigkeit und der Wissenserwerb überall nach ähnlichen Mustern verlaufen, doch um diese zu erkennen, braucht man Einzelstudien.

Ward H. Goodenough, einer der prominenten Vertreter der Kognitionsethnologie, definierte als Bestandteile von Kultur das, was man wissen oder glauben muss, um sich so zu verhalten, wie es in der jeweiligen Gesellschaft erwartet wird. Kultur besteht also aus Wissen und basiert auf kognitiven Prozessen, die sich *im* Menschen, im Kopf oder im Geist, abspielen. Dies entspricht nicht dem Erkenntnisinteresse von Lévi-Strauss, denn ihn interessierte nicht die *konkrete* Realität (die pragmatische Ebene; die empirischen Daten) und auch nicht die mentalen Prozesse, sondern die *wirkliche* Realität, mit der er die Strukturen meinte, die außerhalb des Menschen existieren. (Amborn 1998: 307)

Konkrete Realität versus wahre Realität

Beispiel

Hanunóo Color Classification (Conklin 1955) ist ein früher Klassiker der kognitiven Ethnologie, der die kulturspezifische Umsetzung einer biologisch universalen Fähigkeit aufzeigt. Harold C. Conklin weist zunächst darauf hin, dass es sich in unserem eigenen Klassifikationssystem bei „schwarz" im technischen Sinn um keine Farbe, sondern um ihre Abwesenheit, und bei „weiß" um die Anwesenheit aller Farben gleichzeitig handelt. Bei seiner ethnobotanischen Arbeit auf den Philippinen ist er bei den Hanunóo auf Farbbezeichnungen gestoßen, deren Systematik nicht dem westlichen Farbspektrum entspricht. Ein allgemeiner Konsens besteht bei seinen Interviewpartnern über vier Begriffe, die man als „hell", „dunkel", „rötlich" und „grünlich" übersetzen könnte. Auf einer zweiten Ordnungsebene notiert

Hanunóo unterscheiden hell und dunkel, rötlich und grünlich

Conklin Hunderte Farbbezeichnungen, deren Farbskalen sich oft überlappen, und zu denen unter den Hanunóo kein Konsens besteht. Im Sinne der Sapir-Whorf-Hypothese wird von einer Wahrnehmung aufgrund des Klassifikationsmusters ausgegangen. Wenn auch seit dem Erscheinen dieses Artikels ein halbes Jahrhundert vergangen ist, so stehen wir immer noch vor dem Problem, dass wir stets über unsere inneren Farben und Bilder sprechen und dabei auf äußere verweisen. Spätere Versuche haben suggeriert, dass das Sehvermögen kulturunabhängig ist, wir jedoch die „Nähe" der Farben zueinander aufgrund unserer eigenen Farbbenennung beurteilen.

Taxonomien

Ein breites Arbeitsfeld der Kognitionsethnologen bildeten die Taxonomien. So wie wir unter dem Begriff „Möbel" die Klassen der „Sitzgelegenheiten", „Tische", „Schränke" etc. haben, und die Sitzgelegenheiten in „Sofa", „Sessel" und „Stuhl" ordnen, und Letztgenannten wiederum in „Schreibtischstühle", „Kinderstühle" etc. unterteilen, so liegt in jeder Gesellschaft zu nahezu jedem Bereich eine entsprechende Taxonomie vor. Viele Mythen wurden erst verständlich, nachdem man erkannte, dass man Tiere nicht notwendigerweise nach den Evolutionslinien, sondern auch nach ihrem Habitat oder nach ihren Ernährungsformen unterscheiden kann. So mag es sinnvoll sein, die Tiere des Wassers von denen der Erde und denen der Luft zu unterscheiden, unabhängig davon, ob es sich um Säugetiere oder Reptilien handelt. Es macht auch Sinn, Raubtiere von Aasfressern und von Pflanzenfressern zu unterscheiden, die dann den Ausgangspunkt für eine taxonomische Ordnung bilden. Nahezu jeder erfahrbare Bereich folgt einer kognitiven Ordnung. Landschaften, Pflanzen, Jahreszeiten und Speisen werden nicht durch eine reine Aufzählung von Begriffen, sondern durch über- und untergeordnete Termini benannt. Oppositionspaare finden sich in nahezu allen Bereichen der Kognition. Ortsangaben werden in Bergregionen oft nicht mit Himmelsrichtungen, sondern mit relativer Höhe gemacht und mit „oberhalb" und „unterhalb" bezeichnet. Wer jedoch in einer Stadt einen Passanten nach einer Wegbeschreibung fragt, wird eine vom Individuum geprägte Antwort bekommen. Diese Erfahrung wurde ungezählte Male von Standup Comedians aufgegriffen, um Städte oder Personengruppen in stereotyper Form zu charakterisieren.

Hier setzt die Kritik an der Kognitionsethnologie an. Gibt es wirklich die von allen geteilten Ordnungsmuster oder existieren in Gesellschaften unzählbare Orientierungsformen? Als Reaktion auf diesen Einwand orientierte man sich stärker am Individuum. Ging man früher vom Wissenssystem analog zur *langue* aus, so untersucht man heute die Anwendung von Wissen analog zu *parole,* auch ausgedrückt im Wortspiel *task*onomy anstatt *tax*onomy. Das Wissen wird nicht mehr vorzugsweise im Vokabular, sondern in der Performanz gesucht. Es geht auch um implizites und verkörpertes Wissen, das sich in Fähigkeiten wie Fahrradfahren, aber auch in subtilen kognitiven Prozessen zeigt, etwa wenn man den Reifegrad einer Frucht durch Geruch, Farbe und mittels eines tastenden Griffs erkennt. So hat die Kognitionsethnologie zwar viele partikulare Erkenntnisse geliefert, doch sind wir von einer generalisierenden Wissenschaft des kulturellen Wissens weit entfernt.

Kritik

Fazit

In den 1970er Jahren galten viele Ansätze als obsolet, ohne dass sie jedoch in Vergessenheit geraten wären. Es ist zwar ein Faktum, dass Kultur bestimmte Funktionen erfüllt, doch man kann sie weder auf diesen Aspekt reduzieren, noch durch ihn erklären. Kultur trägt zur Befriedigung der Grundbedürfnisse bei, doch kann die Biologie nicht kulturfrei erklärt werden, da wir unsere „Natur" stets im Licht unserer Werte beschreiben. Kultur weist zweifelsohne Institutionen auf, die dem Gesellschaftserhalt dienen, doch zeigen sich andere Einrichtungen als destruktiv. Die Frage, wie wir nun bewerten, ob etwas zerstörerisch ist oder nicht, kann wiederum nur kulturgebunden beurteilt werden, denn „Erneuerung" und „Fortschritt" hat immer eine destruktive Komponente. Dies lehrt uns der Kulturrelativismus, doch er erklärt es nicht. Auch innerhalb von Gesellschaften bleibt umstritten, was nun als „positiv" oder als „negativ" zu bewerten ist; diese Erfahrung machten auch die Aktionsethnologen. Eine einfache Reduktion auf eindeutige Vorzeichen war einer der Kritikpunkte am Strukturalismus, doch seine Erkenntnis zur geordneten Erfahrung bleibt stehen. Und dass Wissen immer auf Kognition beruht, der man mit Taxonomien auf die Schliche kommen kann, zählt ebenfalls zu den wichtigen Erkenntnissen, die an ihre eigenen Grenzen gestoßen sind.

Ausblick

Nach dem ersten Jahrhundert der institutionalisierten Ethnologie entsteht großer Zweifel an jeder großen und umfassenden Theorie. Wir sind an dem Punkt angekommen, der als Krise der Ethnologie bezeichnet wird. Ich bin eher geneigt, ihn als Wendepunkt zu bezeichnen, als einen Neubeginn, der mit den Begriffen „Postmoderne", „Poststrukturalismus" und „Postkolonialismus" verbunden ist. Es besteht zwar eine große Uneinigkeit darüber, was sich hinter den Begriffen genau verbirgt, doch das hat auch Vorteile. Wir lernen aus der Betrachtung der eigenen Theoriegeschichte, dass immer eine Pluralität von Bedeutungszuschreibungen vorliegt. Wie im gesellschaftlichen Prozess außerhalb der Wissenschaft, so werden auch in ihr stets alte Deutungsangebote durch neue Entwürfe ersetzt. Von diesen neuen Entwicklungen handeln die folgenden beiden Kapitel.

Fragen

1 Was versteht man unter totalen sozialen Tatsachen?
2 Welche Funktion hat nach Durkheim die Religion?
3 Welche Schritte müssen nach Mauss erfolgen, um eine Gabe zu vervollständigen?
4 Was soll das Verwandtschaftsatom in Hinblick auf Norm und Verhalten erklären?
5 Welche Behauptung kann als zentrale These des Strukturalismus aus dem Verwandtschaftsatom abgeleitet werden?
6 Warum sind Strukturen nach Lévi-Strauss nicht beobachtbar?
7 Welche Kritik wurde am Strukturalismus geübt?
8 Was untersucht die Kognitionsethnologie?
9 Worauf richtet sich die Kritik an der Kognitionsethnologie?

1 Totale soziale Tatsachen sind objektiv gegebene moralische Verpflichtungen, die auch dem Systemerhalt der Gesellschaft dienen.

2 Die Religion vermittelt einer Gesellschaft ihre Werte, kollektive Vorstellungen und Moralität.

3 Nach Mauss unterliegt die Gabe in allen Gesellschaften den drei Schritten (1) Geben, (2) Annehmen und (3) Erwidern, da Gaben in den gesellschaftlichen Prozess eingebunden, also prozesshaft sind.

4 Das Verwandtschaftsatom erklärt die Systeme der Haltung der Familienmitglieder (die hier auf vier Kategorien reduziert sind) zueinander, also die normative Erwartungshaltung einer Beziehung zwischen zwei Personen. Explizit ist damit nicht das tatsächliche Verhalten gemeint, sondern die Erwartung, mit der man die Handlung beurteilt.

5 Das Verwandtschaftsatom illustriert die These, dass die Kategorien, mit denen Menschen denken, nicht in zufälligen, sondern in geordneten, notwendigen Beziehungen zueinander stehen.

6 Strukturen sind Abstraktionen, die die Beziehungen von Kategorien (nicht konkreten Dingen) beschreiben und daher – etwa wie die Grammatik einer Sprache – nicht sichtbar.

7 Dem Strukturalismus wurde vorgeworfen, die Geschichte auszublenden, die Handlungsmacht der Akteure und die gesamte Empirie zu vernachlässigen. Stattdessen wurde die Realität auf der klassifikatorischen Ebene gesucht. Ein weiterer Vorwurf lautet, dass in den Strukturmodellen die Komplexität von Realität zu stark reduziert wird.

8 Die Kognitionsethnologie untersucht die Ordnungssysteme, mit denen sich Menschen orientieren. Bevorzugt wurden früher sprachliche Taxonomien und explizit nicht das beobachtbare Verhalten. Später wurden auch individuelle Orientierungssysteme untersucht.

9 Die Kritiker fordern die Beachtung der (1) außerlinguistischen und (2) individuellen Ordnungssysteme oder stellen die Existenz von überindividuellen Ordnungssystemen grundsätzlich in Frage.

Teil III
Das letzte Vierteljahrhundert:
Gegenwärtige Diskussionsfelder

Die Ethnologie der Gegenwart kann nicht auf eine Leitidee oder eine Kernidee reduziert werden. Einige wirkmächtige Entwicklungen sind jedoch offenkundig und prägen die ethnologische Forschung. Die Repräsentationsdebatte umfasst mehrere Arbeitsfelder: Eine kritische Auseinandersetzung mit dem Kolonialismus und den bis heute spürbaren Folgen; der als „Orientalismus" bezeichnete Diskurs, mit dem kulturell Fremde als „Objekte" konstruiert wurden; der Einfluss dieser Darstellungsformen auf die Fremd- und Selbstbeschreibungen; der Rückblick auf die von Ethnologen verfassten Texte und die dort gewählten Darstellungsformen; die als *Writing Culture*-Debatte bekannt gewordene Suche nach alternativen Schreibstilen. In den genannten Feldern geht es nicht allein um die Wahl der Worte, sondern auch um die Blickwinkel, um die Positionierung des Ethnologen gegenüber seinen Interaktionspartnern. Die Berücksichtigung des Machtgefälles in der Begegnung mit den Anderen wird zum Postulat erhoben, für die Selbstreflexion und für die Fremdbeschreibung. Der Ethnologe interpretiert stets in einem ideologisch erfüllten Raum und kann daher Geschichte und Politik nicht ausblenden.

7 | Krise der Ethnologie und die interpretative Wende

7.1 | Interpretative und analytische Richtungen in der Ethnologie

Die Ethnologie hat sich im letzten Viertel des 20. Jahrhundert neu erfunden. Dabei entstand ein anderes Menschenbild und ein neues Kulturverständnis. Der Mensch *deutet* seine natürliche und soziale Umwelt und handelt entsprechend. Diese Deutungen erfolgen aufgrund einer kulturellen Erfahrung und die Resultate – meist sichtbare Handlungen – liefern wiederum die Deutungsvorlage für andere. Folglich hat das Individuum einen höheren Stellenwert in der kulturellen Produktion, es verfügt über Handlungsmacht (*agency*) und Kultur erweist sich durch die fortlaufenden Interpretationsfolgen als prozesshaft und ohne feste Substanz. Wenn der Mensch in nicht endende Interpretationsprozesse verwoben ist, so folgt für den Ethnologen, dass er Interpretationen von Interpretationen, also eine zweite Ordnung, schafft. Diese grundlegende Erkenntnis wird heute von den meisten Richtungen in unserem Fach geteilt.

Was unterscheidet die interpretative Ethnologie von den bisherigen Schulen? Die meisten der bereits vorgestellten Ethnologen – Tylor, Morgan, Spencer, Frazer, Bastian, Boas, Lowie, Kroeber, Benedict, Mead, Malinowski, Radcliffe-Brown, Lévi-Strauss – sahen in der Ethnologie eine Wissenschaft, die objektives Wissen vom Menschen und von seinen Kulturen hervorbringt. Einige wollten in Anlehnung an die Naturwissenschaften Kulturgesetze formulieren, andere sahen sich als neutrale Dokumentaristen, weitere suchten nach objektiven Funktionen oder den wirklichen Strukturen. Gelegentlich hatten sie Zweifel an den Quellen oder ihren Schlussfolgerungen, vielleicht auch an den verwendeten Methoden, doch sie waren sich sicher, dass in den Hallen der Ethnologie ein Korpus von festem Wissen produ-

Der Mensch deutet

Deutungen

Die interpretative Wende

ziert wird, das Bestand hat. Ihre Methoden gingen von kausalen Zusammenhängen aus, mit denen menschliches Verhalten und Kultur zu erklären ist, und können daher unter dem Sammelbegriff „analytische Ethnologie" zusammengefasst werden (Stellrecht 1993: 34–35).

Der Übergang zur interpretativen Ethnologie begann in den 1960er und 1970er Jahren mit einem wachsenden Einfluss der Philosophie und der Literaturwissenschaften. Zeitgleich veränderte sich die Weltkarte, das Ende des Kolonialismus schritt fort, und euro-amerikanischer Protest an Stellvertreterkriegen – vor allem in Vietnam – hatte Einfluss auf die ethnologische Forschung. Neben der interpretativen Ethnologie entwickelten sich in den USA auch analytische Stränge des Fachs weiter. Ich möchte im Folgenden den zweifellos wichtigsten Ansatz in aller Kürze vorstellen.

Ethnologie in einer postkolonialen Welt

Abgrenzung zum Kulturmaterialismus | 7.2

Exkurs

Der Kulturmaterialismus hat sich in den USA aus den neo-evolutionistischen Ansätzen entwickelt. Seine Vertreter gehen von einer prägenden Kraft der Umwelt auf kulturelle Prozesse aus, sie sehen Kultur somit als ein adaptives System, das sich sinnvoll an objektive Erfordernisse angepasst hat. Die Bücher von Marvin Harris sind oft spannend zu lesen und finden eine Leserschaft jenseits der Fachzirkel. Die Argumente sind leicht nachvollziehbar, dem gesunden Menschenverstand zugänglich und gehen implizit von einer Symbiose von Kultur und Natur aus. Beide sind pragmatisch und zielorientiert. Ein Beispiel: Harris sieht in Speisevorschriften sehr viel Nützliches, vor allem – aus hygienischen Gründen – im Verbot von Schweinefleisch in heißen Ländern und im Verbot des Rindfleischverzehrs in Indien, wo das Rind als landwirtschaftliches Zugtier vor seiner Abschlachtung in Dürrezeiten geschützt wird. Mit diesem Ansatz unterscheidet sich Harris von der französischen Schule, die Gesellschaft aus sich selbst heraus erklären will. Nach Lévi-Strauss sind Speiseverbote Ausdruck eines Klassifikationssystems. Im Strukturalis-

Der Kulturmaterialismus als Gegenstück zur interpretativen Ethnologie

Ausgangspunkt ist die Umwelt

Kultur als adaptives System

mus geht es nicht darum, ob Tiere gut zu essen, sondern ob sie gut zu denken sind. Später warf die Postmoderne Harris vor, dass er von einer gegebenen Umwelt ausgeht und dabei übersieht, dass die Wahrnehmung der Welt niemals ohne kulturellen Standpunkt erfolgen kann. Aus interpretativer Sicht rückt eine „objektive Nützlichkeit" (die bereits als solche in Frage gestellt wird) in den Hintergrund, da wir unsere Speisekarte, auf der weder Hunde und Katzen, jedoch Schweine und Rinder stehen, aufgrund eines historisch bedingten Deutungsprozesses verstehen müssen. In Europa ist der Einfluss der Kulturmaterialisten eher gering und ich werde nicht näher auf diesen Ansatz eingehen.

7.3 | Clifford Geertz, ein Hahnenkampf auf Bali und „Kultur als Text"

Beispiel

Der balinesische Hahnenkampf als semantisches Feld

Wenn die US-amerikanische Kulturanthropologie 1888 mit der Bekanntschaft von Franz Boas und seinem lebenslangen Hauptinformanten George Hunt, und die britische Sozialanthropologie 1915 mit der Ankunft von Bronislaw Malinowski am Strand von Trobriand begann, dann war 1958 ein Hahnenkampf in einem indonesischen Dorf der Auftakt der interpretativen Ethnologie. Clifford Geertz kam zwei Jahre nach seiner Promotion mit seiner Frau nach Bali, wo trotz des staatlichen Verbots ein Hahnenkampf stattfinden sollte. Die Polizei verhinderte die Veranstaltung und schlug alle Anwesenden, die Ethnologen eingeschlossen, in die Flucht, die nun zur Annäherung der US-Amerikaner und der Balinesen führte. Geertz' Essay (Geertz 1983: 202–60 [1972]) über den *Balinese Cockfight* wurde zu einem frühen Klassiker der interpretativen Ethnologie. Der Ethnologe deutet die Balinesen, die wiederum ihre eigene Kultur deuten. Anhand von kleinräumlicher Ethnographic interpretiert Geertz die großen Zusammenhänge und kam zu Aussagen über die balinesische Kultur. Zunächst bespricht er die Metaphorik des Kampfes, die Identifikation der Männer mit ihren Hähnen, dann das System des Wettens, bei dem es vor allem um Status geht, die Relation des Kampfes zu Fraktionen im Dorf und schließlich ist der Kampf „nur für die Hähne ‚wirklich wirklich'" (Geertz 1983: 246 [1972]).

„Das Gemetzel im Hahnenkampfring ist kein Abbild dessen, wie sich die Menschen tatsächlich zueinander verhalten, sondern (was beinahe noch schlimmer ist) davon, wie sie ihr Verhalten unter einem gewissen Blickwinkel wahrnehmen. Dieser Blickwinkel ist natürlich von der sozialen Schichtung abhängig. ... Die Hierarchie des Ehrgefühls, eine eigenartige Verschmelzung polynesischer Titelränge und hinduistischer Kasten, bildet das geistige Rückgrat der Gesellschaft. Doch nur im Hahnenkampf werden die Gefühle, auf denen jene Hierarchie beruht, in ihrer natürlichen Färbung enthüllt." (Geertz 1983: 250–51 [1972])

Die Interpretation fällt recht pauschal aus und hat zu Recht viel Kritik hervorgerufen (Petermann 2004: 998 Fußnoten und 1000). Die von Geertz beschriebenen Gefühle werden sicherlich nicht von allen geteilt. Die Vorwürfe an Geertz lauten, dass er sich als Ethnologe über die Anderen stellt und für sie redet, sie dabei auf Stereotypen reduziert und uns nicht an seinem Weg zur Erkenntnis teilhaben lässt. Richtungsweisend für die 1970er und 1980er Jahre war jedoch seine Aufforderung, Kultur wie einen Text zu lesen. **Kritik**

„Die Untersuchung der Kulturformen findet ihre Parallelen nicht mehr im Sezieren eines Organismus, im Diagnostizieren eines Symptoms, in der Dechiffrierung eines Codes oder im Anordnen eines Systems – wie die vorherrschenden Analogien in der gegenwärtigen Ethnologie lauten –, sondern gleicht eher dem Durchdringen eines literarischen Textes. Betrachtet man den Hahnenkampf oder jede andere kollektiv getragene symbolische Struktur als ein Mittel, ‚etwas von etwas auszusagen' ..., so sieht man sich nicht einem Problem der gesellschaftlichen Mechanik, sondern der gesellschaftlichen Semantik gegenüber." (Geertz 1983: 253 [1972]) **Kultur als Text**

Kritik

Die Metapher „Kultur als Text" hat die Ethnologie eine Zeit lang beschäftigt. Die Vorstellung, dass wir gesellschaftliche Ereignisse und Prozesse, den Bau eines Hauses, ein Ritual, einen Konflikt oder die Folgen einer Naturkatastrophe wie einen Text auslegen, dabei jeden „Satz" im Zusammenhang mit der „Seite" oder dem „Kapitel" und diese in Bezug auf das ganze Buch deuten, war ja nicht abwegig. Die Wissenschaften der Textauslegung – von der Bibel bis zu Gesetzestexten – gaben Hilfestellung. Später wurde jedoch kritisiert, dass sich Gesellschaft und Kultur durch ihre Dynamik auszeichnen, ein Text jedoch starr und manifest sei. Es gebe also nicht die eine autoritative Textform eines Ereignisses. Auf diesen Vorwurf wurde dann erwidert, dass es auch ein offenes, dynamisches Textverständnis gebe, da Texte stets ab- und umgeschrieben werden, von Gedanken in gesprochene Sprache und dann in geschriebene Texte und wieder zurück wandern. Mit anderen Worten: „Kultur als Text" war ein wichtiger Schritt in der interpretativen Ethnologie, bleibt jedoch *umstritten*. Aber genau dies, die Pluralität der möglichen Interpretationen, behauptet die interpretative Ethnologie von Kultur an sich.

7.4 | Hermeneutik

Lebensweg von Geertz

Clifford Geertz hat nach seinem Militärdienst im Zweiten Weltkrieg in Harvard bei Talcott Parsons studiert, kam so zur Soziologie von Max Weber und dem deutenden Kulturbegriff. Später war er Assistent in Chicago, wo er die symbolische Ethnologie kennenlernte, und wirkte von 1970 bis zu seiner Emeritierung in Princeton am Institute of Advanced Studies. Sein Werk gilt als schärfste Zäsur in der Ethnologie in der zweiten Hälfte des 20. Jahrhunderts und als Beginn der interpretativen Richtung. Er lehnte die Metatheorien des Kulturmaterialismus und des Strukturalismus ab und betonte die mikroskopische Feldforschung, die soziale Ereignisse wie Texte auslegt. Er bezieht sich auf die Phänomenologie von Paul Ricoeur (1913–2005) und dessen Hermeneutik, die Wissenschaft der Textdeutung. Diese Disziplin, die ursprünglich die Bibel und später auch philosophische und juristische Texte auslegte, wurde auf kulturelle Prozesse übertragen.

Theorie

Ein Wort ergibt seinen Sinn nur innerhalb des Satzes, dieser nur innerhalb eines Sinnabschnitts, der wiederum nur innerhalb des Gesamttextes zu lesen ist. Der hermeneutische Zirkel beschreibt das tastende Verfahren, mit dem jeweils ein Sinn im größeren Kontext gesucht wird, dann wieder verworfen werden muss, um schließlich zu einer Gesamtdeutung zu kommen. So wie im Beispiel von den Blinden, die über einen Elefanten sprechen und jeweils von ihren sinnlichen Eindrücken an einzelnen Körperteilen berichten, dabei ihre Hypothesen immer wieder verwerfen, so versucht der Ethnologe ein Ding oder ein Ereignis zu verorten. In diesem Sinn sucht die Ethnologie nach Bedeutungen der gesellschaftlichen Semantik.

Der hermeneutische Zirkel

Auf die Frage nach der Tätigkeit des Ethnologen hat Geertz geantwortet: „Er schreibt!" Auch der Begriff „Ethnographie" beinhaltet den Aspekt des Schreibens. Für ihn sind Texte immer Fiktion, nicht als Abgrenzung zwischen dem Realen und dem Fiktiven, sondern *fictio* als etwas Hergestelltes, etwas Gemachtes. Sie sind Deutungen zweiter und dritter Ordnung, denn sie interpretieren die Handelnden, deren Eigendeutung bestenfalls der ersten Ordnung entsprechen kann (Geertz 1983: 23). Mit diesem Augenmerk untersucht Geertz (1990) Schriften von Benedict, Malinowski, Evans-Pritchard und Lévi-Strauss und fragt nach den literarischen Formen, mit denen sich der Autor etabliert und beweist, dass er „dort" gewesen ist. Er entdeckt die Monographie als Literatur und stellt sie somit in einen neuen Deutungszusammenhang. Damit begann für die Ethnologie eine Neuorientierung, deren inhärente Logik – wenn man sie zu Ende denkt – sich nicht weniger problematisch erweist als die Folgen des Kulturrelativismus. Wenn eine kulturrelativistische Sicht in ihrer extremen Form letztlich den Vergleich der Kulturen und somit den Zugang zum Fremden leugnet, so führt die von Geertz eröffnete Perspektive zu einer Nabelschau des Fachs und reduziert das Fremde auf die literarische Form. Ein genauer Blick auf die rhetorischen und sprachlichen Formen, mit denen die Fremdheit der Fremden und die Authentizität der eigenen

Geertz untersucht die literarische Form in Ethnographien

Darstellung historisch erfolgte, hat methodisch das Fundament des Fachs gestärkt, doch darf dies nicht über die Notwendigkeit weiterer Fremdbegegnungen mit ethnologischem Erkenntnisziel hinwegtäuschen.

7.5 | Edward Saids Orientalismus und Johannes Fabians „Othering"

Diskurse nach Foucault

Es gab viele Gründe, die zu einer Krise in der Ethnologie geführt haben. Bereits erwähnt wurden die Debatten nach der Veröffentlichung von Malinowskis Tagebüchern (1967) und nach der Kritik von Freeman (1983) an Mead. In beiden Fällen wurden die Möglichkeiten der Fremdannäherung im Rahmen einer Feldforschung und die Grenzen des Fremdverstehens thematisiert. In der Zeit zwischen den beiden Veröffentlichungen wuchs die Verunsicherung in der Ethnologie hinsichtlich ihrer Erkenntnismöglichkeiten. Die poststrukturale Wende verbreitete von Paris ausgehend den *Diskurs*-Begriff von Michel Foucault (1926–1984), der die Möglichkeiten und Grenzen von Kommunikation aufzeigte. Anders als die Diskursanalyse in der Linguistik, die in mikroskopischer Manier jede Sprechpause, jede Betonung, die rhetorischen Mittel und den gesamten Kontext in die Analyse einbezog, so ging es Foucault als Philosoph um die makroskopische Sicht, um Institutionen und Ideologien, die an den Diskursen über große Themen beteiligt sind. Die Gesellschaft schafft durch ihre Diskurse Ordnungen, Gewissheiten und Wahrheiten; Diskussionen finden innerhalb von Diskursen statt. Der Mensch ist in beiden gefangen.

Nach Said wurde der Orient vom Westen als sein Gegenstück konstruiert

Die Ansätze von Foucault wurden in den USA in sozial- und kulturwissenschaftlichen Fächern mit großem Interesse aufgenommen. Von New York aus verbreitete sich der Begriff *Orientalismus* nach dem gleichnamigen Werk (1978) des Literaturwissenschaftlers Edward Said (1935–2003). Die provokante These lautete, dass die europäischen Kolonialmächte in der ihnen fremden Welt nicht nur Machtstrukturen und ökonomische Abhängigkeiten geschaffen haben, sondern auch ein akademisch verbürgtes Wissen produziert haben, das von den politischen Gegebenheiten nicht zu trennen ist. Den Orient gibt es nicht –

er wurde literarisch und künstlerisch und auch wissenschaftlich konstruiert. Dabei wurde ein nachhaltiges Gegenstück zur
Ideologie und Moral des Okzidents geschaffen. Der Orientalismus erklärte und legitimierte somit die europäische Herrschaft
über das Fremde. In Abhandlungen, Übersetzungen, Berichten,
Erzählungen und Gemälden wurden Bräuche und Sitten skizziert: despotische Herrschaftsformen, blutige Strafen, Bauch-
tanz und Exzesse im Harem bilden heute noch den Hintergrund
von Romanen und Hollywoodproduktionen. Es wirkt wie eine
Ironie der Geschichte, dass diese Vorstellungen von den „einhei-
mischen" Reiseführern für europäische Ferntouristen bereitge-
halten werden. Die Orientalismus-Kritik bezieht sich also auf
diese umfassende Form von Fremdkonstruktion.

Zur heutigen Begrifflichkeit eine kurze Anmerkung: Die
Bezeichnung „Orientalist" und seine adverbialen Formen sind
meist Kampfbegriffe, um Autoren und Werke in einen kolonialen oder zumindest eurozentrischen Kontext zu stellen. Wenn
ich die Diskussionen richtig deute, so wird mit „orientalistisch"
meist eine starre Festschreibung des Fremden gekoppelt mit
einer historisch bedingten Machtposition und mangelnder
Selbstreflexion bezeichnet. Vergessen wird dabei leider, dass
die kritische Aufarbeitung der europäischen Geistesgeschichte
maßgeblich von den „wahren" Orientalisten geleistet wird, denn
der Begriff verweist zugleich auf das Studium der Kulturen und
Sprachen des Orients. Eine renommierte Hochschule in London,
die nicht im Verdacht altvorderer oder reaktionärer Ansichten
steht, heißt „School for Oriental and African Studies", kurz SOAS
genannt und in Deutschland findet regelmäßig der Orientalis-
tentag statt. Zurück zur Problematik der Fremdrepräsentation.

Der Begriff „Othering" bezieht sich auf die künstliche Verfremdung, auf die „Veranderung", die den Fremden fremder
macht, als er ist. In einer philosophisch fundierten Kritik hat
der deutsche Ethnologe Johannes Fabian aufgezeigt, wie die
Vorstellungen und der Gebrauch von Zeit eine Distanz zum beschriebenen Objekt beinhaltet (Fabian 1983). Seine zentrale
These lautet, dass die Fremdrepräsentation, die Ethnologie eingeschlossen, die Zeitgenossenschaft der Fremden leugnet. Nach
einem Vortrag anlässlich des neuen Millenniums an der Universität München berichtete Fabian, wie er zu dieser These kam:

Anmerkung zum
Begriff *Orientalist*

Fremdrepräsentation
leugnet die
Zeitgenossenschaft

Nach einem Essen im Haus eines Belgiers, einem Minenbesitzer in Zaire, lobte Fabian das Essen, die Dame des Hauses ließ den Koch rufen und lobte in seiner Anwesenheit das Menue. Dabei sprach sie so, als *wäre* er nicht da. Sie sprach *über* ihn, obwohl er anwesend war. Fabians Kritik an der ethnologischen Repräsentation zielt genau auf diesen Punkt. In Monographien wird über die Fremden als Abwesende gesprochen, obwohl sie Zeitgenossen sind. Damit werden aus Zeitgenossen Objekte. Aus der Distanz zu ihnen etabliert sich der Ethnologe als Autor und übt eine textliche Kontrolle über die Fremden aus. Fabian sucht das Problem jedoch nicht in der Person des Autors, sondern in unseren Vorstellungen von Zeit und dem sprachlichen Gebrauch von Tempusformen.

7.6 | Die „Krise der Ethnologie" und die *Writing Culture*-Debatte

Die Entstehung der
Writing Culture-Debatte

Wenn man Foucaults, Saids und Fabians Thesen zusammenführt, folgt daraus für die Ethnologie, dass erstens die Forschung von ihren eigenen Voraussetzungen überaus stark geprägt ist, und dass zweitens die Bilder des Fremden in einem politischen und lange Zeiträume überspannenden Kontext stehen. Vor diesem Hintergrund fiel die Bewertung der Debatten um Malinowski und Mead besonders gewichtig aus. Einige Stimmen plädierten für die Abschaffung des Fachs oder zumindest des Kulturbegriffs, den man ihnen zufolge durch „Diskurs" hätte ersetzen können. Andere suchten nach Auswegen aus der Zwickmühle. Es war ein Klimawandel mit ungewissen Folgen. Auf der Suche nach einem Ausweg fand ein Jahr nach Freemans und Fabians Veröffentlichungen ein Seminar statt, aus dem der Sammelband *Writing Culture* (Clifford und Marcus 1986) hervorgegangen ist. Die stärkere Orientierung der Ethnologie an erkenntnistheoretischen Fragen aus Nachbarfächern, die sich mit der kulturellen Produktion von Texten oder Ideologien beschäftigen, deutet bereits der Untertitel an *The Poetics and Politics of Ethnography*. Die *Writing Culture*-Debatte entpuppte sich zum Zwilling der „Krise der Ethnologie", denn beide verwiesen auf die gleiche Problematik.

James Clifford, einer der bekanntesten Ethnologen der Gegenwart, bezieht sich in seinem einleitenden Artikel im genannten Sammelband explizit auf Foucault und Said und kommt zu folgendem Fazit.

„Das Verfassen und Lesen von Ethnographie wird letztlich von Kräften jenseits der Kontrolle des Schreibers und der Leser (*interpretive community*) bestimmt. Die Zufälligkeiten von Sprache, Rhetorik, Macht und Geschichte, müssen im Prozess des Schreibens offen angegangen werden. (...) Doch diese Konfrontation bringt das dornige Problem der Verifizierung mit sich: Wie werden die Wahrheiten der kulturellen Beschreibungen bewertet? Wer hat die Autorität, die Wissenschaft von Kunst, Realismus von Phantasie und Wissen von Ideologie abzugrenzen?" (Clifford 1986: 25, Übersetzung FH).

Clifford setzt nicht am Erkenntnisprozess an, sondern am Prozess des Schreibens, der selbstredend ein Ort der kulturellen Produktion ist und sich tiefer reflektieren lässt als die Interpretation eines Rituals. Das Schreiben beginnt jedoch bereits im Feld. Das Titelbild von *Writing Culture* zeigt Stephen A. Tyler, einen Autor des Bandes, auf der Veranda einer strohgedeckten Hütte mit Stift und Notizblock und dient Clifford als Ausgangspunkt. Der Weg vom ersten Eindruck zur Verschriftlichung und der Reduktion des Erfahrenen auf einige Druckseiten führt immer zu *partial truths*, so der Titel seines Essays. Mit dem Wortspiel sind sowohl „Teilwahrheiten" als auch „parteiische Wahrheiten" gemeint.

Das ethnographische Schreiben als Untersuchungsgegenstand

James Clifford und Teilwahrheiten | 7.7

Eine zentrale Frage der *Writing Culture*-Debatte richtet sich folglich auf die literarische Form. Wie begegnet man dem Umstand, dass Ethnographien immer kontextabhängig und persönlich eingefärbt sind, die Feldforschung durch Unwägbarkeiten und Zufälle geprägt ist und ein Argument stets für und auch gegen eine wissenschaftliche Position steht? Die Einsicht, dass Schreiben immer eine Wahl von rhetorischen Mitteln voraussetzt und

Der Fremde entsteht mit seiner Repräsentation

eine bestimmte narrative Struktur bevorzugt, hat weit reichende Folgen, denn die im Text Beschriebenen waren im Feld Akteure und laufen Gefahr, zu reinen Objekten zu werden. Eine genauere Beschäftigung mit den sprachlichen Mitteln legt die These nahe, dass die Fremden in den Ethnographien nicht beschrieben, sondern geschaffen werden. Allein das Wort „beschreiben" suggeriert, dass auf einem leeren Blatt ein Eindruck oder ein Gedanke – meist flüchtiger Natur – in eine feste, dingliche Form gebracht wird. Dies trifft selbstredend auch auf das Sprechen zu, denn der Sprecher verliert den Einfluss auf seine Worte, sobald er sie ausgesprochen hat. Die Einsichten von Foucault und Said sind deshalb so weit reichend, weil sie die Voraussetzungen und die Wirkungen des ethnologischen Projekts betreffen.

Kommunikative Akte schaffen soziale Realitäten

Es ist an dieser Stelle hilfreich, sich die Wirkung und Bedeutung von kommunikativen Prozessen, im engeren Sinn von Sprache (*langue* und *parol*), vor Augen zu führen. Wenn ich sage „Du bist mein Freund", so kann dies bedeuten, dass ich eine Beziehung bestätige, die den Beteiligten bekannt ist, oder auch damit eine neue soziale Tatsache schaffe. Wenn dieser Satz zwischen Regierungschefs gesprochen wird, so hat er geopolitische und volkswirtschaftliche Folgen. In jedem Fall schaffen kommunikative Akte soziale Realitäten. Eine gesellschaftlich normierte Dimension haben die Worte von Standesbeamten oder Richtern. Wer als Ethnologe in einem wissenschaftlichen Verlag oder in einer Fachzeitschrift Aussagen über Fremde macht, trägt mit einer spezifischen Autorität zum Fremdbild bei. Worte sind also niemals unschuldig. Gelegentlich wenden sich auch die Beschriebenen an die Autoren. Der Botschafter eines afrikanischen Staates beklagte in seinem Vortrag am Münchener Institut für Ethnologie das Image seines Landes, das schlechter als die Infrastruktur, die Verwaltung und die Rechtssicherheit und somit investitionshemmend sei. Er rief die Anwesenden auf, dies zu korrigieren. Wirtschaftsförderung zählt zwar nicht zu den primären Aufgaben der Ethnologie, doch steht seit der *Writing Culture*-Debatte die Pflicht im Raum, über die Wahl seiner sprachlichen Mittel und die Wirkkraft von Fremdbeschreibungen nachzudenken.

Mit der Fremdbeschreibung konstruiert sich der Autor selbst

Der Ethnograph schreibt nicht nur über seine Gastgesellschaft, sondern mehr oder weniger explizit auch über sich. Die bereits zitierte Beschreibung von Malinowski allein am Strand einer Insel mit dem Blick auf das am Horizont verschwindende Boot sagt auch etwas über ihn aus. Er weckt Assoziationsketten beim Leser und wird zum einsamen Helden. George W. Stocking (1983), vielfach ausgewiesen in der Geschichte der Ethnologie, „hat die literarischen Kunstgriffe der Argonauten (ihre einvernehmenden narrativen Konstruktionen, die Verwendung des Aktivs im „ethnographischen Präsens", trügerische Dramatisierung der Teilhabe des Autors am Leben der Trobriander) sorgfältig analysiert" (Clifford 1993: 119 [1983]). Auch Clifford (1993) geht es in einem einflussreichen Essay (*Über ethnologische Autorität*) um die *Form* der textlichen Repräsentation in den ethnologischen Klassikern. Die im Text konstruierte Rolle des Ethnologen, seine Autorität und Stilmittel der Fremdrepräsentation bilden einen Strang der Debatte (vgl. auch Geertz 1990 [1988]). Einen anderen Strang bilden die Möglichkeiten, die Autorität zu teilen.

Dialogische Texte, Vincent Crapanzano und Tuhami | 7.8

Theorie

Die Frage richtet sich also nach der textlichen Form einer Ethnographie, die Foucaults, Saids und Cliffords Überlegungen einbezieht. Schlagworte in dieser Debatte sind (1) fragmentarisch, (2) prozesshaft, (3) dialogisch, (4) polyphon und/oder (5) selbstreflexiv. Also: Wenn wir die ethnographische Erfahrung als bruchstückhaft (1) und Fremdverstehen als keinesfalls abgeschlossenen Prozess begreifen (2), so sollte sich dies in der Repräsentationsform widerspiegeln. Texte sollen auch Zweifel beinhalten. Ethnologen sollen nicht über ihre, sondern mit ihren Gewährsleuten sprechen (3). Da die Gastgesellschaft sich zudem in einer Vielzahl von Stimmen äußert (4), muss diese Pluralität in den Text einfließen. Geist und Körper des Ethnographen müssen in die Beschreibung einfließen, denn sie sind die Filter (5), durch den die Fremden nun eigene Stimmen bekommen. Dazu zählt selbstredend der Feldforschungskontext wie die zuvor absolvierte wissenschaftliche Sozialisation. Wie dies in der Praxis umgesetzt werden kann, soll ein Beispiel illustrieren.

„Tuhami" als
selbstreflexiver Text
einer dialogischen
Ethnographie

„Tuhami" ist der Name eines arabisch-marokkanischen Ziegel-
brenners und zugleich der Titel von Vincent Crapanzanos postmoderner Ethnographie. Tuhami, Mitte vierzig, unverheiratet
und in vieler Hinsicht ein Außenseiter, wird in diesem Werk anhand zahlreicher Gespräche vorgestellt. Crapanzano beschreibt,
wie er ihn kennenlernt und wie sich seine Beziehung zu ihm im
Laufe der Forschung verändert. Tuhami berichtet, dass er mit
einer kamelfüßigen Dämonin liiert sei und deshalb keine Beziehung zu anderen Frauen haben könne, ein Schicksal, das er
mit anderen Männern teile. Crapanzano, als US-amerikanischer
Intellektueller mit den Prinzipien der Psychotherapie vertraut,
versucht ihm zu helfen, ihn zu therapieren, doch es misslingt.
Die Dialoge wurden über weite Strecken in Übersetzung wieder-
gegeben und ergänzt durch Beobachtungen „(Tuhami wurde
rot)" (Crapanzano 1983: 129 [1980]) und Erinnerungen: „Ich begriff damals nicht, daß das Reale metaphorisch für das Wahre
stand – und nicht einfach identisch mit ihm war" (Crapanzano
1983: 174 [1980]). Für den Leser wird die Position des Ethnographen transparent, er kann den Forschungsprozess nachvollziehen und sich ein eigenes Bild von Tuhami machen.

Kritik

Poetische und offene
Texte als Problem

Die Umsetzung der *Writing Culture*-Forderungen führte jedoch
nicht in jedem Fall zu einem so lobenswerten Werk wie *Tuhami*.
Oft entstanden „Dokumente der Mutlosigkeit" (Kohl 1993: 127),
denn viele moderne Ethnographen vermeiden Aussagen, verstecken sich hinter den Zitaten ihrer Gewährsleute, stellen sich
selbst unentwegt in Frage, produzieren poetische und offene
Texte, ohne dem Leser eine Orientierung zu geben. Zudem hat
der Autor den imaginierten Leser seiner Gastgesellschaft im
Sinn, dessen Erwartungen er auch gerecht werden will. Er ist
überfrachtet mit Komplexität und Zweifel und schiebt sie wie
einen schwarzen Peter weiter an seine Leserschaft. Die zugrunde liegenden Probleme wurden hinreichend erkannt, doch
stellen sich jeweils neue Probleme bei den Versuchen, die genannten Forderungen umzusetzen.

Chancen und Perspektiven | 7.9

Wenn man zur Schadenfreude neigt, so könnte man behaupten, dass die Ethnologie durch ihre ständige Selbstreflexion
den Ast der Fremderkenntnis, auf dem sie sitzt, selbst absägt.
Die Probleme liegen auf der Hand: Der Gegenstand der Ethno-   Probleme der
logie entsteht aus kultureller Differenz, doch diese zu themati-   Fremdbeschreibung
sieren und zu beschreiben erweist sich als problematisch. Ers-
tens ist das Verhältnis zu den Fremden durch die Kolonialzeit
geprägt, die nicht nur Machtverhältnisse, sondern auch Literatur und Kunst hervorgebracht hat, und schließlich zu einem
Korpus von „Wissen" führte, das wir nicht einfach ablegen können. Zweitens entstanden die sozial- und kulturwissenschaftlichen Untersuchungsmethoden im Zusammenspiel mit unserer eigenen und nicht der fremden Gesellschaft. Die Methoden
setzen das Bekannte voraus und versperren den Blick auf das
wirklich Fremde. Das „Beforschen" und „Beschreiben" der Anderen weist dem Ethnologen per Definition eine aktive Rolle
zu, er ist der Ethnograph, und macht seine Gastgesellschaften
zu „Objekten". Was oft als Krise beschrieben wurde, erwies sich
als große Chance. Aus dieser Methoden- und Repräsentations-
kritik entstehen neue Formen der Feldforschung und der Dar-
stellungen.

Für die ethnologische Forschung möchte ich zwei Entwick-   Die Folgen der Debatte
lungen nennen, die als Folgen der Krise bezeichnet werden kön-
nen. Erstens haben Ethnologen ihre Untersuchungsgegenstände   Neue Vergleichs-
neu formiert; es geht nicht mehr um ganze Gesellschaften –   horizonte
der Hahnenkampf als Ausdruck „der gesamtgesellschaftlichen
Semantik" –, sondern um spezifische Interpretationsfelder. Die
Genderethnologie fragt nach geschlechtsspezifischen Konzepten im Bereich von Arbeit, Recht, Genealogie, Zeit- und Raum-
ordnungen und schafft so eine Interpretation zweiter Ordnung.
Die Medizinethnologie untersucht Vorstellungen von Krankheit
und Gesundheit, von Geist und Körper, von Religion und Heilung und zielt auf dieses Interpretationsfeld in einer spezifischen Gemeinschaft. In einem zweiten Schritt erfolgt der Vergleich von diesen lokal gebundenen Interpretationsmustern
mit denen anderer Gesellschaften. So entstehen beispielsweise
Vorstellungen über Performanz, Rhetorik oder Visualität in

einem kulturvergleichenden Sinn. Es steht also nicht mehr die Gesellschaft der Trobriander im Vergleich mit der der Kwakiutl, sondern spezifische Ausformungen kultureller Produktivität werden behutsam diskutiert.

Die Macht der Repräsentation als Chance

Die generelle Voreingenommenheit der Betrachter wird dabei ebenso mitgedacht wie die konkreten Entstehungsprozesse der Ergebnisse. Die Form der Darstellung legt die Perspektive und die Fragehorizonte der Ethnographen offen, sie lässt abweichende Stimmen zu Wort kommen. Die Ergebnisse sollen als ein Beitrag zu einer Annäherung, als Teil eines Prozesses, und nicht als absolutes Ergebnis verstanden werden. Im Unterschied zu den frühen Monographien, bei denen ich die Klarheit und den Mut zur Gesamtaussage schätze, liegt nun ein stärkeres Bewusstsein darüber vor, dass die Autoren ihre Gegenstände diskursiv schaffen. Eine Theorie zur Performanz, zur Rhetorik oder zur Visualität verändert meinen Blick, meine Bewertung des Eigenen und des Fremden, und somit auch die Fakten. Anstatt in Resignation zu versinken, die sich aus der Eingebundenheit des Individuums in das Kollektive ableiten ließe, kann dieselbe Einsicht auch das Gegenteil bewirken. Wenn schon alles konstruiert ist, so sollen wir mit aller Kraft und Freude an diesem Prozess teilhaben! Koloniale Vorstellungen können verändert werden. Neue Themen, neue Chancen.

Das Fremde im Eigenen

Neue Arbeitsfelder der Ethnologie

Die zweite Folge aus der Krise ist die Lokalisation des Fremden im Eigenen. Ethnologen haben zwar schon immer die eigene Gesellschaft eingeschlossen; so verfasste R.H. Lowie bereits 1914 ein Portrait der Deutschen. Doch heute findet die ethnologische Forschung gleichermaßen und gleichberechtigt im eigenen Land statt. Die pragmatischen Gründe ergeben sich zunächst aus dem Ende der Kolonialzeit, denn Ethnologen können nicht mehr ungehindert in der Fremde forschen (sie brauchen Genehmigungen!) und die Fremden kommen als Akademiker, Händler oder Asylsuchende nach Europa und Nordamerika. Der Erkenntnis, dass das Fremde immer dem gehört, der es denkt, das Fremde also schon immer im Eigenen war (weil es für einen Identifikationsprozess unabdingbar ist), folgten nun die Migranten und schufen mit der Diaspora neue Untersuchungsfelder. Die Aufarbeitung der eigenen Fachgeschichte, der Völkerkundemuseen, der Repräsentationsformen auf Weltausstellungen und Menschenschauen bis zur Darstellung von Minderheiten in heutigen Massenmedien erweitert die Themen und Räume, in denen ethnologische Forschung stattfindet. Wie gehen deutsche Behörden, Unternehmen, Hilfsorganisationen oder Bürger, z.B. als Vermieter oder Arbeitgeber, mit Fremden um? Wie nehmen die Fremden ihre neue Umwelt wahr und welche Aushandlungsprozesse folgen? Das Fremde ist plötzlich um uns und in uns, und die Ethnologie steht bereit, es zu untersuchen. Aus dieser Chance wächst die Gefahr, dass sich die Ethnologie für alles zuständig fühlt, die von der Wissenschaftsförderung eingeforderte Interdisziplinarität bravourös einlöst, doch dabei das eigene Profil verwässert. Interdisziplinarität setzt nicht nur Disziplin, sondern auch eigenständige Disziplinen voraus. Es ist ein Gebot der Stunde, die fremdkulturelle Erfahrung weiterhin in der kulturellen Fremde zu suchen und nicht ausschließlich in ihrer verdünnten Form daheim. Fremd ist das Eigene nur in der Fremde.

Fragen

1 Worin unterscheiden sich die analytischen und die interpretativen Richtungen in der Ethnologie?
2 Wie grenzt sich der Kulturmaterialismus von der interpretativen Ethnologie ab?
3 Was meint Clifford Geertz, wenn er „Kultur als Text" beschreibt?
4 Was ist mit dem Begriff „Orientalismus" gemeint?
5 Was meint Johannes Fabian mit „Veranderung" (*othering*)?
6 Was fordert die *Writing Culture*-Debatte?

Antworten

1 Analytische Ansätze in der Ethnologie gehen davon aus, dass es objektive Wahrheiten gibt, die es zu untersuchen und zu analysieren gilt. Interpretative Ansätze hingegen sehen den Menschen als deutendes Wesen und die Aufgabe der Ethnologie darin, diese Deutungen zu interpretieren.
2 Der Kulturmaterialismus geht von der objektiv prägenden Kraft der Umwelt auf die kulturellen Prozesse aus. Kultur ist

somit für den Menschen nützlich und kann als ein adaptives System beschrieben werden.

3 Kultur äußert sich in Handlungen, die Botschaften vermitteln. Um diese Handlungen zu entschlüsseln, sollte man sie methodisch wie literarische Texte behandeln und eine Lesart entwickeln, um sie zu verstehen.

4 Ausgehend vom gleichnamigen Werk von Edward Said wird unter „Orientalismus" eine verfremdende Konstruktion von Fremdheit verstanden, die mit akademisch verbürgtem Wissen, mit Kunst und Literatur die Herrschaft Europas über den Orient erklärt und legitimiert.

5 Fabian wirft der Ethnologie vor, durch den Prozess des Schreibens eine Distanz zwischen uns und den Anderen aufzubauen, sie zu verfremden oder zu „verandern", anstatt sie uns näherzubringen. „Othering" kann somit als eine künstliche Verfremdung bezeichnet werden.

6 Die *Writing Culture*-Debatte fordert eine Reflexion über die Art und Weise, wie das Fremde in Ethnographien dargestellt wird, und ermutigt zu experimentellem Schreiben. Dabei sollen auch die Fremden eine Stimme bekommen und die Feldforschungssituation und der Erkenntnisprozess sichtbar werden.

Postmoderne und postkoloniale Diskurse | 8

Moderne und Postmoderne | 8.1

Mit der Moderne entstand in Europa eine neue Weltsicht. Die Idee der „freien" Marktwirtschaft schuf Rahmenbedingungen und Handlungsräume, die das Menschenbild vom Homo oeconomicus täglich neu zu beweisen schienen. Der Staat entstand als vom Menschen gemachte Einheit. Er hob sich nicht nur in der Form, sondern auch in der Ursprungsvorstellung vom Gegebenen, Tradierten und den von Gott gewollten Gesellschaftsformen ab. Die Ideologie des Individualismus ging weit über die Vorstellung vom Menschen als kreativen und reflexiven Agenten hinaus und verortete im Einzelwesen den höchsten Wert, der sich über den der Gemeinschaft erhob und nur zu Kriegszeiten aufgehoben wurde. In der Wissenschaft etablierte sich der Positivismus und mit ihm die Gewissheit, dass man auf alle Fragen eine fundierte und objektive Antwort finden kann. Der Geist war nicht mehr in „Traditionen" gefangen, die die Welt mit den Religionen oder dem Brauchtum der Vorväter erklärt, sondern wurde mit positivem Wissen erfüllt, das (natur-)wissenschaftlich generiert wurde und als absolut galt.

Die Moderne

Die Postmoderne bricht mit den Prämissen der Moderne. Es gibt keine freie Marktwirtschaft als Gesetz, sondern Produzenten und Konsumenten agieren in einem ideologiegesättigten System nach Konventionen, die auch ganz andere sein könnten. Die Naturwissenschaften sind Teil eines kulturellen Systems, das die Leitfragen formuliert und nur bestimmte Antworten zulässt. Wissen kann niemals objektiv sein, sondern entfaltet sich in gesellschaftlichen Verhältnissen. Es erfährt seine Gültigkeit nur innerhalb kultureller Grenzen und erscheint daher gerade im Hinblick auf das Fremde als problematisch. Folglich wurde die Moderne als Ideologie entlarvt. Skepsis, Zweifel und Selbst-

Die Postmoderne

reflexion dienen nun als Ausgangspunkt für Diskurse, die altes Wissen dekonstruieren und neue Sichtweisen anbieten. Die Postmoderne erwies sich als umfassende Gesellschaftskritik.

Die Postmoderne in der Ethnologie

Da die Ethnologie seit der interpretativen Wende ihre eigenen Grundlagen hinterfragt, fiel dieses Denken auf fruchtbaren Boden. Clifford Geertz bezeichnet das kulturelle System als einen *common sense*, „einen relativ geordneten Gesamtkomplex bewußten Denkens", der seine kulturelle Konstruiertheit meist leugnet (Geertz 1983: 261–88 [1975]). In der Tat wird dieser Gemeinsinn unterschätzt und nur ein kleiner Teil unserer Grundannahmen gerät bei Nachfrage ins Wanken. Die *Writing Culture*-Debatte hat auf die literarische Form der Ethnographien und die Repräsentationsmacht hingewiesen und damit viel bewirkt. Diese Wende wird meist als Beginn der postmodernen Ethnologie verstanden. Die Entwicklungen, die folgten, möchte ich unter zwei Rubriken zusammenfassen. Erstens erfolgte eine stärkere Einbeziehung der poststrukturalen Philosophie, vor allem mit Bezug auf Foucault, und damit auch eine Neubewertung der Fachgeschichte. Zweitens entstanden eine Reihe postmoderner Ethnographien. Nach meiner Lesart bilden diese Werke jedoch einen nur sehr kleinen Teil der Textproduktion und nur wenige Ethnologen würden sich ohne Zögern oder nur mit Einschränkungen zur Postmoderne zählen. Die üblichen Antworten auf die Frage der Zuordnung verweisen darauf, dass es *die* Postmoderne nicht gebe – eine in der Tat postmoderne Antwort. Hingegen haben wohl die meisten Ethnologen die Postmoderne zur Kenntnis genommen und wurden mehr oder weniger von ihr beeinflusst. Wer heute ohne jeden Selbstzweifel, der in der einen oder anderen Weise mit der Postmoderne verbunden werden kann, forscht, muss sich mit dem Vorwurf der mangelnden Selbstreflexivität auseinandersetzen. Doch zunächst zum französischen Einfluss.

Michel Foucault, Jean-Paul Dumont und Renato Rosaldo

| 8.2

Michel Foucault wird als Poststrukturalist nicht zu den postmodernen Denkern gezählt, doch keiner hat die Postmoderne stärker geprägt als er. Am Collège de France erhielt er 1970 einen Lehrstuhl für die „Geschichte der Denksysteme" (zur Biographie siehe Eribon 1999). Mit seinem Werk über die Grundlagen des modernen Europas, vor allem über die Mechanismen der Herrschaft, die Disziplinierung durch das Gesetz, die Einführung von Gefängnissen und geschlossenen Psychiatrien, über Sexualität, Wissen und Macht hat er weit über die Grenzen der Wissenschaft in eine intellektuelle Öffentlichkeit hinein gewirkt. Für Foucault sind Wissen und Macht untrennbar miteinander verbunden. In öffentlichen Diskursen, eine durch Regeln geleitete kommunikative Praxis, entsteht Wissen und somit Gewissheiten, die als Wahrheiten gelten. Die Beziehungen zwischen zwei Personen oder Gruppen werden durch dieses Wissen vorstrukturiert. In der konkreten Interaktion konstituieren sich Machtbezüge. Macht kennt keinen Eigentümer, sondern entsteht im Kontext, sie fördert die Gegen-Macht und ist niemals einseitig. Foucault unterscheidet Macht von Gewalt und Herrschaft und sieht in ihr auch den kreativen Moment, der Wissen hervorbringt. Macht ist in umfassende Dispositive eingebunden, mit denen sich die Gesellschaft selbst organisiert. Politik, Psychiatrie, Pädagogik, Sexualität, Wissen und andere Dispositive wirken zugleich repressiv und produktiv. (Foucault 1978)

Macht nach Michel Foucault

Beispiel zum Machtdispositiv

Von diesem Machtverständnis geht auch Jean-Paul Dumont aus, der sich zehn Jahre nach seiner Feldforschung bei den Panare-Indianern in Venezuela mit dem komplizierten Verhältnis zwischen ihm und seiner Gastgesellschaft beschäftigt. Als Ethnologe versuchte er an das Wissen der Indianer zu kommen und wollte sich durch Geschenke und Medizin einen Zugang eröffnen. Beides, Wissen und Gaben, sind untrennbar mit der Macht der beiden Seiten verbunden und keine existiert ohne die andere. Beide entstehen im Prozess. In seinen ersten Abhandlun-

Von der Walnusstheorie zur konstruierten Wahrheit

gen verfolgte er noch eine „Walnusstheorie", nach der ein Ethnologe eine fremde Kultur so sorgfältig „knacken" muss wie eine Walnuss, um an deren unbeschädigten Kern zu gelangen. Im Rückblick sieht Dumont seine Interpretation der Panare als Produkt einer gegenseitigen Konstruktion. Die Indianer konnten den Ethnologen weder zu den Kreolen noch zu den Missionaren zählen und (er)fanden für ihn eine neue Kategorie, den „Haarigen". Dumont agierte und reagierte in dem Prozess, erfuhr zunächst Ablehnung und später Anerkennung. Sein Denken oszillierte zwischen Objektivierung und *going native* und führte oft in Selbstgespräche. Seine Identität entstand im Forschungsprozess, sie wurde gemeinsam konstruiert, so wie auch im gleichen Prozess die Fremden geschaffen wurden, „[...] reality, ethnographic reality, is actively constructed, not to say invented." (Dumont 1978: 66) In diesem postmodernen Verständnis entsteht Wissen und Wahrheit in Kontexten und kann nur dort Gültigkeit beanspruchen. Was uns Jean-Paul Dumont über die Panare berichtet, kann als Ergebnis seiner Begegnung – und nicht für mehr als genau diese – stehen. Das Problem der Verallgemeinerung steht dennoch im Raum. Selbst wenn die Erfahrung spezifisch und die Interpretation autorenbezogen bleiben, so leistet spätestens der Leser den Schritt zur Verallgemeinerung. Dies trifft auch auf die folgende Schrift zu, die zum Kanon der postmodernen Ethnographien gezählt wird.

Beispiel zum emotionalen Nachvollziehen

Trauer und Wut bei Kopfjägern

Renato Rosaldo berichtet in seinem viel zitierten Essay, wie seine persönliche Erfahrung nach dem Tod seiner Frau Michelle seine Interpretation der Kopfjagd veränderte. Gemeinsam hatten sie im nördlichen Hochland der Philippinen bei den Ilongot bereits 30 Monate (1967–69 und 1974) geforscht, als sich 1981 der tragische Unfall ereignete. Auf einem Gebirgspfad rutschte Michelle Rosaldo aus und stürzte in die Tiefe. Die emotionale Verarbeitung des Todes, die Erfahrung der Trauer und die Nähe von Kummer und Wut erfolgte bei Renato Rosaldo vor dem Hintergrund früherer Trauerfälle in seiner Familie, aber auch vor dem Hintergrund dessen, was ihm die Ilongot seit Jahren berichtet hatten, er jedoch nie verstehen konnte. Nach einem Trauerfall, so wurde ihm gesagt, gehen die Ilongot aus Wut auf die Kopfjagd, um den Kummer zu ertragen. Diese Erklärungen waren für Rosaldo „mager, dunkel, unplausibel, stereotyp oder sonstwie unbefriedigend" und er wischte sie beiseite (1993: 377). Vierzehn Jahre nach dem Tod seiner Frau spürte er angesichts des schmerzhaften Verlustes die Wut, die in der nordamerikanischen Kultur gewöhnlich ignoriert oder unterdrückt wird, und von der Therapeuten sagen, dass man sie zulassen soll (1993: 384). Rosaldo wusste, dass seine Trauer sich selbstredend von der der Ilongot unterscheidet, doch hat ihm die Erbitterung im Schmerz um den Verlust seiner Frau einen anderen Zugang zur Kopfjagd vermittelt. Er folgert daraus, dass der Ethnologe, wie jeder Mensch, ein „positioniertes Subjekt" mit einem bestimmten Blickwinkel ist, doch dass die ethnologische Feldforschung eine neue Positionierung ermöglicht und der Ethnologe daher bestimmte Dinge besser verstehen kann als andere (1993: 398).

Kritische Ethnologie

| 8.3

Der Ethnologe, der seine eigene Gesellschaft verlässt und sich den Standpunkten der Fremden annähern möchte, sieht seine eigene Kultur mit anderen Augen. Unter der Bezeichnung „kritische Ethnologie" (*critical anthropology*) blickten in den 1980er Jahren viele Ethnologen aus der Ferne zurück auf das Eigene, um es fremdkulturell informiert zu hinterfragen. Ethnologie wurde zur Kulturkritik (vgl. Marcus und Fischer 1986). Der Anspruch des Dialogs beinhaltet die Forderung, dass ein Ethnologe in seiner Beschreibung der Fremden deren Blick auf sich einschließt. Dies darf sich jedoch nicht allein auf erhellende Situationen aus der Feldforschung beschränken, sondern die Ethnologie muss Kritik an westlichen Wissenssystemen ernst nehmen.

Ethnologie als Kulturkritik

Die indische Ethnologin Veena Das bemerkt zu Recht, dass man Stimmen aus dem südasiatischen Subkontinent nur als Informanten gewertet hat, um sie dann in einem westlichen Wissenssystem zu verwerten. Ihre These „Andere Kulturen erlangen

Andere Wissensformen jenseits des Logozentrismus

Legitimität nur als Gegenstände des Denkens – niemals als Instrumente des Denkens" (Das 1993: 410) verweist nicht nur auf eine Schwachstelle, sondern auf eine Haltung im ethnologischen Diskurs, dem jedoch die kognitive Ethnologie und der Strukturalismus zeitweilig entgegengearbeitet haben. Mit seinem Werk *Das Wilde Denken* hatte Lévi-Strauss (1968 [1962]) genau den Versuch unternommen, den Das vermisst. Die postmoderne Kritik lautet hier jedoch, dass ein französischer Ethnologe wieder *über* die Fremden schreibt, ohne ihren Stimmen Raum zu schenken. Afrikanische, indische und israelische Philosophen fordern die Abkehr vom eurozentrischen Logozentrismus und

Tanz als Wissensform

die Anerkennung anderer Wissensformen und anderer Vernunftkonzepte (Hornbacher 2005: 19). Ausgehend von diesem Desiderat untersucht Annette Hornbacher in ihrer ethnographisch fundierten Studie den balinesischen Tanz als „kinästhetische Darstellungsform von kosmologischem und metaphysischem Wissen" (Hornbacher 2005: 21). Gesellschaftlich geteiltes Wissen wird hier in Tanzformen ausgedrückt, auf Bühnen inszeniert und somit an die Zuschauer vermittelt.

Tylers Bekenntnis
zur Evokation

Die Diskussion um andere Wissensformen und die Kritik der abendländischen Wissenschaftstraditionen haben sich gegenseitig bedingt. Stephen A. Tyler, einer der Autoren des Bandes *Writing Culture* (Clifford und Marcus 1986), hat ausgehend von der ethnologischen Repräsentationsfrage die abendländische Philosophie neu gelesen und seine eigene Interpretation eines eurozentrischen Erkenntnismodells vorgelegt (Tyler 1991 [1987]). Er sieht in der „Relation von geistiger Idee und sinnlicher Repräsentation die Grundstruktur des ethnologischen Verstehensmodells und des wissenschaftlichen Objektivitätsideals, die er beide als Produkte abendländischer Metaphysik deutet." (Hornbacher 2005: 93) Die ethnologische Repräsentationskrise erweist sich für ihn somit nur als Folge der Textproduktion oder vielleicht der Bildung von sprachlichen Allegorien überhaupt. Für Tyler ist die Frage nach Wahrheit obsolet. Basierend auf seiner Feldforschung in Indien bei den Koya, einer schriftlosen Gesellschaft, zeigt er, dass Denken nicht notwendigerweise zwischen „Sein und Schein" unterscheiden muss. Für die Koya ist das real, was sie sinnlich wahrnehmen. Den abendländischen Diskurs seit der griechischen Antike, der zwischen dem Augenscheinlichen und dem Wesen der Dinge unterscheidet, bezeichnet er als eurozentrisches Konstrukt. Nach Tyler leistet Sprache keine Abbildung oder Kommentierung der Welt, sie bringt sie hervor. Wer etwas sagt, schafft Tatsachen. Der Ausweg aus der Repräsentationsdebatte liegt somit im Bekenntnis zur Evokation, ein oft zitiertes Zauberwort der postmodernen Welt. Ethnologen bilden keine Wirklichkeiten ab, sie bringen sie mit ihrer evokativen Kraft hervor. Der überwiegende Teil der Kritik an diesem radikalen Ansatz wurde auf Konferenzen in Kaffeepausen geäußert, zumal Tyler als interdisziplinär belesener Wissenschaftler kein einfacher Gegner war. In ihrer kritischen Würdigung weist Annette Hornbacher darauf hin, dass sein Ansatz unreflektierte Aussagen und Parolen nicht von differenzierten Beschreibungen unterscheidet und letztlich auch das Denken der Fremden mystifiziert (Hornbacher 2005: 92–100).

Worte schaffen Tatsachen

Die Postmoderne hat die Ethnologie in einer anderen Weise politisiert als die vorangegangenen Diskurse. Die Aktionsethnologie – mit der ethischen Forderung an den Ethnologen, der Loyalität gegenüber der Gastgesellschaft Vorrang zu geben – und die Entwicklungsethnologie – mit dem Aufruf zu einer kritischen Evaluierung der westlichen Interventionen in den jungen Nationalstaaten – waren pragmatisch orientiert und umsetzbar. Sie führten zu Formationen, die geschlossen auftraten. Die Agenda der Postmoderne erwies sich jedoch als allumfassend und methodenorientiert. Der direkte Bezug zu den philosophischen Fragen nach den Möglichkeiten der Erkenntnis, die Zusammenführung von Wissen und Macht und die sich daraus ableitenden ethischen Forderungen waren in der Summe so übermächtig und dennoch diffus, dass sich kaum eine pragmatische Leitlinie für gesellschaftlich verantwortbares Handeln ableiten ließ. In den USA hatte die ethnologische Postmoderne zwar einen Einfluss auf nationale Debatten über Multikulturalismus, in Europa fand sie ihren Niederschlag jedoch primär in akademischen Debatten und den Kreisen von Literaten und Künstlern (Nugent 2004: 443). Die öffentliche Verwendung des Kulturbegriffs wurde ebenfalls beeinflusst, doch nicht so stark, um eine nationale Verwendung des Begriffs „Leitkultur" zu verhindern.

Die Postmoderne als politische Agenda

8.4 | Postkoloniale Studien

Neuinterpretation
von Literatur als
politischer Akt

Die *Postcolonial Studies*, zu denen die postkoloniale Ethnologie zählt, ist eine aus den Literaturwissenschaften, vornehmlich aus der Anglistik und hier aus der Commonwealth-Literatur entstandene Forschungsrichtung. Die anti-koloniale Kritik, der Widerstand gegen die Fremdherrscher und durch Migration und Diaspora beeinflusste Identitäten wurden literarisch und literaturwissenschaftlich thematisiert. „The Empire writes back" wurde zum Schlagwort einer Neuorientierung. Die Zentralität der europäischen Textproduktion wurde ebenso in Frage gestellt wie das Monopol der Auslegung. Kanonische Texte wurden erneut „gelesen", wobei dieses „re-reading" als Neuinterpretation, als politischer Akt, verstanden wurde. Betont wurde die jeder Repräsentation inhärente Macht, deren Berücksichtigung nicht ohne die Kolonialgeschichte erfolgen kann. Die Ungleichheit zwischen *the West and the Rest*, also dem euro-amerikanischen Raum und den jungen Nationalstaaten, bildete den größeren Rahmen für Autoren, die genealogisch oder biographisch in kolonisierten Räumen verwurzelt sind. Als prominente Vertreter können Edward Said, Homi Bhabha und Gayatri Spivak genannt werden, die Robert Young (1995: 163) in seinem kritischen Rückblick als heilige Dreifaltigkeit der *Postcolonial Studies* bezeichnet.

8.5 | Edward Said, Homi Bhabha und Gayatri Spivak

Hybridität durch
kulturelle Kontaktzonen

Auf Edward Said (1978) berufen sich einerseits viele Vertreter der *Postcolonial Studies* (siehe oben zu seinem Werk „Orientalismus"), andererseits üben sie Kritik an seinem Werk, weil er Beispiele vom 14. bis zum 20. Jahrhundert zu einer homogenen These ohne historische Differenzierung zusammenführt und antikolonialen Kräften in den Kolonien und in Europa, etwa der Antisklavereibewegung, keine Aufmerksamkeit schenkt. Der Vorwurf lautet, er würde eine zu einfache Dichotomie der Welt zeichnen (McLeod 2000: 40–50). Homi Bhabha zielt hingegen auf einen Brückenschlag und beschreibt die hybriden Räume, die Kontaktzonen zwischen den Kolonialmächten und den Kolonisierten, und sieht in der Hybridität, die sich heute in den kosmopolitischen Zirkeln der Künstler, Literaten und Wissenschaftler entfaltet, ein kreatives Potential, das die *West-and-the-Rest*-Dichotomie aufhebt (Bhabha 1994). In der Tat kann eine solche Zweiteilung der Welt weder für die Gegenwart noch für die Vergangenheit gerechtfertigt werden. Eine Negierung hat jedoch wiederum zur Folge, dass real existierende Ungleichheiten relativiert und verwässert werden.

Ein anderes Dilemma zeichnet sich bei den *subaltern studies* ab, ein von indischen Historikern geprägter Ansatz, der den Subalternen, also Unterdrückten und Marginalisierten, eine Stimme geben will. Untersucht wird die Sicht der Menschen in den administrativ wenig erschlossenen Regionen, vor allem in Hinblick auf ihren Widerstand gegen Fremdherrscher. In ihrer kritischen Besprechung dieser Arbeiten fragt Gayatri Spivak „Can the Subaltern speak?" (1994). Sie kommt zu dem Schluss, dass der Versuch, den Anderen eine Stimme zu geben, darauf hinausläuft, erneut *für* sie zu sprechen. Ein solcher Versuch führt letztlich dazu, dass westlich ausgebildete Intellektuelle über *die* Subalternen sprechen und somit eine neue Auflage eines orientalistisch geprägten, essentialistischen Weltbildes produzieren. Nach Spivak, die dies am Beispiel der indischen Frauen untersucht, können die Subalternen durchaus für sich selbst sprechen, doch ihre Stimmen wurden und werden nicht gehört. Für historische Untersuchungen fordert sie, dass die Umstände offengelegt werden, die sie zum Schweigen gebracht haben, anstatt im Nachhinein erneut *über* sie zu schreiben (vgl. McLeod 2000: 191–95).

> Die Unmöglichkeit, den Anderen eine Stimme zu *geben*

Die Betonung des historischen Prozesses ist eine der wenigen Gemeinsamkeiten im polyglotten Kanon der *Postcolonial Studies*. Damit ist jedoch keine Festlegung auf den Zeitraum nach der Kolonialzeit gemeint, auch keine Einschränkung auf die Gesellschaften in den (ehemaligen) Kolonien, da hier die Folgen des kolonialen Projekts als Ganzes, unabhängig von Orten und Zeiträumen, untersucht werden. Das postkoloniale Europa wird unter diesem Blickwinkel ebenso untersucht und schließt auch die Wissensproduktion und nationale Selbstfindung mit ein, die durch den Kolonialkontakt beeinflusst wurde. Ein weiterer Punkt, der als Gemeinsamkeit angeführt werden kann, zielt auf

> Die Vielfalt der Modernen

die Aufhebung von globalen polaren Gegensätzen, etwa Tradition und Modernität. Es gibt nicht die Moderne (im Singular), sondern eine Pluralität an Modernen. Arjun Appadurai spricht zu Recht von alternativen Modernen (1996: 49), andere Autoren verweisen auf lokale, multiple oder verwobene (*entangled*) Modernen. Europa verliert somit seine normgebende Kraft und gilt als eine der möglichen Spielarten der Moderne. Als dritte Gemeinsamkeit könnte das Bekenntnis zur politischen Dimension der wissenschaftlichen Arbeit genannt werden, das sich vom Ideal eines neutralen und wertfreien Empirismus abhebt. Die Erforschung der Fremden produzierte das Wissen, das wiederum als Grundlage für Herrschaft und weiterer Erfahrungsgewinn diente. Ein Erkenntnisinteresse ist also stets in einen politischen Kontext eingebettet.

8.6 | Postkoloniale Ethnologie

Ethnologische Komplizenschaft im Kolonialismus

Für die Ethnologie bedeuten diese Forderungen zunächst, ihre eigene Verwobenheit in den Kolonialismus aufzuarbeiten. Der Auftakt zu dieser Debatte war der Sammelband *Anthropology and the Colonial Encounter* (Asad 1973), dessen Beiträge zu unterschiedlichen Beurteilungen der ethnologischen Komplizenschaft im kolonialen Projekt kamen. Einige Stimmen warfen den frühen Ethnologen vor, die Administration willentlich unterstützt zu haben, andere sahen nur wenige Berührungspunkte. Nach Talal Asad tendierte die Ethnologie – im Gegensatz zum essentialisierenden und verfremdenden Orientalismus – zur Nivellierung von Interessenkonflikten und zur Harmonisierung und trug so auf eine andere Weise zur Legitimation der kolonialen Expansion bei. Obwohl diese Aufsatzsammlung viele Diskussionen hervorrief, wurde das Thema – wohl überschattet von der *Writing Culture*-Debatte in den 1980er Jahren – erst in den 1990er Jahren wieder aufgegriffen. Mit einem stärkeren Bezug zu den französischen Poststrukturalisten wurden die gleichen Fragen nun in einem breiter angelegten Feld aufgegriffen. Die historischen Bedingungen der Kontaktsituation, in der Ethnologen auf die Fremden trafen, wurden untersucht um damit aufzuzeigen, wie aus einer direkten und ambivalenten Situation distanziertes und objektives Wissen produziert wurde und „Ethnographie als koloniale Praxis" zu verstehen ist (Pels und Salemink 1994).

Ein anderer Diskussionsstrang betraf die prägende Rolle des Kolonialismus für die Kulturen der unterworfenen Gesellschaften sowie die Transformationsprozesse, die die gegenwärtige Form der jungen Nationalstaaten bestimmen (Dirks 1992). Kolonialbeamte verfassten nicht nur Ethnographien, dienten als Museumsdirektoren oder wurden auf Lehrstühle berufen, sondern sie schufen auch administrative Kategorien, mit denen Millionen von Menschen verwaltet und somit geprägt wurden. Eine Volkszählung basiert niemals auf neutralen Kategorien, sondern klassifiziert Menschen nach den Vorstellungen der Zählenden, etwa nach Sprache, Herkunft, Religion, Hautfarbe oder ethnischer Zugehörigkeit. Dabei muss nicht immer ein strategisches Kalkül den Ausschlag geben. Oft waren Unkenntnis oder „Zufall" am Werk, etwa wenn die Bevölkerungszahl einiger „Stämme" mehrere Millionen Mitglieder umfasste, weil ein fragwürdiger Sammelbegriff verwendet wurde, oder in anderen Fällen kleine Sprach- und Religionsgemeinschaften weiter aufgeteilt wurden und ihre Mitgliederzahlen nur einige Hundert Individuen erfasste. Die durch solche Zensuserhebungen geschaffenen Zahlen erwiesen sich jedoch als nachhaltiger politischer Faktor und als Fundament für Identifikationsprozesse. Diese Einsicht führte zu einer Sensibilisierung in der ethnologischen Feldforschung, denn vieles, was vordergründig als alte „Tradition" erschien, erwies sich als koloniales Produkt.

Die Ethnologie ist also in einem mehrfachen Sinn in die postkoloniale Situation verwoben. Erstens entstand sie als Disziplin in einem kolonialen Kontext, der nicht nur auf den Fragehorizont, sondern auch die (seinerzeit vornehmlich positivistisch geprägten) Methoden einwirkte. Zweitens ist der heutige Untersuchungskontext postkolonial. Drittens bilden die ethnologischen Monographien einen Faktor in der Selbstwahrnehmung außereuropäischer Gesellschaften. Nicht selten sehen kleine Gesellschaften heute genau das als ihre Tradition an, was frühe Ethnologen über sie zu Papier gebracht haben. Das Maß dieser Verwobenheit ist im Fach allerdings umstritten, da in der Ethnologie auch ein Gegenpol zur kolonialen Dominanz und ein Korrektiv zur orientalistischen Repräsentation gesehen werden kann.

Die Schaffung von Stämmen und Kasten

Tradition als koloniales Produkt

Ethnographien wirken zurück auf die Beschriebenen

Beispiel

Die koloniale Konstruktion von Kasten

Nicholas Dirks zählt zu den Vertretern, die der Ethnologie eine hohe Wirkkraft in der kolonialen Durchdringung der Welt zuschreiben. Er spricht am Beispiel Indiens von einem *ethnographic state* am Ende des 19. Jahrhunderts, als ethnologische Fragestellungen für das Verständnis des südasiatischen Kontinents wichtiger erschienen als historische und als Folge eine umfassende Dokumentation von „Sitten und Gebräuchen" hervorbrachte. Kasten wurden in den Handbüchern für Kolonialbeamte nach ihrem vermeintlichen Potential als gelehrt, kriegerisch oder als kriminell klassifiziert. So wurden kollektive Zuschreibungen vorgenommen, die weitreichende Folgen für die Betroffenen hatten. Nach Dirks wurde die soziale Kategorie „Kaste" durch diese Festschreibungen, durch die Volkszählungen und durch eine Förderungspolitik aufgrund von Kastenzugehörigkeit erst im 19. Jahrhundert zur wichtigsten sozialen Kategorie.

„Colonialism in India produced new forms of society that have been taken to be traditional; caste itself as we now know it is not a residual survival of ancient India but a specifically colonial form of (that is, substitute for) civil society that both justified and maintained an Orientalist vision" (Dirks 2001: 60).

Kritik

Eine solche Aussage übersieht jedoch, dass frühe Sanskrittexte bereits minutiöse Aussagen über das Kastensystem liefern, in Ritualen Kastenhierarchien ausgedrückt wurden und Unberührbare bereits vor der britischen Kolonialzeit als Landlose in separaten Siedlungen lebten. Die These von der hohen Bedeutung der Ethnologie lässt sich zudem nur aufrecht erhalten, wenn man auf eine Unterscheidung zwischen der universitären, wissenschaftlichen Disziplin und den ethnographischen Beschreibungen von Verwaltungsbeamten verzichtet. Dirks großes Verdienst liegt jedoch in einer Sensibilisierung für Transformationsprozesse während der Kolonialzeit, die im heutigen Indien nicht nur die englische Sprache, die Staatsform und Bildungsinstitute betreffen. Die Koexistenz von lokalen, nationalen und postkolonialen Kräften und die daraus resultierenden Prozesse bilden einen fruchtbaren Fokus für ethnographische Forschung, wie es jüngst Shalini Randeria am Beispiel des Rechtspluralismus (2004) gezeigt hat. Die Gesellschaft Indiens zeichnet sich durch die Koexistenz von mehreren Rechtsformen aus, die einerseits als historisches Produkt mit kolonialen und religiösen Einflüssen zu verstehen ist; andererseits bildet der Rechtspluralismus Handlungsoptionen für die Konfliktparteien, da auf lokales oder staatliches Recht zurückgegriffen werden kann.

Die Postmoderne hat sich – zu Recht – skeptisch gegenüber den großen Theorieentwürfen geäußert. Allein ein Blick in die Wissenschaftsgeschichte zeigt eine Abfolge von Entwürfen, die jeweils Kultur anders erklären. Diese Theorien, die oft auf „... ismus" oder im Englischen auf „... ism" enden (Evolutionismus, Funktionalismus, Strukturalismus etc.), wurden als große Erzählungen (oder *master narratives*) bezeichnet. Ihre kritische Betrachtung führte sie in die Nähe von mythischen Welterklärungen. Aus dieser Perspektive erscheint die moderne Wissenschaft als eine der möglichen Welterklärungen, als ein euroamerikanischer Mythos der Gegenwart. Wenn wir strikt kulturrelativistisch argumentieren und Wahrheit immer an Zeit und Raum gebunden sehen, dann gewinnt dieses Argument. Es gäbe demnach keine Möglichkeit, zwei widersprüchliche Aussagen direkt miteinander zu vergleichen. Mythische Ursprungserklärungen wären also genauso richtig und wahr wie die Erklärungen von Ethnologen, Linguisten und Genetikern, die nach ihren wissenschaftlichen Kriterien die Migrationsgeschichte dieser Gruppe konstruieren.

Gegen die „großen Erzählungen"

Eine Debatte über die Grenzen der Erkenntnis wurde vom New Yorker Physiker Alan Sokal angestoßen. Er schrieb in der renommierten Zeitschrift *Social Text* allerlei „Unsinn" zusammen, u.a. über eine transformative Hermeneutik und Quantengravitation, forderte eine feministische Mathematik und wollte die Konstante Pi, mit der man seit der Antike Kreise berechnet, als ein Kontinuum deuten. Diese Thesen kleidete er jedoch in einen philosophisch-soziologischen Jargon, so dass dieser Beitrag wirklich unverändert veröffentlicht wurde. Es entstand eine öffentliche Debatte, über die auch auf der Titelseite der New York Times berichtet wurde. So wurde die Frage verhandelt,

Sokals Jux

ob es eine vom Menschen unabhängige Wirklichkeit gibt, die der Mensch tatsächlich erfahren kann, oder ob jede Wirklichkeit vom Menschen geschaffen wird, weil der Mensch nur seine eigenen Gedanken, aber nicht die Welt an sich erfassen kann (vgl. Boghossian 1997). Die ganze Debatte wurde schließlich in einem Buch zusammengefasst, in der sich die Autoren gegen fragwürdige Argumentationsketten aussprachen, in denen naturwissenschaftliche Versatzstücke beliebig verwendet wurden (Sokal und Bricmont 1999).

Die ethnologische Wahrheit

Es ist ein Gemeinplatz, dass Wissenschaft historisch entstanden ist, alte Thesen überholt wurden und Erkenntnis stets begrenzt ist. Dennoch steht die Frage im Raum: Wer hat recht – die Wissenschaft oder der Mythos? Die Position von Sokal macht jedoch klar, dass es hier nicht um diese Frage geht, sondern darum, welche Kriterien in welchem Bezugsrahmen zugrunde gelegt werden. Er fordert eine Wissenschaft, die sich an ihren eigenen Kriterien orientiert. Eine ethnologisch-linguistische Migrationstheorie kann nicht die Aussage eines Mythos, etwa dass der erste Vorfahre aus dem Boden wuchs, als gleichwertiges Argument verwenden. Wie verhält sich die Ethnologie in dieser Frage? Erstens: Die Ethnologie räumt in ihrer Beschreibung der emischen Sichtweise einen hohen Stellenwert ein, weil das Ziel das kulturelle Fremdverstehen ist, doch sie verwendet keine mythischen Argumente (der Ahne wuchs aus dem Boden) für eine ethnologische These. Zweitens: Wissenschaft und Mythos sind gleichermaßen in ihre kulturellen Kontexte eingebunden, beide bilden systemimmanente Wahrheiten. Wir betreiben Wissenschaft, um wissenschaftliche Wahrheiten zu produzieren, auch über den Mythos.

Fazit

Nach einem Vierteljahrhundert *Writing Culture*-Debatte sind die Fragen der Autorenschaft, der Möglichkeiten und Grenzen von Repräsentation ausgiebig diskutiert worden, ohne dass eine Lösung gefunden wurde. Den Kritikern der Postmoderne mag dies als Beleg für die Sinn- und Nutzlosigkeit der Debatte dienen, doch ihre Initiatoren sehen sich darin bestätigt. Weil es nicht die eine Wirklichkeit gibt, gebe es somit auch keine einfache Lösung. Die Kritiker werfen den postmodernen Autoren vor, sich hinter nebulösen Aussagen oder „offenen Texten" zu verstecken, Zitate der Anderen für den eigenen Standpunkt einzufügen oder sich schlimmstenfalls mehr mit sich selbst als mit dem ethnologischen Gegenstand zu beschäftigen. Auf den postmodernen Vorwurf, die (traditionelle) Ethnologie würde die Fremden konstruieren oder „verandern", ihre Kultur essentialisieren und den Erkenntnisweg verschleiern, erwidern die Kritiker mit dem Vorwurf, die postmodernen Kollegen würden ihre Gastgesellschaft mystifizieren.

Aus meiner Sicht hat die Debatte ein erhöhtes Maß an Reflexion über die eigene Wissenschaftspraxis und über die Gestaltung von Texten hervorgerufen und damit an vielen Punkten einen Finger auf wunde Stellen gelegt. Aus dieser schmerzlichen Erfahrung sind fruchtbare Debatten entstanden, etwa über die Formen von Wissen jenseits der europäischen Texttradition. Sie hat auch Offenheit bewirkt für neue Entwicklungen in Nachbarfächern.

Fragen

1 Was ist *common sense* nach Clifford Geertz?
2 Wie kann das Konzept von Macht nach Foucault umschrieben werden?
3 Was versteht Renato Rosaldo unter einem „positionierten Subjekt" und was bedeutet dies für den forschenden Ethnologen?
4 Was meint Stephen Tyler mit Evokation?
5 In welchem Fach und in welchem Zusammenhang sind die *Postcolonial Studies* entstanden?
6 Wieso wirkten koloniale Volkszählungen auf die Gesellschaft zurück?

Antworten

1 Nach Geertz ist der *common sense* der Gesamtkomplex des bewussten Denkens, dessen Konstruiertheit den Sprechern nicht bewusst ist. Der gesunde Menschenverstand ist also in seinen kulturellen Kontext eingebettet.

2 Nach Foucault sind Macht und Wissen untrennbar miteinander verbunden. Man kann sie nicht besitzen, sondern sie entstehen im Kontext und sind dort wirksam. Beide sind in umfassende Dispositive eingebunden, mit denen sich Gesellschaft konstituiert.

3 Menschen sind handelnde Subjekte, die stets aus ihrer Positionierung, ihrem Handlungskontext heraus deuten. Ethnologen suchen durch die Feldforschung eine neue Positionierung, sie sehen die Welt daher anders.

4 Ethnologische Texte evozieren Wahrheiten, sie schaffen Tatsachen und stellen keine Repräsentation von ethnographischer Wirklichkeit dar.

5 Die *Postcolonial Studies* entstanden in der Anglistik durch die Beschäftigung mit der Literatur aus den ehemaligen Kolonien und der Diaspora und aus der in ihr enthaltenen Gesellschaftskritik, die die anhaltende Wirksamkeit kolonialer Strukturen verdeutlichte.

6 Volkszählungen basieren nicht auf neutralen Kategorien, sondern betonen Sprache, Herkunft, Religion, Hautfarbe oder ethnische Zugehörigkeit. Diese Kategorien entsprechen nicht notwendigerweise der Selbstwahrnehmung und wirken – zumal wenn sie administrativ wirksam sind – auf die Gesellschaft zurück.

Teil IV
Teilbereiche der Ethnologie

In diesem Teil der Einführung werden vier Teilbereiche der Ethnologie vorgestellt. Zunächst muss gesagt werden, dass in der Ethnologie jeweils ein weit gefasstes Verständnis zu jedem dieser Bereiche vorliegt. Die Gründe dafür wurden bereits in der Diskussion um den maximalistischen Kulturbegriff dargelegt. Verwandtschaftsethnologie wird an erster Stelle behandelt, weil diese Forschungen maßgeblich zur Herausbildung der Ethnologie als eigenständiger Disziplin beigetragen haben und sich hier methodische Orientierungen besonders deutlich zeigen. Wirtschaftsethnologie, Religionsethnologie und Politikethnologie folgen als weitere etablierte Forschungsfelder. Jeder dieser Teilbereiche könnte in Unterbereiche geteilt werden, zudem hat jeder Bereich unscharfe Grenzen und weist Überlappungen auf. Religiöse Aspekte erweisen sich in der Politik als wirkmächtig und politische Aspekte können ebenfalls in jedem der genannten Bereiche gefunden werden. Rechtsethnologie, ebenfalls ein eigenständiger Teilbereich, wird hier nicht aus systematischen, sondern aus pragmatischen Gründen im Bereich der Politik behandelt. In der Tat fällt es oft schwer, eine Monographie einigen wenigen Teilbereichen zuzuordnen, da in der Interpretation die Bereiche verschwimmen. Kurz: Teilbereiche werden möglichst weit gefasst und ermöglichen eine gewisse Ordnung, ohne jedoch über klare oder eindeutige Grenzen zu verfügen.

Teilbereiche überlappen sich

Die Beziehung der Teilbereiche zum ethnologischen Gegenstand ist nicht unproblematisch, denn sie ermöglichen zwar eine Fokussierung des Forschungsinteresses, doch können sie dem Erkenntnisgewinn durchaus im Wege stehen. Es ist unschwer zu erkennen, dass es sich bei Wirtschaft, Religion und Politik um Bereiche handelt, die sich in unserer Gesellschaft ausdifferenziert haben, die über eigene Institutionen und Ämter verfügen, in Funk und Fernsehen eigene Sendeplätze und in Tageszeitungen eigene Rubriken haben. Sie prägen unsere Wahrnehmung und unseren Fragehorizont, ohne die wir einerseits nicht forschen können, die wir jedoch während einer Feldforschung möglichst weit zurückdrängen müssen, um das Fremde zu verstehen. Unsere Aufteilung von Gesellschaft kann keinesfalls verallgemeinert werden. Die Ordnung des ethnographischen Materials in Teilbereiche kann durchaus zu einer Zwangsjacke werden, in der die Daten gebändigt werden. Methodisch geht man daher meist so vor, dass man zunächst die Bereiche weit fasst, ihre Grenzen offen hält, um schließlich die Ergebnisse in die jeweiligen gesellschaftlichen Bezüge einzubetten.

Verkürzt läuft der ethnologische Ansatz auch in Abgrenzung zu Nachbarwissenschaften darauf hinaus, den spezifischen Untersuchungsgegenstand erst in seinen lokalen Kontext einzubetten, um dann einen Vergleich zu wagen. Ein direkter Vergleich von religiösen oder politischen Formen oder von künstlerischen oder philosophischen Werken mit denen aus einer anderen Gesellschaft ist aus ethnologischer Sicht fehlerhaft oder bestenfalls unvollständig, weil die Sinnstiftung jeweils im kulturellen Kontext erfolgt. Der Befund, dass eine Religion monotheistisch ist oder Ämter erblich sind, sagt zunächst wenig aus. Was in einer Gesellschaft als Kunst verstanden wird, kann andernorts als Handwerk oder als göttliche Offenbarung gelten. Philosophische Werke sind jeweils an Gesellschaftsformen adressiert und entfalten ihren Sinn zunächst bei den Rezipienten. Die ethnologischen Methoden fordern daher, den konkreten Untersuchungsgegenstand zunächst innerhalb seines eigenen Kontexts zu deuten und dabei der emischen Sichtweise besonderes Augenmerk zu schenken. Der Kulturvergleich bezieht sich dann auf die eingebetteten Phänomene, erfolgt also erst in einem

Teilbereiche müssen lokal eingebettet werden

zweiten Schritt. Die Teilbereiche der Ethnologie behaupten keinesfalls, autonome Einheiten in fremden Kulturen zu repräsen-
tieren, sondern bündeln den Blick auf einen Gegenstand und
seine Verwobenheit.

9 | Verwandtschaftsethnologie

Verwandtschaft
als Ordnung in
nichtstaatlichen
Gesellschaften

Aus dem Erfahrungshorizont der meisten Leser könnte der Begriff „Verwandtschaft" auf einen Randbereich von Gesellschaft verweisen, der neben den wirkmächtigen Größen wie „Globalisierung", „Nationalismus", „Macht" oder „Wissen" als kleinräumige Angelegenheit das eher Private oder Emotionale umfasst. Genau dies trifft aus ethnologischer Perspektive nicht zu. Verwandtschaft entspricht zunächst der Ordnung, mit der eine nichtstaatliche Gesellschaft ihre Form schafft und mit der sich Individuen innerhalb dieser sozialen Welt verorten. Wenn man sich vor Augen führt, dass die Menschheit im überwiegenden Teil ihrer Geschichte (wahrscheinlich sind es mehr als 99 %) ohne Staatlichkeit lebte und dass in der Gegenwart viele Regionen administrativ schwach erfasst sind, erfährt der Bereich der Verwandtschaft einen angemessenen Stellenwert. Selbstredend erlischt er nicht mit der Erfindung von Staaten, sondern koexistiert mit anderen Konzepten, die das soziale Leben regeln, Macht verleihen und Status zuschreiben. Nach meiner Einschätzung erweist sich in den meisten Staaten der gegenwärtigen Welt ein Denken in verwandtschaftlichen Kategorien gesamtgesellschaftlich keinesfalls als wirkungsärmer als das Denken in administrativen oder staatlichen Kategorien, sofern sich diese beiden Felder überhaupt sinnvoll voneinander abgrenzen lassen.

Überblick

Der Bereich von
Verwandtschaft

Das ethnologische Verständnis von Verwandtschaft umfasst die Beziehungen, mit denen sich Menschen entweder blutsverwandt oder durch eine Schwiegerbeziehung verbunden fühlen, und die ihnen zugrunde liegenden Normen, Regeln und Weltbilder. Dazu zählen Beziehungen zu mythischen Vorfahren, Vorstellungen von Geburt und Tod, Endogamie- und Exogamieregeln (die

Grenzziehung der eigenen, nicht heiratbaren Gruppe und der heiratbaren Gruppen), Terminologien und Taxonomien, Hierarchien zwischen Generationen und Geschlechtern sowie Geschwistern, das Verhältnis zu den verschwägerten Gruppen, Rechte an Land, Pflichten in Ritualen und vieles mehr. Die Verwandtschaftsethnologie beschreibt auch eine Fülle von Sonderfällen und zeigt damit die Breite von möglichen Sozialformen auf. Um nur ein Beispiel zu nennen, möchte ich die Gynaegamie anführen, die Ehe von zwei Frauen, von denen die eine als leibliche Mutter Kinder zur Welt bringt und die andere – meist eine einflussreiche, verwitwete und kinderlose Frau – auf diese Weise legale und soziale Nachkommen erhält. Zur Verwandtschaft zählt auch die fiktive Verwandtschaft wie „Blutsbrüderschaft", Altersklassen und Geheimbünde. Um diesem weiten Feld Rechnung zu tragen, wird die Ethnologie der Verwandtschaft auch als „Sozialethnologie" bezeichnet.

Verwandtschaftssysteme können sehr kompliziert sein und fordern ein hohes Maß an analytischem Geschick, um die Regeln der Abstammung, der Heirat und der Terminologie in Diagrammen darzustellen. Die zugrundeliegenden Vorstellungen sind oft in Mythen eingeschrieben, deren Auslegung ein philosophisches Projekt darstellt. Die Folgen haben eine zweifellos politische Dimension, denn nicht nur politische und religiöse Ämter sowie das Erbrecht, sondern auch lokale Hierarchien zwischen Gruppen und das Privileg der Rechtsprechung basieren oft auf Verwandtschaft. Mein Versuch, die Lokalpolitik einer südindischen Bauerngesellschaft zu verstehen, führte mich zunächst zur unauflösbaren Verbindung von Politik und Religion und in einem weiteren Schritt zu territorialen Einheiten, die nicht ohne mythische Migrationsmuster und Verwandtschaftskonzepte erklärt werden können (Heidemann 2006). An dieser Stelle zeigt sich ein doppeltes Problem, das für jeden Teilbereich der Ethnologie zutrifft. Erstens können einzelne „Bereiche" nicht sauber voneinander getrennt werden, sondern erweisen sich als dicht verwoben. Zweitens verweisen unsere Begriffe wie Verwandtschaft, Religion, Politik oder Wirtschaft auf ein uns bekanntes Feld und sind mit Assoziationen und Erwartungen an-

Die Verwobenheit von Verwandtschaft und anderen „Bereichen" von Gesellschaft

gereichert, die uns den Blick auf das Fremde erschweren. Wie für die Ethnologie im Allgemeinen, so gilt es auch in Hinblick auf die Teilbereiche, ausgehend von der eigenen Begrifflichkeit den Blickwinkel zu öffnen, Fremdes zuzulassen, um dann schließlich das Eigene zu hinterfragen. Kein anderes Beispiel als das Verhältnis von Verwandtschaft und Biologie könnte einen besseren Einstieg liefern.

9.1 | Verwandtschaft und Biologie

Beispiel

Verwandtschaft klassifiziert Personen unabhängig von der genetischen Nähe

Verwandtschaft ist ein soziales und klassifikatorisches Konzept, es regelt unseren Umgang mit und unsere Zuordnung von Menschen. Dies ist zunächst unabhängig von der genetischen Abstammung. Ich möchte dies anhand *eines* Beispiels illustrieren, das der sozialen Realität in weiten Teilen der Welt entspricht und auch in meiner Forschungsregion in Südindien die Grundlage von Verwandtschaft bildet. Es wird in der Ethnologie als „Irokesen-System" bezeichnet und entspricht zugleich der drawidischen Verwandtschaft. Ich werde mehrfach auf diesen Fall zurückkommen und möchte vorausschicken, dass es sich um eine von vielen der praktizierten Verwandtschaftsformen handelt:

Abb 3 |

Parallel- und Kreuz-cousins/-cousinen

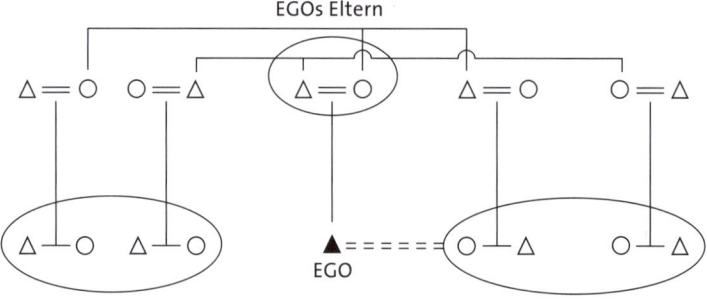

EGOs Eltern

EGOs Parallelcousins / -cousinen   EGOs Kreuzcousins / -cousinen

EGO

△ = Mann   ═══════ = Heirat
○ = Frau   = = = = = = Potentielle Heirat

Aus der Sicht eines jungen Menschen, Ego, gilt folgender Sachverhalt: Die Kinder meines Vaterbruders spreche ich mit „Schwester" und „Bruder" an, weil meine Sprache nicht zwischen den Nachkommen meiner (biologischen und sozialen) Eltern und den Kindern meines Vaterbruders unterscheidet. Damit ist zugleich eine Haltung angezeigt, die sich auch in vielfältigen Normen und Regeln niederschlägt. Diese Cousins stammen aus der gleichen väterlichen Abstammungslinie, sie gehören zu mir. Eine Heirat mit ihnen ist undenkbar. Ganz anders verhält es sich mit den Kindern von Vaterschwester und Mutterbruder, denn diese Kinder sind durch deren väterliche Linie definiert, also durch den Ehemann der Vaterschwester bzw. der männlichen Linie, aus der meine Mutter stammt. Aus diesem sehr einfachen Sachverhalt kann geschlossen werden, dass ich zum einen zwischen Cousins und Cousinen gleichen Grades unterscheide und es sich zum anderen um ein soziales System handelt, das genetische Distanz ignoriert. Wenn ich nun Vaterbruderssohn als meinen Bruder bezeichne, so kann dies selbstredend auch auf das Verhältnis von meinem Vater zu seinem „Bruder" zutreffen. Ebenso muss „Mutterbruder" nicht der genetische Bruder sein, sondern ist zunächst ihr klassifikatorischer Bruder. Verwandtschaft wird hier offensichtlich sozial geschaffen.

Vaterbruders Kinder sind Geschwister und Mutterbruders Kinder Heiratspartner

In unserer eigenen Gesellschaft entspricht die Vorstellung der Abstammung dem biologischen Modell. Wir sprechen der Genetik einen hohen Stellenwert zu und Richter entscheiden darüber, ob Väter ein Recht auf einen Gentest haben, um ihre biologische Vaterschaft zu prüfen. Es wird diskutiert, ob ein biologischer Vater ein Besuchsrecht oder auch eine Besuchspflicht bei seinen Kindern hat, wie Unterhaltspflichten und steuerliche Regelungen im Erbfall aussehen und wie hoch die Einflüsse von Sozialisation und Erbgut auf ein Kind sind. Dies erweist sich aus Sicht der Ethnologie als ebenso interessant wie die Vorstellungen der Trobriander, von denen Malinowski berichtet, dass die Zeugungsvorstellungen gleichermaßen einen Geschlechtsverkehr und das Eindringen der Kindseele beim Bad in einer Lagune durch den Kopf der Mutter voraussetzen. Die Verwandtschaftsethnologie beschäftigt sich *nicht* mit den biologischen Aspekten, sondern mit gesellschaftlichen Vorstellungen von

Biologische Vaterschaft als Ideologie

Verwandtschaft. Die kulturelle Bedeutung der genetischen Vaterschaft erweist sich, wie auch die von vorehelicher Jungfernschaft, als ideologisches Modell. Aus beiden Tatbeständen können gesellschaftlich weitreichende Konsequenzen geschlossen werden. Aus ethnologischer Sicht wird nicht die biologische Wirkkraft von genetischer Nähe diskutiert, sondern die gesellschaftliche Relevanz der auf das Genom ausgerichteten Ideologie. Es geht um die Frage nach den kulturellen Entwürfen von Verwandtschaft und deren gesellschaftlichen Folgen.

9.2 | Symbole und Definitionen

Die Formalisierung
von Verwandtschafts-
beziehungen

Um eine Vergleichbarkeit von Verwandtschaftssytemen zu ermöglichen, verwendet die Ethnologie Symbole, die an den englischen Bezeichnungen orientiert sind. F = Vater, M = Mutter, B = Bruder, Z = Schwester, S = Sohn, D = Tochter, H = Ehemann und W = Ehefrau. Mit diesen Zeichen lassen sich Verwandtschaftsgrade stark formalisiert darstellen. Die Kinder von Egos Vaterbruder sind FBD und FBS und die von Mutterbruder entsprechend MBD und MBS. Neben diesen Grundzeichen werden je nach Bedarf weitere Zeichen hinzugefügt, etwa „y" für relativ jünger und „e" für relativ älter. In vielen Fällen ist es relevant, ob es sich um Vaters älteren Bruder, FeB, oder um seinen jüngeren, FyB, handelt. Aus dem oben genannten Fallbeispiel können wir in Hinblick auf die Referenzform (also die Form der Benennung gegenüber Dritten, etwa „Mutter", die sich von der Anredeform, etwa „Mama" unterscheidet) folgern: B = FBS, Z = FBD. Zur Beschreibung der sozialen Praxis wurden weitere Unterscheidungen getroffen, etwa: Ob die soziale Identität über *eine* genealogische Linie, *unilinear* (also entweder über den Vater, *patrilinear*, oder über die Mutter, *matrilinear*) oder über beide Linien, *bilateral*, bestimmt ist. Ob ein Ehepaar zu den Eltern des Mannes zieht, *patrilokal* (oder zum Mann=*virilokal*), zu den Eltern der Frau, *matrilokal* (oder zur Frau=*uxorilokal*), oder eine neue Residenz baut, *neolokal*, oder an zwei Orten lebt, *duolokal*. In populären Diskussionen wurden diese Unterscheidungen unglücklicherweise mit den Begriffen Patriarchat und Matriarchat gleichgesetzt, wobei es sich hier zunächst um eine Lokalisierung gesellschaftlicher Macht, und in einer weiteren Diskussion oft um ideologische Überhöhungen gehandelt hat.

Die unilinearen Abstammungsgruppen werden *Lineages* genannt, wenn die Mitglieder alle Zwischenstufen, also jede Generation, bis zum Lineage-Gründer kennen. Wenn es sich um eher diffuse Vorstellungen handelt, werden die (meist größeren) Einheiten oft als *Klan* bezeichnet. Wenn Lineages eine gewisse demographische Stärke erreicht haben und sich teilen, so werden sie in der anglophonen Literatur als *minor* oder *minimal lineage* bezeichnet. Bei einer solchen Praxis der Aufspaltung zur gesellschaftlichen Organisationsform spricht man von *segmentären Gesellschaften*. Die Abgrenzungen von Klan, Stamm und Ethnie müssen jedoch in Hinblick auf die Vielzahl der Definitionen als vage bezeichnet werden. Lineages sind *exogam* organisiert, sie heiraten also nicht innerhalb ihrer Einheit. Ethnien sind jedoch *endogam*, sie schließen Ehen innerhalb ihrer eigenen Grenzen. Wenn eine Ethnie in zwei „Hälften" geteilt ist, so werden diese als *Moieties* bezeichnet. Zu einer Vielzahl von verwandtschaftsethnologischen Fachbegriffen liegen mehrere Definitionsvorschläge vor, die entweder bewusst präzise oder gewollt offen gehalten wurden. In einer Debatte *Zur Verwandtschaftsethnologie* plädierte Georg Pfeffer (1992) gegen wasserdichte Definitionen, weil sie unsere Sichtweise einengen würden.

Lineage, Klan, Moietie

Kreuz- und Parallelcousinen | 9.3

Beispiel

In dem bereits genannten Beispiel, in dem die Bezeichnungen für *Bruder* denen von FBS und die für *Schwester* denen von FBD entsprechen, gilt meist gleichermaßen: FZD = MBD und FZS = MBS. Diese Unterscheidung ist bereits Lewis Henry Morgen (1871) aufgefallen, als er das Verwandtschaftssystem der Irokesen untersuchte und dieses Unterscheidungsmerkmal später ubiquitär nachweisen konnte. Da sich im zweiten Fall, bei FZD und MBD bzw. FZS und MBS, das Geschlecht in der elterlichen Generation „kreuzt", spricht man von Kreuzcousinen, im ersten Fall, bei FBS, von Parallelcousinen. Was auf den ersten Blick

FZD und MBD als Kreuzcousinen//FBD und MZD als Parallelcousinen kompliziert erscheint, eröffnet seine inhärente Logik, wenn wir uns eine patrilineare Gesellschaft mit einer patrilokalen Residenzregel vorstellen. Ego wächst in einem Dorf mit den Kindern seiner Eltern und denen von Vaters Brüdern auf, die terminologisch nicht unterschieden werden. Einige der umliegenden Dörfer gelten aufgrund von mythischen Bezügen als „Brüderdörfer", mit denen man keine Eheschließungen eingehen kann, andere gelten als potentielle Heiratspartner. Egos Mutter kommt logischerweise aus einem Dorf, zu dem Heiratsbeziehungen bestehen. Wenn es Egos Vater möglich war, seine bestehende Ehe einzugehen, so liegt es nahe, dass Ego auch Personen aus dem Dorf, am besten die Kinder von MB heiraten kann. Da die Schwestern von Egos Vater nicht im Dorf geblieben sind und ihre Kinder in „heiratbaren" Dörfern aufziehen, liegt es nahe, dass man auch diese heiraten kann. Dieser Logik folgend könnte MZ durchaus in das Dorf von Ego geheiratet haben, eventuell sogar FB, oder in ein Bruderdorf von Ego. Die Kinder von MZ zählen somit zu den Parallelcousins, die keinesfalls geheiratet werden dürfen. Das Gebot für ein männliches Ego, Kreuzcousinen zu heiraten und Parallelcousinen wie eigene Schwestern anzusprechen und zu behandeln, bildet auch in der Gegenwart ein praktiziertes System. Damit ist jedoch nur eines von vielen Heiratssystemen angedeutet.

Deskriptive und klassifikatorische Verwandtschaftssysteme

Lewis Henry Morgan, der als erster die Unterscheidung von Parallel- und Kreuzcousins entdeckte, unterschied zwischen *klassifikatorischen* Systemen, die Verwandtschaft unabhängig von Nähe und Distanz zu Verwandtschaftsklassen formen, und *deskriptiven* Systemen, die durch Addition von Primärbeziehungen Verwandtschaft bezeichnen, etwa wie in der deutschen Sprache, in der die Kinder der Cousine oder die Schwägerin der Tante nicht zu spezifischen Kategorien zählen. Ethnologisch betrachtet entspricht die deutsche Klassifikation einem sehr rudimentären Modell, da sie weder ältere von jüngeren Geschwistern noch die verschiedenen Formen von Cousins und Cousinen oder die Großeltern väterlicher- und mütterlicherseits unterscheidet. In der deutschen und englischen Sprache werden mit „Schwager" und „Schwägerin" sowohl die Ehepartner meiner

Geschwister als auch die Geschwister meiner Ehefrau bezeichnet, es wird also auf Unterscheidungen, die bei Unilinearität zentral sind, verzichtet. Der Begriff „Schwippschwager", der den Schwager meiner Frau oder meiner Geschwister bezeichnet, ist nahezu vergessen und wird umgangssprachlich oft durch „Schwager" ersetzt. Das Norwegische sowie das Mittelhochdeutsche unterscheiden jedoch zwischen Mutterbruder und Vaterbruder (Reinhardt 2008: 61).

Von der Abstammung zur Allianz | 9.4

Im 19. Jahrhundert wurde Verwandtschaft als Teil einer allgemeinen Evolution betrachtet. Man ging vom Ursprung einer uneingeschränkten Promiskuität oder ungeregelter Kohabitation aus, die sich über mehrere Entwicklungsstufen von Lineage und Klansystemen schließlich zur euro-amerikanischen Monogamie entwickelte. Seit Lewis Henry Morgan (1871) kennen wir eine beträchtliche Vielzahl an Terminologien und Systemen mit einer kaum zu überblickenden Komplexität. Bei der Etablierung des Fachs Ethnologie als akademische Disziplin spielte die Verwandtschaftsforschung zweifellos eine bedeutende Rolle. Im Gegensatz zu Mythen, Ritualen oder Geschlechterdifferenzen erlauben Verwandtschaftsterminologien ein hohes Maß an Formalisierung. Verwandtschaftstypen, die matrilinear und matrilokal sind, können in Listen erfasst und auf Karten verortet werden. Der interkulturelle Vergleich der Verwandtschaftsformen bildet seit Beginn der Fachgeschichte ein Alleinstellungsmerkmal der Ethnologie.

Verwandtschaft vereinfacht den Kulturvergleich

In der ersten Hälfte des 20. Jahrhunderts wurde Verwandtschaft im Licht des Funktionalismus als ein regulierendes System betrachtet. Radcliffe-Brown setzte soziale, politische und juristische Dimensionen in Relation zu Verwandtschaft und zeigte ihren ordnenden Charakter auf. Am Beispiel einer vergleichenden Studie zum Mutterbruder hat er die regulierende Rolle dieser Verwandtschaftskategorie aufgezeigt (siehe Kapitel zum Funktionalismus) und sah ein höheres Maß an Eindeutigkeit in der Rechtsform und Rechtssicherheit bei Organisationsformen, die unilinear und unilokal waren (Radcliffe-Brown 1950). Verwandtschaft wurde im Licht der Abstammung gesehen und

Genealogie versus Lokalität

es blühten die Deszendenztheorien. Ein Gegengewicht zu diesen Debatten war die Hervorhebung von Lokalität, denn es fehlte oft an Eindeutigkeit, ob eine verwandtschaftlich verbundene Dorfgemeinschaft ihre Identität nun über die Genealogie oder über das gemeinsame Territorium schuf.

Von der Abstammung zur Allianz

Im dritten Quartal des 20. Jahrhunderts verlagerte sich das Interesse von Abstammung (Deszendenz) auf Allianz. Verwandtschaft wurde nicht als trennende, sondern als verbindende Kraft angesehen. Mit seinem bahnbrechenden Werk *Elementare Strukturen der Verwandtschaft* greift Lévi-Strauss (1981 [1949]) die Theorie der Gabe von Marcel Mauss auf und sieht in den vielfältigen Heiratsregeln generationsübergreifende Modi der gesellschaftlichen Integration. Mit dieser Allianztheorie vergleicht er die Heiratsregeln, die – als System betrachtet – entweder auf einen direkten (eingeschränkten) Tausch oder auf einen indirekten (generalisierten) Tausch hinauslaufen. Der erste Fall ist gegeben, wenn sich eine Gesellschaft in zwei exogame unilineare Hälften teilt und dabei die Kreuzcousinenheirat vorschreibt. Wenn zwei Männer ihre Schwestern „tauschen", so entspricht die Wahl sowohl der matri- wie auch patrilateralen Kreuzcousine. Es entsteht ein System der bilateralen Kreuzcousinenheirat, ein direkter Tausch ohne zeitliche Verzögerung. Bei dem generalisierten Tausch erweisen sich grundlegende Unterschiede, ob man die patri- oder matrilaterale Heiratsform wählt. Im ersten Fall entsteht eine Verzögerung, weil erst in der folgenden Generation die „Gegengabe" erfolgt, wobei zwei Partner, A und B, beteiligt sind. Im zweiten Fall, der Heirat der matrilateralen Kreuzcousine, gibt die Gruppe A Frauen an B, B an C, etc. und aus dem letzten Gruppenglied erhält A ihre Schwiegertöchter. Dieses System kann flexibel auf gesellschaftliche Veränderungen reagieren, birgt jedoch das Risiko, keine Heiratspartner zu bekommen. Es erübrigt sich darauf hinzuweisen, dass sich die Akteure in diesem System nicht über die Steuerungsmechanismen dieser Austauschsysteme bewusst sind, deren inhärente Logik sich erst beim Betrachten der Diagramme erschließt (Oppitz 1975; Reinhardt 2008: 60–92). Der Leser sei an dieser Stelle daran erinnert, dass hier von Verwandtschaftskategorien und nicht von biotischen Verwandtschaftsbeziehungen die Rede ist.

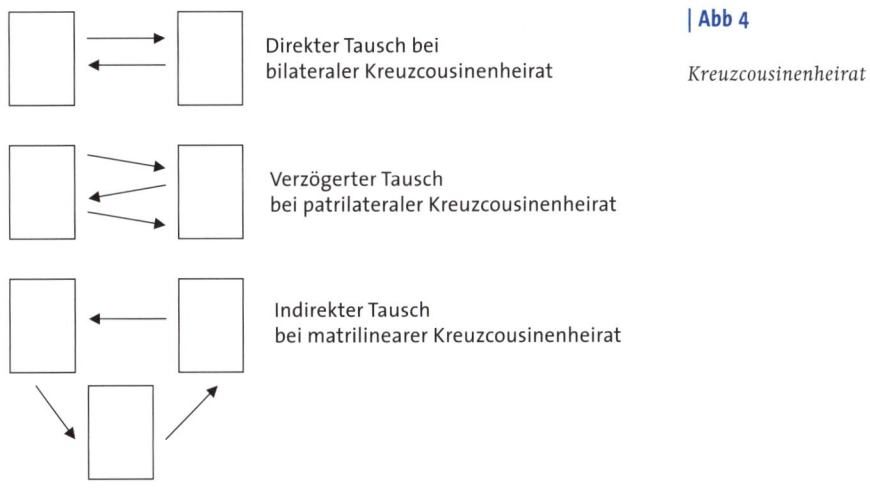

| Abb 4

Kreuzcousinenheirat

Direkter Tausch bei
bilateraler Kreuzcousinenheirat

Verzögerter Tausch
bei patrilateraler Kreuzcousinenheirat

Indirekter Tausch
bei matrilinearer Kreuzcousinenheirat

Kritik an Verwandtschaftsmodellen und Neuorientierungen | 9.5

Im letzten Quartal des 20. Jahrhunderts zeichnete sich eine umfassende Kritik an der hochgradig formalisierten Verwandtschaftsethnologie ab. Während die einen das universale Erklärungspotential der Strukturmodelle lobten, stellten andere deren Aussagekraft in Frage. Die gelebte Verwandtschaft und ihre wirkmächtigen Bezüge, so David Schneider (1984), bilden sich in Diagrammen nicht ab. Er warf der Verwandtschaftsethnologie vor, dass ihr Untersuchungsgegenstand, die „elementaren Strukturen der Verwandtschaft", ein selbstgeschaffenes Modell sei, das außerhalb der Studienzimmer nicht existiere. Andere Kritiker erklärten die kleinen überschaubaren Gesellschaften, die primär durch Verwandtschaft geprägt waren, zum Phänomen der Vergangenheit und forderten die Untersuchung von globalen Bezügen. Wichtiger als Kontinuität, die sich in der Verwandtschaftsforschung abzeichnete, waren nun die gesellschaftliche Dynamik und die Handlungsmacht der Akteure. Diese Kritik führte zu einer Krise der Verwandtschaftsethnologie. Wer sich für die Rolle des Mutterbruders interessierte, galt

Die Krise der Verwandtschaftsethnologie

als altbacken. Vorschnell verschwand Verwandtschaft von vielen Lehrplänen.

Von der Terminologie zu den Inhalten

David Schneider hatte jedoch keinesfalls ein Ende der Verwandtschaftsethnologie gefordert. Rückblickend wurde seit Schneiders Kritik an den Deszendenz- und an den Allianztheorien deren Gesamtleistung übersehen. Es ist in der Tat erstaunlich, dass sich unter der Vielzahl von Möglichkeiten gerade die Kreuzcousinenheiraten als ein weltweit verbreitetes System mit einer beachtlichen Stabilität erwiesen haben. Die Debatten um Radcliffe-Brown und Lévi-Strauss sind erkaltet und heute stellt man andere Fragen. Schneider rief seine Kollegen dazu auf, soziale Kategorien vor Ort und ihre jeweilige soziale Einbettung zu untersuchen. Es geht weniger um die Form, also um die Terminologie, Klassifikation oder Regel, als vielmehr um den Inhalt. Man könnte die bisher vorgestellte Verwandtschaftsforschung als das Gefäß betrachten, von dessen Inhalt wir mehr erfahren möchten. Es macht wenig Sinn, Patrilinearität im südlichen Afrika mit der in Neuguinea zu vergleichen, wenn man über die gesellschaftliche Organisation sprechen möchte. Im ersten Fall werden politische Ämter durch Verwandtschaftslinien vorgemerkt, im zweiten Fall regeln *big men* (siehe Kapitel zur Politikethnologie), die sich aufgrund ihrer persönlichen Leistungen und Fähigkeiten einen Namen gemacht haben, die öffentlichen Belange. Wenn daraus richtigerweise gefolgert wird, dass die Bedeutung von Verwandtschaft nicht aus ihrer Struktur abgelesen werden kann, darf das Kind jedoch nicht mit dem Bade ausgeschüttet werden. Die Kenntnis des Verwandtschaftssystems ist für das Verständnis einer Lokalgesellschaft meist eine notwendige, jedoch keinesfalls hinreichende Voraussetzung. Ein Beispiel soll dies illustrieren.

Beispiel

In einem südindischen Bauerndorf, das Patrilinearität vorschreibt und Patrilokalität sowie (aus männlicher Sicht) die Heirat einer Kreuzcousine bevorzugt, kam es kurz nach meiner Ankunft zu einem Disput über die Anbahnung einer Hochzeit. In das Dorf (nennen wir die Bewohner Gruppe A) hatten Familien aus zwei unterschiedlichen Regionen, Gruppe B und Gruppe C, eingeheiratet. Einige Familien ohne männliche Nachkommen hatten ihre Schwiegersöhne aus beiden Gruppen bereits vor einigen Generationen aufgenommen und ihnen Felder und Häuser vererbt. Ihre Kinder wurden aufgrund der persönlichen und räumlichen Nähe zu bevorzugten Heiratspartnern von A. Nun sollte jedoch eine Ehe zwischen Partnern aus den Gruppen B und C angebahnt werden – an sich kein ungewöhnlicher Vorgang, zumal die Herkunftsdörfer von B und C weit voneinander entfernt (und auch in großer Distanz zu A) lagen und in Einzelfällen auch Heiratsallianzen eingingen. Die Gruppe A protestierte jedoch, da aus ihrer Sicht B und C durch die Heiratspraxis zu einer Gruppe verschmolzen waren. Die „Mütter" von B und C stammen von A, und daher verhalten sich – wie aus dem oben angeführten Beispiel ersichtlich – B und C wie Parallelcousins, also wie Brüder, deren Kinder nicht heiraten dürfen. Gruppe B und C argumentierten genealogisch und zeigten auf, dass hier keine Parallelcousinenbeziehung vorlag, doch Gruppe A argumentierte terminologisch und klassifikatorisch, drohte mit der Aufkündigung der Heiratsallianz und gewann den Disput.

Das heutige Interesse der Ethnologie richtet sich stärker auf solche Prozesse der Aushandlung von Regeln, auf die Koexistenz von modernen und traditionellen Orientierungen, auf die Neudeutung von Beziehungen und auf die Handlungsmacht des Einzelnen. In dem hier skizzierten Disput über die Eheanbahnung kommen politische und ökonomische Aspekte, das rhetorische Geschick der Verhandlungsführer sowie der Status der betroffenen Familien zum Tragen, doch eine sinnvolle Interpretation kann ohne die Kenntnis des Verwandtschaftssystems nicht auskommen. Verwandtschafts*systeme* werden in der heutigen Forschung weniger als Gegenstand der Forschung, sondern eher als dessen Voraussetzung gesehen (was allerdings nicht immer in der Grundausbildung berücksichtigt wird).

Aushandlung von Regeln

Pierre Bourdieu hat den strategischen Umgang mit Heiratsallianzen hervorgehoben und gezeigt, wie die Berber der Kabylei normkonforme Heirat (hier mit der Parallelcousine, FBD, und Lineageendogamie) mit Statusgewinn innerhalb des Dorfes gegenüber einem strategischen Umgang zur Erhöhung von wirt-

Verwandtschaft als deutungsoffenes Handlungsfeld

schaftlichem oder politischem Kapital abwägen (Bourdieu 1987). Hier wird nicht die Funktion des Systems (wie bei Radcliffe-Brown) oder dessen Logik (wie bei Lévi-Strauss), sondern explizit die Handlungspraxis zum Untersuchungsgegenstand erhoben. Shalini Randeria (2004) untersucht den durch die Koexistenz von lokalen und staatlichen Vorschriften entstandenen Rechtspluralismus im Heiratsrecht und dessen praktische Folgen in Nordwest-Indien und Elisabeth Tauber (2006) beschreibt die Fluchtheirat der Sinti in Südtirol als einzige mögliche Heiratspraxis, der dann die Verhandlungen um die Legitimierung einer zwischen Personen (und nicht zwischen Gruppen) geschlossenen Beziehung folgen. Diese und viele weitere jüngere Arbeiten begreifen Verwandtschaft als ein einerseits vorstrukturiertes, andererseits deutungsoffenes Handlungsfeld, in dem Akteure die Grenzen des Möglichen und Legitimen verschieben oder überschreiten.

Verwandtschaft im modernen Kontext

In dem genannten südindischen Dorf haben sich in den vergangenen zwanzig Jahren die Handlungskontexte auch in Hinblick auf Eheschließungen drastisch verändert. Da zunehmend in die Bildung investiert wurde und junge Paare in die Metropolen ziehen, wurde ein Hochschulabschluss für junge Frauen ein oft entscheidender Faktor bei den Heiratsverhandlungen, der nicht durch Mitgift oder Status ihrer Familie kompensiert werden konnte. Ein B.A. einer Tochter wurde zum symbolischen Kapital, mit dem auch ein höheres Maß an Eigenständigkeit verbunden wurde, das in der neolokalen Residenz als Grundvoraussetzung galt. Da die Bewohner aus Dorf A dieselben Hochschulen favorisierten wie ihre potentiellen Heiratspartner, kam es unter den Studierenden oft zu Liebschaften, die später von den Eltern – also postfaktum – in den normierten Anbahnungs-

post-arrangierte Heiraten

gesprächen und formalisierten Verhandlungen in eine regelgerechte arrangierte Hochzeit überführt wurden. Dies setzte allerdings die Möglichkeit voraus, dass die bestehenden Heiratsregeln eine solche Allianz zuließen, was wiederum erneute Regelauslegungen und Konflikte einforderte. Wenn eine Hochzeit nicht im Regelsystem untergebracht werden konnte (etwa die Beziehung von Ego zu FBD), so kam es zu Brautentführungen oder zur gemeinsamen Flucht der Paare, die ihre Ehe dann vor einem Staatsbeamten schlossen, während sie von den Verwandten – oft mit Unterstützung der Polizei – gesucht wurden. Aus ethnologischer Sicht handelt es sich bei solchen Veränderungen um relevante Prozesse, nicht weil Verliebte auf der Flucht ein dramaturgisch dankbares Motiv abgeben, sondern weil in einem solchen Mikrokosmos tiefgreifende und überregionale Entwicklungen sichtbar werden.

New Kinship | 9.6

Als Reaktion auf die Krise der Verwandtschaftsethnologie erfolgte eine Neuorientierung, die Verwandtschaft in doppelter Hinsicht einbettete, zum einen in die sozialen Regelwerke vor Ort, zum anderen in die konkreten Handlungsfelder der Akteure. Hinter dem Begriff *New Kinship* stehen neue Forschungsfelder, die sich beispielsweise mit Gender, Sexualität und Körper beschäftigen. Dieser Fragehorizont verbindet das Regelwerk von Verwandtschaft mit der Sozialisation, den Geschlechterrollen, dem Konzept der Person und des Körpers. Die Frage, ob sich der Empfänger einer Organtransplantation mit dem Spender „verwandt" fühlt oder ob gleichgeschlechtliche Partnerschaften als Ehe verstanden werden, können unter Einbeziehung der verwandtschaftsethnologischen Grundlagen durchaus gewinnbringend diskutiert werden. Die *New Kinship Studies* widersprechen der These, dass Verwandtschaft dem Staat vorausgegangen ist und schließlich von ihm abgelöst wurde. Sabean (1998) zeigt in *Kinship in Neckarhausen 1700–1870* auf, wie Verwandtschaftsstrukturen innerhalb von zentralisierten Gemeinwesen neu entstanden sind und liefert einen weiteren Beleg gegen die Annahme, dass die in der Biologie entwickelte Evolutionslehre auf gesellschaftliche Prozesse übertragbar sei. Die neuen Verwandtschaftsstudien beziehen die eigene Gesellschaft explizit in ihr Forschungsfeld mit ein und verweisen auf die Verwobenheit der gesellschaftlichen Teilbereiche.

Die Einbettung von Verwandtschaft

Beispiel

Hausgesellschaften als Übergangsphänomen

Bei genauerer Betrachtung erweist sich das formale Verwandtschaftsmodell oft als *eine* Dimension von komplexen Phänomenen. So rekrutieren Geheimbünde sich aus Verwandtschaftsgruppen und bilden die eigentlichen Solidargemeinschaften. Altersklassen durchkreuzen Verwandtschaftslinien und bilden somit eine horizontale Klasse in genealogischen Systemen. Geheimbünde und Altersklassen sind zwar keine Verwandtschaftsgruppen, doch man kann sie ohne sie nicht erklären. Wo liegt die Grenze dessen, was als Verwandtschaft bezeichnet werden kann? Die gleiche Frage stellt sich bei der Überlappung von verwandtschaftlichen und territorialen Ordnungsmustern. Lévi-Strauss hatte vorgeschlagen, von Hausgesellschaften zu sprechen, wenn die Ordnung der Verwandtschaft durch ökonomische Faktoren überlagert wird. Diese Gesellschaften erlaubten den Mitgliedern eine Auswahl von möglichen Regeln, die jeweils angemessen erschienen. Lévi-Strauss sah in Hausgesellschaften den Übergang von Verwandtschaft zu Klasse als Ordnungssystem. „Häuser" wurden hier in einem weit gefassten Sinn verstanden (etwa wie Adelshäuser), einerseits als materielle Manifestation einer sozialen Einheit, andererseits als juristische Personen, die über Landbesitz, spezifische Rechte sowie Eigennamen verfügen und identitätsstiftend sind.

Das Haus als Bedeutungsträger

Der These des Übergangsphänomens widerspricht Roland Hardenberg (2007) und fragt nach, was denn wirklich gemeint ist, wenn man von Hausgesellschaften spricht, und was als Vergleichsgröße herangezogen wird. Schließlich leben nahezu alle Gesellschaften in „Häusern", ohne dass sie Hausgesellschaften bilden. Hardenberg schlägt vor, dann von Hausgesellschaften zu sprechen, wenn in der Architektur des Hauses und der alltäglichen sowie rituellen Praxis der Bewohner die Ideen der Gesellschaft sichtbar werden. Dabei handelt es sich oft um verwandtschaftliche, territoriale oder religiöse Konzepte. In den Gebäuden der Hausgesellschaften und in der in ihnen gelebten sozialen Praxis spiegeln sich also soziokosmische Ordnungen. Diese zeigen sich beispielsweise in den beim Bau verwendeten Materialien, die etwa an bestimmten dem Clan zugeordneten Orten gewonnen wurden, der mythologisch begründeten Himmelsausrichtung des Gebäudes, der Trennung von Geschlechtern oder Altersgruppen, der Separation des Herdes und der Gebetsecke als rituell bedeutsame Orte und der sozio-religiösen Praxis, mit der das Haus bewohnt wird. Entscheidend ist, dass nach Hardenberg nicht mehr die Häuser an sich oder ihre Verwendung, sondern die in ihnen repräsentierten Wertesysteme verglichen werden (Hardenberg 2007: 167). Es geht um einen Kulturvergleich, bei dem die Häuser als Ort der Versinnbildlichung emischer Kategorien dienen, bei dem also keine Elemente, sondern Ganzheiten verglichen werden.

Mit diesem hilfreichen Vorschlag zeigt Hardenberg zudem das breite Spektrum der *New Kinship* an. Andere Vertreter orientieren sich explizit an der sozialen Praxis und lehnen die Annahme von gesellschaftlichen Ganzheiten mit dem gleichen Argument ab, das bereits in der Krise eingeleitet wurde: Monolithische Gesellschaftsentwürfe würden nur auf den Schreibtischen der Ethnologen existieren. Der entscheidende Unterschied ist jedoch, dass bei den Hausgesellschaften von geteilten Werten einer lokalen Gesellschaft ausgegangen wird, während bei einem Vergleich von zwei unabhängig voneinander existierenden Verwandtschaftssystemen Gemeinsamkeiten in der Tat nur im ethnologischen Entwurf aufscheinen. Zudem leugnet Hardenbergs Ansatz nicht, dass es vor Ort Pluralität gibt, sondern behauptet lediglich, dass die in die Häuser eingeschriebenen Botschaften als solche von den Bewohnern erkannt werden.

> Existieren gesellschaftliche Gesamtheiten?

Die kolonialen und globalen Einflüsse auf das Konzept von Familie in Afrika haben Erdmute Alber und Jeannett Martin untersucht. Zunächst stellen sie fest, dass sich das ethnologische Verständnis von Familie geändert hat. Früher ging man bei „Familie" strikt von einer an Ehe gebundenen Lebensform aus, während man heute auch gleichgeschlechtliche mehrgenerationale Lebensformen einbezieht. In Afrika kam es durch Missionierung und neue Rechtsformen zu Veränderungen in der Ehe, doch die europäischen Vorstellungen konnten keinesfalls flächendeckend durchgesetzt werden. Die Modernisierungstheorie prognostizierte in den 1960er Jahren, dass mit zunehmender Urbanisierung und Industrialisierung und einem mo-

> Familie im globalen Kontext

nogamen Ehemodell die Geburtenraten sinken würden, doch dies hat sich in den meisten afrikanischen Staaten nicht bewahrheitet. Familien leben oft in *extended families*, also Großfamilien, zusammen und sind weiterhin das wichtigste Netzwerk für viele Lebensbereiche. Oft leben Kinder nicht bei ihren leiblichen Eltern und insgesamt sind eheliche Verbindungen in vielen afrikanischen Gesellschaften „eher instabil und Trennungen (wie Wiederverheiratungen) häufig" (Alber u. Martin 2007: 155). Familienbande verbinden Dörfer mit Städten und sind gerade in Regionen, die administrativ schwach erfasst sind, das wichtigste Regelwerk. Für die Verwandtschaftsforschung erwies sich als ausschlaggebend, dass die näheren Umstände das soziale Leben stärker prägen als die formalisierten Verwandtschaftsstrukturen. Gemäß der ethnologischen Globalisierungstheorie stellen sie fest, dass zwar kontinentübergreifende Beeinflussungen vorliegen, die Akteure vor Ort jedoch entscheiden, welche Einflüsse sie aufnehmen oder verweigern.

„Von den Vertretern der *new kinship*-Forschung wird Verwandtschaft als eine ausschließlich soziale, in naturalistischen oder biologistischen Symbolen ausgedrückte Konstruktion aufgefasst. Die Aufmerksamkeit der Forscher richtet sich weniger auf formale Verwandtschaftsstrukturen, als vielmehr auf das Empfinden von Zugehörigkeit und auf die damit verbundenen Formen des Austausches und der Solidarität." (Alber/Martin 2007: 160)

Fazit

Die Verwandtschaftsethnologie hat sich in der frühen Ethnologie mit einer Vielzahl von Klassifikationen beschäftigt, diese systematisiert und verglichen. Dabei wurde offenkundig, dass bestimmte Verwandtschaftstypen weltweit verbreitet sind und zu unterschiedlichen Allianzsystemen zwischen gesellschaftlichen Gruppen führten. Offenkundig ist Verwandtschaft deutlich von der Biologie oder der Genetik zu trennen, die sich aus ethnologischer Perspektive ebenfalls als ein kulturelles Modell erweist. Neuere verwandtschaftliche Forschungen untersuchen weniger die Formen, sondern die Inhalte, also kulturspezifische Wertungen von verwandtschaftlichen Beziehungen. Auch dem Aushandlungsprozess von Verwandtschaftsregeln und deren Umdeutung wird in jüngeren Arbeiten größere Aufmerksamkeit geschenkt.

Fragen

1 Wie unterscheidet sich ein deskriptives von einem klassifikatorischen Verwandtschaftssystem?
2 Was ist der Unterschied zwischen Anrede- und Referenzformen?
3 Wie unterscheiden sich Kreuzcousinen von Parallelcousinen?
4 Welche Folgen hat die Bevorzugung der patrilateralen bzw. der matrilateralen Kreuzcousinenheirat?
5 Welche Bedeutung haben Verwandtschaftssysteme heute?
6 Welches Erkenntnisinteresse hat „New Kinship"?

Antworten

1 Ein deskriptives Verwandtschaftssystem beschreibt Verwandtschaft als Addition von Grundbeziehungen (etwa: Kinder meiner Cousinen), während ein klassifikatorisches System unabhängig von der genetischen Nähe ordnet und meist eine Vielzahl von Verwandtschaftsterminologien aufgrund der normativen Haltung bereithält.
2 Anredeformen sind die Begriffe, die in der direkten Anrede verwendet werden (etwa „Papa") und Referenzformen dienen zum Verweis gegenüber Dritten (etwa „Vater").
3 Kreuzcousinen sind die Kinder von Mutterbruder und Vaterschwester (es kreuzt sich das Geschlecht in der älteren Generation) und Parallelcousinen sind die Kinder von Mutterschwester und Vaterbruder.
4 Die patrilaterale Kreuzcousinenheirat führt zu einem verzögerten Tausch zwischen zwei Gruppen, was für die Partner Sicherheit, aber mangelnde Flexibilität bedeutet.

Die matrilaterale Kreuzcousinenheirat führt zu einem erweiterten Tauschzirkel, an dem mehr als zwei Gruppen beteiligt sind, was mehr Flexibilität zuungunsten der Sicherheit bedeutet.

5 Die meisten Gesellschaften der Gegenwart verfügen über ein klassifikatorisches Verwandtschaftssystem, das sich vom euro-amerikanischen deskriptiven System grundsätzlich unterscheidet. Jedes Verständnis außereuropäischer Gesellschaften setzt Kenntnisse der Verwandtschaftsethnologie voraus, da konkrete Konflikte oder Aushandlungsprozesse nur unter Einbeziehung von Verwandtschaftsregeln interpretiert werden können.

6 New Kinship baut auf der klassischen Verwandtschaftsethnologie auf, verlagert aber das Erkenntnisinteresse von den Regeln und Strukturen auf die konkreten Bedeutungsfelder der Verwandtschaftskategorien, ihre flexible Handhabung und ihre gesellschaftliche Einbettung sowie die subjektiven Empfindungen und Formen der Solidarität. Es geht darum, wie Verwandtschaft gelebt wird.

Wirtschaftsethnologie | 10

Überblick

Die Wirtschaftsethnologie beschäftigt sich im interkulturellen Vergleich mit Leistungen (Arbeits- und Dienstleistungen) und Gütern (Gaben und Waren), einschließlich deren Produktion, Distribution und Konsumption. Sie geht also nicht von einer kontextunabhängigen Gesetzmäßigkeit des Marktes aus, sondern sieht in den beobachtbaren ökonomischen Prozessen das Resultat von kulturellen Annahmen. Besonderes Augenmerk haben die kulturspezifischen Bedürfnisse, deren Befriedigung von einem angenommenen oder tatsächlichen Mangel begleitet ist. Der Homo oeconomicus, der von wirtschaftlicher Zweckmäßigkeit geleitete Mensch, erscheint aus dieser Perspektive als Produkt einer historischen Konstellation und entspricht nicht etwa einer „Natur" des Menschen. In ihrer formativen Phase untersuchte die Ethnologie bevorzugt nicht kapitalistische Ökonomien und bietet daher eine fremdkulturell informierte Sicht, explizit auch auf die eigenen Wirtschaftsformen. Die Bedingungen, unter denen produziert und konsumiert wird, werden oft durch den „gesunden Menschenverstand" als „gegeben" erachtet und erweisen sich aus der Fremdperspektive als eine unter vielen Möglichkeiten. Heute schließen die Untersuchungsgegenstände der Wirtschaftsethnologie auch euro-amerikanische Firmen und internationale Unternehmen ebenso mit ein wie die vielfältigen Formen, in denen sich der Kapitalismus in den ehemaligen Kolonialstaaten zeigt.

Zu Beginn der ethnologischen Fachgeschichte wurden die Wirtschaftsformen nach einer mutmaßlichen Entwicklungslinie eingeteilt in Wildbeuter, zunächst als Schweifgruppen, später als spezialisierte Sammler, Jäger oder Fischer mit Vorratshaltung und Siedlungsbildung, in Feldbauern und später Intensivbauern sowie in Hirten und Viehzüchter. Solche Entwicklungs-

Wirtschaften folgt kulturellen Normen

linien wurden mehrfach widerlegt und stattdessen die Koexistenz der einzelnen Formen betont. Gemeinsam waren allen Gesellschaften jeweils kulturelle Normen, die Produktion und Konsumtion regelten. Gesellschaften haben bestimme Energieträger ausgeschlossen und Vorlieben für bestimmte Produkte entwickelt und keinesfalls alles verzehrt, was essbar gewesen wäre. Diätvorschriften konnten auf Personengruppen oder Jahreszeiten beschränkt sein oder in absoluter Form Gültigkeit beanspruchen. Einschränkungen galten gleichermaßen für den Bereich der Produktion, da wirtschaftliche Tätigkeiten gleichermaßen nach sozialen Kriterien, nach Geschlecht, Alter, Initiationsstufe oder Statusgruppe, geregelt wurden. Es ging nicht darum, wer jagen, roden, säen, ernten, töpfern oder LKW fahren konnte, sondern wem es nach den lokalen Regeln gestattet wurde oder wer dazu verpflichtet war. Bei all der Vielfalt an Regeln und Normen kann festgehalten werden, dass gesellschaftliche Konventionen Wirtschaftsweisen regeln und dass die Ökonomie mit anderen Institutionen verwoben ist.

10.1 | Vom Formalismus zum Substantivismus

Nutzenmaximierung als Prinzip der Formalisten

Raymond Firth (1901–2002) hatte in Neuseeland Ökonomie studiert, bevor er als Schüler (und 1944 als Nachfolger) von Malinowski an die London School of Economics kam. Auf Anraten seines Lehrers kehrte er zur Feldforschung nach Neuseeland zurück und promovierte 1927 über *The Primitive Economics of the New Zealand Maori*. In dieser sowie in späteren Arbeiten über die kleine Südseeinsel Tikopia hat Firth *gegen* die Determiniertheit von menschlichem Verhalten im Netz von Normen und Regeln und *für* eine Entscheidungsfreiheit und eine bewusste Wahl der Handelnden argumentiert (Firth 1939). Wenn die Leistung des Evolutionismus darin lag, die „Wilden" in einen einheitlichen Interpretationsrahmen aller Menschen einzureihen, dann erhob der Funktionalismus sie zu rational handelnden Gemeinschaften, die sich lediglich durch ihre Technologien und Ziele unterschieden. Es lag also nahe, das Modell der neoklassischen Wirtschaftswissenschaften mit der Annahme einer Selbstregulierung durch Angebot und Nachfrage auch auf die Analyse

von kleinen Gesellschaften zu übertragen. *Formalisten* – benannt
nach der formalen Übernahme dieses Modells – gehen (z.T. bis
in die Gegenwart) von einer Nutzenmaximierung aus, die jedem
Menschen zu eigen ist, und erklären wirtschaftliches Handeln
in allen Gesellschaften nach diesem Modell.

Als Gegenbewegung zu dieser Theorie hat sich nach dem
Zweiten Weltkrieg die Schule der *Substantivisten* etabliert. Ihr
Vordenker war Karl Polanyi (1886–1964), der in seinem Werk
The Great Transformation (1944) vier Wirtschaftsformen unter-
schied: Reziprozität, Redistribution, Haushaltung und Markttausch (oder Tauschhandel). Die Reziprozität wurde bereits von
Marcel Mauss (1990 [1925]) als universales Prinzip erkannt und
beflügelte in der gleichen Dekade auch die Allianztheorien von
Lévi-Strauss (1981 [1949]). Sinnvoll ist die Unterscheidung in eine
ausgeglichene bzw. eingeschränkte Form, bei der einer Gabe die
Gegengabe zeitnah folgt und eine generalisierte Form, bei der
die Erwiderung später und in anderer Form erfolgen kann. Eine
negative Reziprozität liegt dann vor, wenn ein Partner seinen
Verpflichtungen nicht nachkommt oder wenn es sich um Dieb-
stahl oder Raub handelt. Allen Formen ist die Idee der Sym-
metrie gemeinsam. Offensichtlich wird hier für den Eigenbedarf
oder für Tauschpartner produziert – ökonomische Tätigkeiten
sind demnach untrennbar mit sozialen Erwägungen verbunden.

Im Gegensatz dazu beruhen Haushaltung und Redistribution
auf Zentralität. Man gibt an ein Zentrum, von dem aus verteilt
wird (etwa so, wie ein Steuersystem funktionieren sollte). Polanyi polemisierte gegen Adam Smith (ca. 1723–1790) und seine
Vorstellung vom ökonomisch fixierten (oder raffgierigen) Individuum. Systemerhalt schien oft ein höherer Wert zu sein als das
individuelle Akkumulieren von Gütern. In „organischen" Gesellschaften, in denen die meisten Produkte ohne Stein und ohne
Eisen hergestellt werden, zerfallen die Güter ohnehin und der
einzige Weg zum Statusgewinn ist das Geben. Das Gabensystem
in Neuguinea und das korrespondierende *big-man*-System wurde
von Ethnologen minuziös dokumentiert und auch als *pay-back-
society* beschrieben. Nichts erscheint wichtiger, als das Tausch-
gleichgewicht zu wahren.

Reziprozität setzt völlig andere Schwerpunkte als der Markttausch. Wenn ich mir von jemandem Geld geliehen und es an-

*Reziprozität als Prinzip
der Substantivisten*

Redistribution

Mischformen

schließend zurückgezahlt habe, so könnte man marktökonomisch behaupten, dass wir quitt sind. So verhält es sich bei privaten Bankkrediten. Aus Sicht der Gabentheorie besteht jedoch eine Beziehung. In vielen Teilen der Welt werden von den ärmeren Bevölkerungsschichten komplexe Redistributionssysteme unterhalten, in denen jeder Partner sowohl Schulden hat als auch Schuldner ist. Dies verleiht Sicherheit und die Tatsache, einen Kredit zu bekommen, lässt auf einen guten Ruf schließen. Auf den zweiten Blick kann also die Unterscheidung zwischen der Gaben- und der Marktökonomie nur bedingt aufrecht erhalten werden. Sehr häufig liegen Zwischenformen vor. Im ländlichen Europa haben sich an vielen Orten, an denen die Wohnhäuser früher in Nachbarschaftshilfe (eingeschränkte Reziprozität) errichtet wurden, marktähnliche Mechanismen etabliert, in denen die geleistete Arbeit notiert und bei fehlender Gegenleistung mit neutralen Zahlungsmitteln (beispielsweise Geld) kompensiert wird. In anderen Kontexten wäre dies undenkbar. Wenn mir ein Freund bei meinem Umzug geholfen hat, so kann ich mein Fernbleiben während seines Umzuges nicht durch einen Barscheck kompensieren.

Markttausch

Die vierte Wirtschaftsform entspricht dem Markttausch. Im Gegensatz zur Gabengesellschaft werden hier die Güter von ihren Produzenten und Händlern unabhängig, also als Ware, betrachtet. Die rechtlich gleichgestellten Handelspartner müssen über das Veräußerungsrecht verfügen, was sowohl für Waren wie auch für das Verleihrecht an Dingen oder fiktive Waren, wie Arbeit oder Land, gilt. Nur dann liegt unter bestimmten Möglichkeiten eine Marktökonomie, also eine Selbstregelung von Angebot und Nachfrage, vor. Zu diesen Möglichkeiten zählen: Ausblendung aller gesellschaftlichen Einflüsse, freier Zugang zu den Märkten, Einkünfte müssen tatsächlich realisiert werden und alle Dienstleistungen verfügbar sein. Wenn jedoch Arbeit und Umweltressourcen zur Ware werden, folgt daraus langfristig eine Selbstzerstörung. Nach Polanyi setzt dies eine Herauslösung der Ökonomie vom Rest der Gesellschaft voraus, die im Merkantilismus keinesfalls gegeben war, sondern erst im 19. Jahrhundert – wenn auch nicht vollständig – erfolgte. Seine Thesen von 1944 erweisen sich mehr als 60 Jahre später uneingeschränkt als aktuell. In der ausgehenden ersten Dekade des 21. Jahrhunderts sehen sich Regierungen mit den Folgen internationaler, selbstinduzierter Finanzkrisen konfrontiert und diskutieren geeignete Maßnahmen, um die Ökonomie zu zähmen. Wenn man früher Gesellschaften mit geringer oder weitentwickelter Naturbeherrschung unterschieden hat, so ist es eine Frage der Zeit, bis man Staaten mit einem entsprechenden Maß an Wirtschaftsbeherrschung unterscheiden wird.

Fazit

Die Substantivisten lehnen folglich die allgemeine Anwendung der neo-klassischen Wirtschaftstheorie auf andere Gesellschaftsformen ab, weil sie die Loslösung der Wirtschaft aus anderen Teilbereichen der Gesellschaft die Autonomie der Ökonomie voraussetzt. Dies kann für die meisten außereuropäischen und vor allem vorkolonialen Gesellschaften keinesfalls angenommen werden. Substantivisten untersuchen stattdessen die Einbettung der Wirtschaft in spezifische Kontexte, sie gehen vom Einzelfall, von der Substanz, aus.

Beispiel

Ein eindrucksvolles Beispiel für die Einbettung von Wirtschaft in lokale Gesellschaftssysteme liefern die (vorkolonialen) Tauschsphären der Tiv in Nigeria. Sie unterscheiden prinzipiell den Tausch von (A) Subsistenzgütern wie Getreide und Yams, Hühner und Ziegen sowie Haushaltswaren, (B) Prestigegütern wie Rinder, Sklaven, Stoffe und öffentliche Ämter und (C) Rechte an Menschen, die sich in erster Linie auf die eigenen Nachkommen, Mündel und Frauen als Heiratspartner beziehen. Entscheidend ist nun, dass nur innerhalb der jeweiligen Sphären getauscht werden soll. Laura und Paul Bohannan (1968) haben aufgezeigt, dass im „unteren" Bereich A nach dem Prinzip der individuellen Gewinnmaximierung gehandelt wird, während im „höchsten" Bereich C das Gemeinwohl, der Systemerhalt, angestrebt wird. Die drei Ebenen sind zudem hierarchisiert, weil ein Tausch aus C nach B oder von B nach A als statusmindernd und in der umgekehrten Richtung als statusgenerierend betrachtet wird. Wer sein Amt für Lebensmittel verpfändet, ver-

Tauschsphären der Tiv

liert an Status. Wer jedoch Stoffe oder Sklaven für eine Heiratsallianz zahlt, gewinnt an Status. (Rössler 2005: 205–09)

Hierarchisierung der
Tauschsphären

Bei näherer Betrachtung und unter Verwendung eines weit gefassten Wirtschaftsbegriffs finden sich in den meisten (oder
allen?) Gesellschaften hierarchisierte Tauschsphären (Rössler
2005: 207–08). Der von Malinowski beschriebene *kula*-Ring, der
Tausch von Prestigegütern, bildet einen exklusiven Kreis, die
Teilnahme daran ist mit Prestigegewinn verbunden. Unter keinen Umständen dürfen die hier getauschten Halsketten und
Armreifen gegen Lebensmittel oder Boote getauscht werden. In
unserer eigenen Gesellschaft gilt der Verkauf von Erbstücken,
vor allem von Familienschmuck, als statusmindernd. Der An-
kauf kann jedoch statuserhöhend wirken, wenn sich der neue
Besitzer mit Dingen, die eine besondere Geschichte haben, auszeichnet. Getauscht werden auch Informationen, die nach gesellschaftlicher Konvention nur innerhalb klar demarkierter
Grenzen zirkulieren dürfen. Wer vertrauliche Informationen
verkauft, verliert seine Stellung. Bei Sexualität, die konventio-
nell auf zwei monogame Partner beschränkt ist, gilt eine Grenz-
überschreitung besonders dann als statuserniedrigend, wenn
Güter aus einer „niedrigeren Tauschsphäre", etwa Geld oder
geldwerte Vorteile, damit erworben werden. Arjun Appadurai
(Introduction, 1986: 21 f.) hat darauf hingewiesen, dass Tauschsphären stets moralische Systeme abbilden und ihre Überschreitung besonders in Krisenzeiten zunimmt.

10.2 | Nach Karl Polanyi: George Dalton und Marshall Sahlins

Jäger und Sammler als
Überflussgesellschaft

Polanyis Werk (1944) wurde zunächst nicht rezipiert und erst in
den 1960er Jahren im Rahmen einer Debatte zwischen den Substantivisten und Formalisten aufgenommen. Vorausgegangen
war der Sammelband *Markets in Africa* (Bohannan und Dalton
1962), in dem seine Thesen weiterentwickelt wurden. Man unterschied zwischen „Spezialgeld" und „Allzweckgeld" und diskutierte die Theorie der peripheren Märkte und der multizentri-
schen Wirtschaftsformen. Eine völlig neue Dimension erfuhr die
Debatte mit dem Werk *Stone Age Economics* von Marshall Sahlins

(1973). Er prägte den Begriff „the original affluent society", die ursprüngliche Überflussgesellschaft, und verwies auf die ökonomische Praxis der Jäger und Sammler, die nur wenige Stunden in der Woche „arbeiten" müssen, um ihren Lebensunterhalt zu bestreiten. Hier sind nicht die Güter, sondern die Bedürfnisse beschränkt und erlauben ein materiell einfaches Leben im Überfluss. Diese Thesen liefen nicht nur auf eine Kritik an der neoklassischen Tradition, sondern auch an den materialistischen Schulen in der Ethnologie (vgl. White 1959) hinaus. Im weiteren Sinn stellen sie den American Way of Life infrage, wurden folglich vehement diskutiert und teilweise verworfen. Die Berechnung der geringen Wochenarbeitszeiten von zwei bis vier Stunden der Kung-San in der Kalahari hielt der näheren Untersuchung nicht stand und eine Übertragung auf andere Jäger, z.B. die Inuit, wurde verworfen. Einen weiteren Theoriestrang von Sahlins bilden die „häuslichen Produktionsweisen", die sich durch diskontinuierliche und wenig intensive Arbeit auszeichnen. Die besondere Bedeutung von *Stone Age Economics* liegt jenseits der Wirtschaftsethnologie, da mit diesem Werk die kulturalistische Wende in der Ethnologie eingeleitet wurde (vgl. Beck 2001: 417).

Neomarxisten | 10.3

Neben den Formalisten und Substantivisten werden die Neomarxisten als dritte Schule angeführt. Dieser Ansatz sieht – wie die Substantivisten – den ökonomischen Bereich eingebettet, und betont – wie Marx – den historischen Prozess. Einen Untersuchungsschwerpunkt bilden die Macht- und Rechtsverhältnisse, die einer Produktionsweise zugrunde liegen. Oft wird eine spezifische Produktionsform mit einer entsprechenden Gesellschaftsordnung gleichgesetzt. Jäger und Sammler, die in kleinen Schweifgruppen von etwa 30–60 Personen leben, gelten als egalitär, und mit einem Übergang zur Redistribution geht gesellschaftliche Schichtung einher. Maurice Godelier ging jedoch nicht, wie Karl Marx, von dem bestimmenden Einfluss der Ökonomie auf die Ideologie, sondern vom Gegenteil aus. Die ideologischen Annahmen einer Gesellschaft bringen die spezifischen Produktionsverhältnisse hervor.

Die Umkehrung des Marxismus

Beispiel

Wirtschaftsform, Heiratsregeln und Führerschaft sind verwoben

Bei den Baruya in Neuguinea sah Godelier in der geschlechtlichen Arbeitsteilung, die den Frauen den Besitz von Waffen und Äxten untersagte und somit das Jagen und Urbarmachen von Land zur Männerdomäne erklärte, nicht die Folge, sondern die Voraussetzung für die Herrschaft der Männer (Godelier 1987: 34). Wenn wir den Frauentausch hier als einen Aspekt der Ökonomie betrachten, allein weil es sich um *eine* Form von Reziprozität handelt, dann erweist sich dieser als eng verwoben mit der politischen Ordnung. Baruya kennen keine Brautgeldzahlungen oder Mitgift (die in anderen Teilen Neuguineas durchaus üblich sind), sondern „tauschen" Frauen nur gegen Frauen. Da es keine Zahlungsmittel für die Heiratsallianzen gibt, sind die reziproken Erwiderungen zeitnah und die Tauschzirkel eingeschränkt. Dies hat für die politische Führerschaft zur Folge, dass sie gleichermaßen kleinräumig gefasst ist. In anderen Teilen Neuguineas, wo Nutztiere als Brautgeld verwendet wurden, konnten die *big men* ihren Einflussbereich durch komplexe Allianzen erweitern.

Die gesellschaftlichen Vorstellungen von der Veräußerbarkeit von Dienstleistungen, Gütern oder fiktiven Gütern wie Arbeit, Land oder Luft (man denke an vermarktbare Emissionsrechte) können folglich keinesfalls verallgemeinert werden. Diesem neomarxistischen Ansatz wurde jedoch von den Kritikern vorgeworfen, die komplexe Ethnographie als Illustrationsmaterial für ihre Modelle zu verwenden (Rössler 2005: 132–40).

10.4 | Neue Institutionenökonomik

Lokale Regelwerke als ökonomische Institution

Die neue Institutionenökonomik (Acheson 1994) sieht den Menschen – ganz wie der neoklassische Ansatz – als rational handelnden Akteur. Neu ist jedoch die Einsicht, dass Akteure ein Defizit an Wissen aufweisen, auf Unwägbarkeiten stoßen und bei ihrem Wirken stets Hindernisse überwinden müssen. Institutionen können – im besten Fall – das notwendige Wissen liefern,

Unwägbarkeiten umgehen und Hindernisse überwinden. Zwischen dem Akteur und dem Markt, der aus neoklassischer Sicht kulturunabhängig von unsichtbarer Hand gelenkt wird, existieren lokale Regeln und kulturelle Normen. Menschen formen Gemeinschaften oder gründen Vereine, Geschäftspartner schließen Verträge, Arbeitsverfassungen und Pachtverträge regeln individuelle Dienstleistungen und spezifische Landnutzungen. Nicht der Markt regelt die Ökonomie, sondern die spezifischen Umstände vor Ort. Mit einem weit gefassten Verständnis von „Institution" werden hier sozio-kulturelle Regelwerke untersucht, die ökonomisches Handeln prägen. Im Grunde geht es um die Frage: Wie werden Firmen geführt? Selbst wenn man von kulturunabhängigen Marktmechanismen ausgehen würde, kann nicht ausgeblendet werden, dass Firmen in Indien, Taiwan und Singapur informelle Netzwerke stärker beanspruchen als in den Ursprungsländern des Kapitalismus. Eine optimale Nutzung von Ressourcen erfolgt unter Einbeziehung von Familie, Verwandtschafts- und Patronagesystemen sowie Loyalitätsverhältnissen. Entscheidungen, die Harmonie in der Familie und zugleich einen kurzfristigen Gewinnverlust bewirken, jedoch langfristig – ggf. auch generationsübergreifend – Erfolge sichern sollen, bieten Spielraum für ethnologische Interpretation. (Rössler 2005: 95–105)

Einen der Schwerpunkte der neuen Institutionenökonomik bilden – was leicht nachzuvollziehen ist – kollektive oder individuelle Eigentumsrechte, meist an Produktionsmitteln. In agrarischen, administrativ schwach erfassten Gesellschaften erweisen sich die vielfältigen Landnutzungsrechte, die oft eine Veräußerung ausschließen, als besonders komplex. Der zweite Schwerpunkt der Forschung umfasst die Transaktionskosten, die durch die Begleitumstände einer ökonomischen Handlung entstehen und sich in erster Linie auf das Einholen von verlässlichen Informationen über den Handelspartner, Marktpreise, Qualität der Waren etc. beziehen. Aber auch spezifisches Wissen über Verfahren oder Technologien muss eingeholt werden, um marktgerecht zu produzieren. Besonders hoch fallen die Transaktionskosten aus, wenn die spezifische Transaktionsform eher selten vorkommt, eine spezifische Form hat, und wenn Vertragspartner wichtiges Wissen bewusst zurückhalten. Die besondere

Transaktionskosten

Leistung der Institutionen besteht nun darin, diese Transaktionskosten zu minimieren. Die neue Institutionenökonomik geht davon aus, dass Firmen genau aus diesem Grund gegründet wurden. Sie vermitteln zwischen Akteur und Markt das notwendige Wissen, um ökonomisches Handeln zu kanalisieren. Das theoretische Modell geht jedoch von einem permanenten Wissensdefizit aus, das wirtschaftliches Handeln begleitet, und daher Marktentwicklungen unvorhersehbar macht. Im Klartext bedeutet dies eine Abwendung von der „unsichtbaren Hand", die den Markt reguliert (Acheson 1994: 6).

10.5 | Materielle Güter, Aneignung und Objektbiographien

Materialität und Sinnstiftung von Dingen

Materielle Güter spielten in der Frühphase der Ethnologie eine herausgehobene Rolle. Sie wurden aus Übersee in europäische Sammlungen und Museen geschafft und Diffusionisten analysierten und katalogisierten die fremden Dinge. Fragen nach den Ergologien und Technologien sind heute in den Hintergrund gerückt. Weiterhin aktuell sind jedoch die Beziehungen, in denen Dinge und Kultur zueinander stehen. Was kann aus Artefakten gelesen werden? Stehen und sprechen Dinge für sich oder eröffnen sie ihre Bedeutung und ihren Sinn erst im kulturellen Kontext (Feest 2000). Kontrovers wurde die Frage diskutiert, ob das, was in Völkerkundemuseen als außereuropäische Kunst ausgestellt wurde, in der Herkunftsregion als Kunst oder als Handwerk galt. Als Kompromiss wurde gelegentlich von Kunsthandwerk gesprochen. Wenn die Kunstgeschichte bei der Interpretation von europäischer Kunst auf Komplexität verweist, als wie schwierig muss sich dann erst die Deutung von fremden Artefakten erweisen? Wir können zwar aufgrund der Materialität die Schwierigkeiten bei der Anfertigung erkennen und die Fähigkeiten der Produzenten wertschätzen, doch geht es in der Ethnologie um die Einbeziehung der emischen Deutung. Wenn wir die Perspektiven verkehren, könnten wir fragen, was die Sixtinische Kapelle ohne die Kenntnisse der auf den Wänden und in der Kuppel repräsentierten Personen, Ereignisse und Symbole aussagt? Wir können festhalten, dass bei der Behandlung von Dingen die Materialität und deren kulturelle Sinnstiftung zwei zu unterscheidende Dimensionen darstellen, die zwar miteinander verwoben sind, doch bei ihrer Deutung jeweils eigenständig gewürdigt werden müssen.

Im Zuge der Globalisierungsdiskussionen entstand ein neues Interesse am Materiellen, da globale Güter wie Aspirin, Coca Cola und Kalaschnikows weltweit anzutreffen sind, jedoch nicht notwendigerweise das Gleiche leisten oder bedeuten. Aneignung bedeutet in der Ethnologie keinesfalls die Übernahme einer Technologie, Institution oder eines Produkts, sondern eine bewusste und zielgerichtete Neuinterpretation, Umdeutung, Umarbeitung oder Transformation. In der deutschen Ethnologie wurde vor allem von Gerd Spittler und seinen Schülern ein umfangreicher Korpus zur Ethnologie der Dinge und deren Aneignung geschaffen (siehe Beck, Förster, Hahn 2004). Von Fahrrädern über Handys bis zu robusten Erzeugnissen wie Dieselmotoren haben Hans-Peter Hahn und Kurt Beck minuziöse Feldforschungen durchgeführt und gezeigt, wie die Handhabung, Verfügungsgewalt, Verleihbereitschaft und die Bedeutung keinesfalls durch die Produkte vorbestimmt ist.

Aneignung

Beispiel

Zum Teil werden Produkte zu Zwecken eingesetzt, an die bei der Herstellung keinesfalls gedacht wurde. In südindischen Dörfern bieten die fliegenden Händler vor den großen Jahresritualen nicht nur ihre Aluminiumtöpfe, sondern auch Anti-Baby-Pillen feil, jedoch nicht als Verhütungsmittel, sondern als reine Ovulationshemmer. Einige Kasten legen Wert darauf, dass die rituell bedeutenden Speisen von den Frauen des eigenen Haushalts, jedoch nicht während ihrer Menstruation, zubereitet werden. Umstände, die mit Blut, Tod oder Verwesung zu tun haben, gelten in der rituellen Symbolik als unrein. Da die dörflichen Familienverbände migrationsbedingt kleiner geworden sind und oft nur noch eine einzige Frau im Haushalt kocht, wurde die Pille lokal angeeignet. Wenn die Monatsregel während der Festtage erwartet wird, kaufen Frauen stillschweigend die Pillen von den mobilen Händlern, um den biologischen Rhythmus um ein paar Tage zu verschieben.

„Die Pille" als Ritualhilfe

Beispiel

Die Umarbeitung von LKWs im Sudan

Ein imposantes Beispiel dafür, wie Güter umgearbeitet werden, um sie für den neuen Kontext zu optimieren, bietet der lange Jahre in England und heute in Pakistan hergestellte LKW Bedford TJ. Er wird in den Sudan exportiert und dort in alle Einzelteile zerlegt, die als Rohstoff für ein neues Gefährt dienen. Tragende Teile werden verstärkt, zusätzliche Federblätter eingelegt, die Ladefläche verlängert und ein neuer, hoher Ladeaufbau konstruiert. Auf die in der Wüste überflüssigen Blinker wird verzichtet, jedoch für weitere Finessen ein neuer Kabelbaum eingezogen. Selbstredend erhalten die so umgearbeiteten LKWs ein neues, komfortables Führerhaus und werden farblich komplett neu gestaltet. Mit dem Prozess der Aneignung sind angepasste Technologien, Werkstätten, Gemeinschaften von Mechanikern, lokale Identitäten und schließlich ein völlig neuer LKW entstanden (Beck 2004).

Glokalisierung

Was hier am Beispiel eines Fahrzeuges Schritt für Schritt beobachtet, bildlich dokumentiert und von den Handwerkern kommentiert werden kann, entzieht sich in anderen Fällen aufgrund der Vielzahl von Akteuren und der Multilokalität dem direkten Zugriff. Staatsformen, Rechtssysteme, Bankorganisationen, Krankenkassen und Versicherungen werden als Institutionen gleichermaßen angeeignet wie handelsübliche Anti-Baby-Pillen. Weltweit operierende Fastfood-Ketten passen ihre Produkte ebenfalls den landesüblichen Sprach- und Ernährungsformen an und verkaufen in Kairo *MacArabia* („grilled kofta in Arabic flatbread") in Delhi *Maharaja-Burger* und in Tokio Fischprodukte mit Soja-Sauce. Wenn mit Globalisierung eine zunehmende Vernetzung und Verbreitung von Ideen und Waren unter Vernachlässigung der lokalen Wirkkraft gemeint ist, so entspricht dies einer euro-amerikanischen Weltsicht. Aus ethnologischer Sicht wird daher von *Glokalisierung* (Robertson 1996) gesprochen und der vermeintlichen Gefahr einer sich homogenisierenden Welt widersprochen. Ähnlich wird nur die Oberfläche an Nicht-Orten wie Flughäfen, Supermärkten und gehobenen Hotelketten.

Die Ethnologie der Dinge betont zweierlei. Erstens sind *Arte-* **Objektbiographie**
fakte, vom Menschen geschaffene Dinge, sowie auch *Naturfakte*,
die von der Natur hervorgebracht wurden, von ihrer Bedeutung
zu trennen. Die Sinnzuschreibung geht nicht aus dem Ding,
sondern aus den gesellschaftlichen Verhältnissen hervor. Daher
gilt zweitens, dass Dinge immer mit ihrem Kontext (oder der
Perspektive der Betrachter) verbunden sind. Aus der Folgerung,
dass Dinge mit veränderten Besitzverhältnissen, Überführung
an andere Orte, Einordnung in andere Zusammenhänge etc.
eine eigene Geschichte aufweisen, ist das Konzept der *Objekt-*
biographie entstanden (Kopytoff 1986). Es macht Sinn, von einem
„sozialen Leben" der toten Objekte auszugehen (Appadurai
1986), denn sie begleiten die menschlichen Biographien, än-
dern ihre Farbe, Form und Funktion, ihren Wert, ihre Gesellschaft und somit ihre Identität. Dies wird besonders bei dem
Rückblick auf die Geschichte von Objekten in Völkerkundemuseen deutlich. So könnte ein Objekt eine Gabe, dann ein Ge-
brauchsgegenstand, später ein Tauschobjekt, dann Sammlungs-
objekt geworden sein, das schließlich über ein Auktionshaus
von einem Museum aufgekauft und restauriert wurde, in Maga-
zinen gelagert, und schließlich ausgestellt wurde. Spätestens
bei jedem Besitzerwechsel verändert sich die Identität.

Der weiterführende Gedanke zielt auf die Versammlung der **Museumsobjekte**
Dinge, etwa ethnologische Museumssammlungen, die in ihrer
Komplexität als „Texte" – siehe *Writing Culture*-Debatte – zu lesen
sind. Museumsobjekte werden nicht nur präserviert, sondern
auch klassifiziert. Ein Neuzugang wird in bestehende Ordnungsmuster eingefügt, unabhängig davon, ob es sich um ein
Magazin oder eine Ausstellung handelt. Wie ein Wort erst
im Satz seine Bestimmung findet, so bilden Objekte durch den
Ort ihrer Existenz und ihre Nachbarschaft zu anderen Dingen
syntagmatische Reihen. In diesem Sinn präsentieren Museen
keinesfalls Dinge „wie sie sind", sondern sie schaffen Sinnzusammenhänge, in denen alte Bedeutungen von neuen über-
schrieben werden. Die Ausstellungsarbeit wird somit oft von
einem Paradox begleitet, weil genau dieser kreative Akt der
Kuratoren konterkariert wird durch die Erwartungshaltung vieler Museumsbesucher, die „authentische" Objekte mit Aussagekraft über eine ethnographische „Wirklichkeit" fordern.

Konsumforschung

Das Sammeln von Ethnographica und deren Ausstellung in Völkerkundemuseen kann durchaus als eine Facette des Konsums des Fremden betrachtet werden, zu dem auch Theaterinszenierungen, Weltausstellungen oder Erlebnisparks zählen. In diesen Zusammenhängen erfahren die Ideen sichtbare Formen und werden zu Waren. Konsumiert werden also nicht allein Güter in ihrer dinglichen Form, sondern Zeichen und Symbole, die sich zu Bedeutungslandschaften verdichten. Eine Schwerpunktverlagerung von einer Geschichte der dinglichen Welt und der Produktionsweisen zu einer Bedeutungsgeschichte der alltäglichen Güter wurde bereits in den 1950er Jahren von Roland Barthes eingeleitet und vielerorts aufgegriffen. Die Geschichte der Neuzeit lässt sich gewinnbringend als eine „Geschichte des Konsums" lesen, in der die Auseinandersetzung mit dem kulturell Fremden konstitutiv für die Identität des kolonialen Europas wurde (Geyer und Hellmuth 2004). Diese Perspektive vermittelt zwischen den abstrakten Ideen und Ideologien und den zweckrationalen und funktionalen Dimensionen. Kultur wird hier zur Grundlage und zum Resultat von Konsum, an dem Akteure samt ihrer gesellschaftlichen Prägung beteiligt sind. Somit wird die reine Ökonomie entzaubert, weil die Dinge, um die es geht, keinesfalls an sich, sondern nur als sinnerfüllte Größen wirksam sind. Artefakte fügen sich in Bedeutungslandschaften, die ihrerseits den Nährboden für Neuschöpfungen bilden (Miller 1995).

Monetarisierung

Kein Einzelaspekt scheint in Wirtschaftssystemen so zentral wie Zahlungsmittel. Es stellt sich die Frage, ob moderne Währungen (im Gegensatz zu nichtstaatlichen Formen wie z.B. Muschelgeld), ebenfalls lokal angeeignet werden, oder ob sich mit dem Prozess der Monetarisierung überall die gleichen Entwicklungen abzeichnen? Wird Geld, wie es die Thesen der Glokalisierung und der Konsumforschung nahelegen, vor Ort neu bestimmt? Haben Geldstücke und Banknoten eigene Objektbiographien? Ethnologische Arbeiten stellen je nach theoretischer Orientierung jeweils das Allgemeine oder das Spezifische in den Vordergrund. Meist weisen Ethnologen auf die negativen Auswirkungen der Monetarisierung auf Lokalgesellschaften hin. Nur wenige folgen der Soziologie Simmels, der mit der Geldwirtschaft die Verringerung von personifizierten Abhängigkeiten verband. Wenn jedoch der erste Schritt einer ethnologischen Betrachtung die Binnensicht einer fremden Gesellschaft sein sollte, so stellt sich hier die Frage, was Geld vor Ort bedeutet, was Menschen mit der Währung tun und was nicht?

Beispiel

Gesellschaftlich bedeutende Zahlungen leisten die Nuer im heutigen Sudan mit Rindern, obwohl sie seit einigen Dekaden modernes Geld als alltägliche Währung verwenden. Die emotionale Bindung an die Rinder und ihr hoher Prestigewert, der bereits 1940 von Evans-Pritchard beschrieben wurde, spiegelt sich folglich auch in den ökonomischen Transaktionen wider. „Die kulturelle Ideologie setzte Rinder und Menschen gleich. Bei Opfer- oder Tauschhandlungen wurden Rinder als Verlängerung des Menschen angesehen, was bei Brautpreis- und Blutgeldzahlungen am deutlichsten war." (Klute 2003: 109) Als die britische Kolonialregierung nach dem Zweiten Weltkrieg begann, Rinder, mit denen Gerichtsstrafen abgegolten wurden, zu versteigern, und Nuer als Arbeitsmigranten Geld in ihre Region brachten, änderten sich die Verhältnisse. Nicht jedes Geld konnte zum Rinderkauf verwendet werden, etwa das „Latrinengeld" aus einer verunreinigenden Tätigkeit. Ideales Zahlungsmittel ist das „Rindergeld", das aus dem Rinderverkauf generiert wurde, und das auch als ein Teil der Brautpreiszahlung verwendet werden kann.

Eine dritte Kategorie, die mit menschlichem Schweiß verbunden ist, wird als „Arbeitsgeld" bezeichnet und kann für den Rinderkauf verwendet werden. Im Sinn von Simmel könnte die Monetarisierung als befreiende Entwicklung verstanden werden, da so auch junge Männer ohne den Besitz einer Herde zur Begleichung einer Brautpreiszahlung fähig wären. Dies wäre besonders für die durch Kriegswirren vertriebenen Nuer, die in Flüchtlingslagern lebten, von Bedeutung gewesen. Da jedoch die Herdenbesitzer an den Verhandlungen teilnahmen, verdoppelte sich der Brautpreis, wobei nur die Hälfte mit „Arbeitsgeld" beglichen werden konnte. Der Schluss, dass sich die Nuer den Folgen einer Monetarisierung entzogen und stattdessen das Geld „rinderfiziert" hätten, wäre jedoch vorschnell gezogen.

Rindergeld der Nuer

Die Monetarisierung hatte Folgen, die keinesfalls vorhersehbar waren und sich auch nicht allein durch Anwendung der Tauschsphären (nach Bohannan und Bohannan) erklären lassen. „Die einzelnen Sphären sind nicht [...] durch die Kategorie der getauschten Objekte bestimmt [...], sondern durch die jeweils als gültig durchgesetzten sozialen Verhältnisse." (Klute 2003: 112)

Fazit

Die Wirtschaftsethnologie hat in ihrer frühen Phase die Formen wirtschaftlicher Produktion untersucht und evolutionistische Klassifikationssysteme, ausgehend von Jägern und Sammlern, entwickelt. Die theoretische Orientierung unterscheidet „Formalisten", die von einer mehr oder weniger starken Modifizierung europäischer Wirtschaftstheorien ausgehen und den mit Gewinnorientierung ausgestatteten Akteur betonen, und „Substantivisten", die stärker fallbezogen und induktiv arbeiten. Die neue Institutionenökonomik setzt zwar einen rational handelnden, doch – realistischerweise – keineswegs freien und gut informierten Akteur voraus. Untersuchungsgegenstände bilden nicht der Warenfluss oder der Markt, sondern die lokalen Regeln und Normen, Verbände und Institutionen, die an der Produktion und Distribution beteiligt sind. Fragen der Globalisierung werden in der Wirtschaftsethnologie ebenfalls mit Hinwendung zur Lokalität untersucht und betonen die lokale Aneignung von globalen Gütern.

Fragen

1 Von welchem Wirtschaftsmodell und welchen Wirkmechanismen gehen die Formalisten aus?
2 Welche Argumente führen Substantivisten gegen den formalistischen Ansatz an?
3 Welche Wirtschaftsformen unterscheidet Karl Polanyi?
4 Was meint Marshall Sahlins mit der ursprünglichen Überflussgesellschaft?

5 Wie bestimmen Neomarxisten nach Maurice Godelier das Verhältnis von „Sein und Bewusstsein"?
6 Was versteht man unter Aneignung?
7 Was ist eine Objektbiographie?

Antworten

1 Die Formalisten gehen vom neoklassischen Modell nach Adam Smith davon aus, dass Individuen mit einem Gewinnstreben ausgestattet sind und dass Märkte über Selbstregulierungsmechanismen verfügen.

2 Substantivisten widersprechen der Übertragbarkeit des neoklassischen Modells auf andere Wirtschaftsformen, da in marktlosen Gesellschaften Produktion und Tausch keine eigenständige Sphäre bilden, sondern in andere Bereiche eingebunden sind.

3 Polanyi unterscheidet Reziprozität, Redistribution, Haushaltung und Markttausch (oder Tauschhandel).

4 Sahlins hat die These aufgestellt, dass im Gegensatz zur Marktgesellschaft, in der Bedürfnisse unbegrenzt und Ressourcen begrenzt sind, bei Jägern und Sammlern, die nur wenige Stunden pro Woche „arbeiten" müssen, die Bedürfnisse begrenzt und Ressourcen im Überfluss vorhanden sind.

5 Neomarxisten gehen nach Godelier davon aus, dass die ideologischen Annahmen die Produktionsverhältnisse bestimmen und nicht umgekehrt.

6 Aneignung ist der kreative Prozess, mit dem Dinge, Technologien oder Institutionen in einen neuen gesellschaftlichen Kontext umgeformt, umgearbeitet, umgedeutet oder anderweitig transformiert werden.

7 Eine Objektbiographie ist die Lebensgeschichte eines Objekts und verweist auf die unterschiedlichen Identitäten, die einem Objekt in zeitlicher Abfolge zugesprochen werden.

11 | Religionsethnologie

Bestimmung des
Religiösen

E.B. Tylor, dem die erste wissenschaftliche Definition von Kultur zugeschrieben wird, definierte Religion kurz und bündig als „Glaube an geistige Wesen" (Tylor 1871 [dt. 1873, I: 418]) und hat damit eine sehr weit gefasste Begriffsbestimmung vorgenommen, wie sie für ethnologische Untersuchungen in jedem Fall hilfreich ist. Religion kann nicht auf ihre ausdifferenzierten Varianten oder auf die Weltreligionen reduziert werden. Andererseits sollte nicht jede Glaubensvorstellung, etwa an die Selbstregulierung des Marktes oder die Determination durch Gene, als Religion bezeichnet werden. Es besteht in den meisten Diskussionszusammenhängen ein Einvernehmen darüber, was zur Religion zählt, obwohl dies von sprachlichen Unschärfen umgeben ist. Verwiesen wird meist auf die Attribute „übernatürlich", „spirituell", „numinos", „transzendent", auf „empirisch nicht nachweisbar", oder auf „geistige Wesen", „Gott" und „Überbauphänomen". Zu den frühen Untersuchungsgebieten der Religionsethnologie zählen die mythologischen Grundlagen einer Gesellschaft, der Glaube an „übernatürliche" Kräfte und die auf das Numinose bezogenen Regeln, Normen und Rituale. Heute werden die Weltreligionen, vor allem in ihren synkretischen Formen, ebenso untersucht wie Revitalisierungsbewegungen, religiöse Formen des Widerstands oder Neoschamanismus (Mischung 2007).

Eine einflussreiche Definition von Religion stammt von Clifford Geertz, der den von Max Weber formulierten Kulturbegriff – der den Menschen als gefangen in seinem selbstgewobenen Netz von Bedeutungen sieht – verwendet. In seinem einflussreichen Essay *Religion als kulturelles System* (Erstveröffentlichung 1966) erklärt er Schritt für Schritt die folgende Definition.

Definition

„... eine Religion ist (1) ein Symbolsystem, das darauf zielt, (2) starke, umfassende und dauerhafte Stimmungen und Motivationen in den Menschen zu schaffen, (3) indem es Vorstellungen einer allgemeinen Seinsordnung formuliert und (4) diese Vorstellungen mit einer solchen Aura von Faktizität umgibt, daß (5) die Stimmungen und Motivationen völlig der Wirklichkeit zu entsprechen scheinen." (Geertz 1983: 48 [1966])

Mit dieser Definition von Religion führt Geertz die Dichotomie von „religiös und säkular" oder „heilig und profan" fort, die auch von Durkheim (2005 [1912]) als universale Abgrenzung von zwei fundamentalen Bereichen angesehen wurde. Unsere Vorstellungen von dieser Abgrenzung sind jedoch nach Talal Asad erst im 17. Jahrhundert entstanden und würden weder dem europäischen Mittelalter noch den nichtstaatlichen Gesellschaften gerecht. Asad sieht in unserem Religionsverständnis ein Produkt der Aufklärung, mit der sich ein vermeintlich rationaler Westen oder Norden vom vermeintlich religiös geprägten Osten oder Süden abgrenzt (Asad 1993). An dieser Stelle treten die bereits mehrfach angeschnittenen Probleme auf. Erstens: Definitionen sind vom eigenen kulturellen Hintergrund geprägt und beeinträchtigen den Blick auf das Fremde, doch ohne eine hinreichend klare Terminologie lassen sich keine nachvollziehbaren Aussagen formulieren. Zweitens: Aussagen sind niemals reine Beschreibungen, sondern zugleich Zuschreibungen, die Fremdvorstellungen in Abgrenzung zum Eigenen in einem asymmetrischen Machtverhältnis zugunsten des Verfassers schaffen. Für die Ethnologie empfiehlt es sich daher, ausgehend von den spezifischen Materialien oder Fragestellungen, die Bestimmung des Religiösen für den jeweiligen Untersuchungskontext zu klären, anstatt neue Universaldefinitionen vorzuschlagen.

Probleme des Definierens

11.1 | Die Anfänge der Religionsethnologie

Möglichkeiten des
Kulturvergleichs

Die Erforschung fremder Religionen hat im 19. Jahrhundert ein umfangreiches Korpus an exotisch anmutenden Beschreibungen hervorgebracht. Verglichen mit dem Bereich „Verwandtschaft", der durch Terminologie und Regeln einen objektivierbaren Zugang ermöglicht, oder „Wirtschaft", der man sich über die materielle Kultur und beobachtbare Dimensionen wie Technologie, Dienstleistungen, Handel und Konsum nähern kann, zeigen sich bei einer ersten Annäherung an den religiösen Bereich nennenswerte Hürden. Religion äußert sich zwar – wie andere Bereiche auch – in Handlungen, doch erweisen sich die Einordnung und der Kulturvergleich als schwieriger. Es erscheint einfacher, ein Verwandtschaftssystem einem bestimmten Typus zuzuordnen oder anhand der Arbeitsstunden und der produzierten oder konsumierten Nährstoffmengen einen Kulturvergleich vorzunehmen, als aus einer komplexen, symbolisch verdichteten Inszenierung oder einem Ursprungsmythos eine komparative Perspektive abzuleiten.

Animismus-Theorien

E.B. Tylor (1871) ging davon aus, dass jede Kultur eine Vorstellung von einer Seele hat, die unabhängig vom Körper existiert. Mit seiner Theorie des Animismus, die von einer Beseeltheit der Natur ausgeht, wandte er sich gegen die Annahme, dass die fremden Gesellschaften an die metaphysische Kraft von Objekten glaubten. Stattdessen verwies er auf die religiösen Konzepte, die sich „hinter" den heiligen Objekten verbergen, auf die der Glaube gerichtet wird. Er ging von einer Entwicklung von undifferenzierten Seelenvorstellungen zum Glauben an Geister aus, die später in wohlwollende und gefahrbringende Typen unterschieden wurden und nach Erfindung der Schrift in differenzierten Glaubenssystemen mündeten. Auf Tylor antwortete später Lévi-Strauss mit seinem Werk *Das Ende des Totemismus* (1965 [1962]), in dem er mit zahlreichen ethnographischen Quellen belegte, dass höchst unterschiedliche Konzepte unter diesem einen (von Europäern verwendeten) Begriff zusammengefasst wurden.

Magie als Ausdrucks-
handlung

Einer vehementen Kritik wurde auch Frazers Abfolge von „Magie – Religion – Wissenschaft" (s. Kapitel 3: Evolutionismus und Diffusionismus) als Welterklärungsmodelle unterzogen.

Frazer (1890) vermutete, dass es sich bei Magie um eine intellektuelle Fehlleistung handelt, die auf den Prämissen von Ähnlichkeit und Kontakt basiert. Wenn etwa ein Haar verbrannt wird, um denjenigen, von dem es stammt, zu heilen oder ihm zu schaden, so handelt es sich um ein symbolisches System, das in erstaunlich vielen Fällen die intendierte Wirkung hervorrief. Dabei muss nicht – wie Frazer behauptete – ein Denkfehler vorliegen. Es gilt, zwischen technischen Handlungen (ich trinke Kaffee, um eine biochemische Reaktion in meinem Körper zu bewirken) und Ausdruckshandlungen (ich trinke mit jemandem gemeinsam Kaffee, um einen neuen Kommunikationsraum zu schaffen) zu unterscheiden. Wenn ich jemandem nach einem Streit einen Blumenstrauß überreiche und mit einer gewissen Wahrscheinlichkeit eine belastete soziale Beziehung verbessere, so ist dies keine Magie, sondern ich bediene mich eines Symbolsystems. Letztlich fallen das Anzünden einer Kerze für eine erkrankte Person und das Verbrennen eines Haares in die gleiche Kategorie und führen die Entwicklungslinie von Magie zu Religion zu Wissenschaft ad absurdum.

Zu Beginn des 20. Jahrhunderts entwickelten Émile Durkheim (s.o.) und Max Weber (1864–1920) in Abgrenzung zu den evolutionistischen Schulen neue Ansätze in der Religionssoziologie, die maßgeblich auf die Ethnologie eingewirkt haben. Durkheim (2005 [1912]) sah in den religiösen Formen einen Ausdruck gesellschaftlicher Ideen, die somit den Akteuren als Modell der von ihnen geschaffenen Welt zur Verfügung stehen. Durch das Studium der Religion können folglich die Grundwerte einer Gesellschaft erkannt werden. Max Weber, Wegbereiter der modernen Soziologie, legte sein Augenmerk auf die Verbindung von Ökonomie und Religion. In seinem Klassiker *Die protestantische Ethik und der Geist des Kapitalismus* (Weber 2006 [1904/1905]) beschrieb er, wie die Werte des Calvinismus zur Grundlage eines wirtschaftlichen Handelns wurden, das schließlich im Kapitalismus mündete. Der entscheidende Punkt war hier die Zusammenführung von religiösen Normen und ökonomischer Entwicklung. Die kapitalistische Wirtschaftsform entstand somit nicht aus der ihr inhärenten Logik, sondern aus weltanschaulichen Grundannahmen. Im Gegensatz zum Evolutionismus fragt Weber nicht nach Ursprüngen oder

Die protestantische Ethik als Grundlage des Kapitalismus

Entwicklungslinien, sondern argumentiert historisch. Seine Arbeiten zielen auf einen Gesellschaftsvergleich anhand von *Idealtypen* von Personen und Institutionen, also Formationen, die als wesentlich erachtete Eigenschaften in sich vereinen. Es geht nicht um statistisch belegbare Durchschnittsgrößen, sondern um Modelle, die in den Köpfen der Menschen existieren, und als mentale Orientierung an der historischen Ausprägung beteiligt sind. Einer dieser Idealtypen ist der religiöse Charismatiker, der in seinem gesellschaftlichen Umfeld Autorität über andere erlangt. Der Kulturvergleich erfolgt schließlich unter Verwendung dieser Idealtypen.

11.2 | Die Pluralität der methodischen Ansätze im 20. Jahrhundert

Im 20. Jahrhundert hat die Religionsethnologie mehrere Ansätze verwendet, die sich weder klar voneinander abgrenzen lassen, noch in einer klaren zeitlichen Abfolge entwickelt wurden. Um die Breite des Spektrums anzudeuten, sollen einige Ansätze skizziert werden, die ich mit den Adjektiven funktionalistisch, kognitiv-strukturell, symbolisch, performativ und religionsästhetisch betiteln möchte.

Funktionale Ansätze
Zweifellos erfüllen Religionen eine Funktion. Darauf hat bereits Malinowski (1979 [1922]) hingewiesen, indem er auf die affektstabilisierende Wirkung von religiösen Praktiken verwies. Ein Ritual vor dem Auslaufen eines Kanus vermittelt den Seeleuten Zuversicht. Wesentlich komplexer ist die ökologisch ausgerichtete Untersuchung von Roy Rappaport, der einen Ritualzyklus in Neuguinea beschreibt und zu dem Schluss kommt, dass Hausschweine nur dann geopfert werden, wenn ihre Zahl überhand nimmt, und sie zugleich bei niedriger Population geschützt werden. Somit regelt der Ritualzyklus eine ökologisch sinnvolle Bestandsgröße der Hausschweine (Rappaport 1968). Religion wird hier zu einer das gesellschaftliche und ökologische Gleichgewicht regulierenden Institution. Mit einem ähnlichen Argumentationsmuster vertritt der Kulturmaterialist Marvin Harris die bereits genannte These (siehe Kapitel zur Interpretativen Ethnologie), dass das religiöse Verbot von Schwei-

nefleischverzehr im Islam und von Rindfleischverzehr im Hinduismus aus ökologischen und biologischen Gründen besteht (Harris 1974).

Ein funktionales Modell wirft jedoch weitere Fragen auf, etwa warum Klane jeweils ein bestimmtes Tier – im Gegensatz zu ihren Nachbarklanen – nicht verspeisen dürfen. Diese Fragen beantworten kognitive Ethnologen und Strukturalisten. Die Klassifikation der Tiere im Totemsystem fragt nicht, ob sie gut zu essen, sondern ob sie gut zu denken sind. Speisevorschriften bilden auch soziale Demarkationslinien, die Gemeinschaften, Statusgruppen oder Schichten voneinander trennen und Identität stiften. Religionen halten aus dieser Perspektive die Kategorien bereit, mit denen Menschen ihre Gesellschaft schaffen. Die von Lévi-Strauss (1965, 1968) analysierten Mythen erklären die Entstehung und die Ordnung der Welt und zeigen die moralischen Grundlinien auf. Religionen entwickeln – ähnlich wie Sprachen – eigene Symbolordnungen, unabhängig von Notwendigkeiten oder Erfordernissen der realen Welt, und erweisen sich als Abbild und Vorbild für das menschliche Handeln.

Kognitive und strukturale Ansätze

Die symbolischen und performativen Ansätze unterscheiden sich von den zuvorgenannten durch die Flexibilität der Bedeutungszuschreibung. Symbole stehen für Bedeutungen, die keine logische Verbindung zu ihrer wahrnehmbaren Form erkennen lassen. So ist Rauch ein *Zeichen* für Feuer, eine Nationalfahne jedoch ein *Symbol* für einen Staat. Starke Symbole stehen für mehrere Bedeutungen, die sich ergänzen, aber einander auch widersprechen können. So kann dasselbe Symbol für Freiheit oder Unterdrückung stehen, weil nicht jeder an dem System partizipiert, für das es steht. Am Beispiel der zentralafrikanischen Ndembu hat Victor Turner aufgezeigt, wie sich die Bedeutungen von Farben im Laufe des Rituals verändern. „Weiß" (streng genommen keine Farbe) steht für Muttermilch, für die Weisheit der Frauen und für die Matrilineage, aber auch für den männlichen Samen und Zeugungskraft (Turner 1969). Oft wird die Bedeutung einer Opfergabe im Prozessverlauf transformiert. Hinduisten schenken im Tempel der Gottheit Bananen, Blumen und Kokosnüsse und erhalten einen Teil der Gabe als *prasaad*, als göttliche Speise, zurück. Religiöse Symbole können daher für

Symbolische und performative Ansätze

eine Vielzahl von Bedeutungen stehen, die je nach dem Status des Betrachters (etwa seinem Geschlecht) oder seiner Position (im rituellen Verlauf) variieren (Sax 2002).

Übergangsrituale

Folglich erscheint es sinnvoll, das Augenmerk auf den rituellen Prozess zu richten. Bereits Arnold van Gennep (1986 [1909]) entdeckte in zahlreichen ethnographischen Berichten eine ähnliche Struktur der Übergangsrituale, vor allem bei den Überschreitungen von Lebensphasen. Er unterschied die Ausgliederung (Trennungsriten) von der Schwellenphase (Umwandlungsrituale) und der Eingliederung (Integrationsrituale), zeigte damit die innere Logik von Ritualen auf und schuf ein Modell, das bis heute in den Sozialwissenschaften Verwendung findet. Turner (1969) entwickelte dieses Modell weiter, indem er auf eine Transformation der gesellschaftlichen Ordnung in der Schwellenphase hinwies. In dieser ist ein Novize weder Jüngling noch Mann; er entgleitet der sozialen Klassifikation. Diese Zwischenposition belegt Turner nicht nur in afrikanischen, sondern auch in westlichen Gesellschaften und stellt die These von einer Anti-Struktur, einer liminalen Ordnung, auf. Hier herrscht Communitas, das Gegenteil von Societas, mit ihrer Mehrdeutigkeit, Unbestimmtheit und ihren Paradoxien oder einer Umkehrung von Hierarchien. Da dieses Konzept auch auf Subkulturen und ritualisierte Ereignisse im euro-amerikanischen Raum angewandt wurde, erfuhren die Mdembu eine gewisse Prominenz in den Kulturwissenschaften.

Expertensicht versus Laiensicht

An dieser Stelle müssen divergente Perspektiven unterschieden werden. Die Religionsethnologie untersucht zum einen die religiöse Symbolik und die Ikonologie mit dem Verweis auf die Bedeutungsfelder und auch auf die religiöse Lehre und zum anderen den Erfahrungshorizont der Gläubigen. Wenn man sich die Untersuchung des katholischen Glaubens im gegenwärtigen Deutschland vorstellt, so würde die theologische Deutung der Texte, Bilder und Objekte in Kirchen zu völlig anderen Ergebnissen führen als die Hinwendung zu den Kirchgängern, die die gleichen Texte und Artefakte erklären. Ethnologische Untersuchungen legen zwar oft die Sicht von religiösen Experten dar, doch nimmt in der gegenwärtigen Ethnologie die religiöse Erfahrung der Gläubigen einen hohen Stellenwert ein. Dieser Ansatz fordert eine Hinwendung zur religiösen Praxis der Laien, zu

ihren Hoffnungen und Ängsten, Vorlieben und Abneigungen,
zu ihren Erfahrungen und Deutungen.

Religion als Praxis stellt den Akteur und dessen Perspektive   Religionsästhetik
auf Religion in den Vordergrund. Der Gläubige wird jedoch, so
die These der Religionsästhetik (Cancik und Mohr 1988), maßgeblich von den sinnlichen Erfahrungen geleitet. Seine Wahrnehmung des Religiösen ist weniger durch Texte, sondern mehr
durch seine Eindrücke im Ritual oder auf einer Pilgerfahrt geprägt. Entscheidend ist, was er hört, sieht, riecht und schmeckt.
Die religiöse Symbolik wird hier aus der Perspektive der Gläubigen interpretiert. Weihrauch, Speisen, Fasten, Trommelrhyth-
men, Tanz, Berührungen, Gemeinschaft oder Isolation werden
körperlich wahrgenommen. Aus diesem Grund führt Daniel
Münster die Religionsästhetik mit dem Wahrnehmungsprozess
zusammen. Schmecken und Riechen werden ebenso erlernt wie
Sehen, Tasten und Hören (Münster 2001). Die Anthropologie der
Sinne betont diese kulturelle Prägung, das Erlernen von Wahrnehmungskompetenz, die dann zur Wahrnehmungsperformanz
(Wendl 1996: 175ff.) führt. Diese religionsästhetische Dimension wird in jüngeren Monographien zwar erwähnt, doch feh-
len bislang Untersuchungen, die die sinnliche Wahrnehmung
von Religion in den Vordergrund rücken.

Autochthone Religionen, Synkretismus | 11.3
und Weltreligionen

Die Hinwendung zur religiösen Praxis und zu den Glaubensvor-   Dynamik der
stellungen von Individuen kann zu verwirrenden Ergebnissen   religiösen Formen
führen. Roger Keesing hat über einen längeren Zeitraum die Seelenvorstellungen auf einer Salomonen-Insel dokumentiert und
kommt zu dem erstaunlichen Ergebnis, dass sich religiöse Konzepte schnell wandeln und dieselben Informanten bereits nach
wenigen Jahren völlig veränderte Glaubensinhalte bekundeten.
Er weist somit die Idee von Kultur als einem geteilten Bedeu-
tungssystem zurück (Keesing 1987: 163). Karl-Heinz Kohl greift
diese Beobachtung auf und stützt mit seinen Feldforschungsdaten von der indonesischen Insel Flores ein dynamisches Konzept von autochthonen Religionen. Er zeigt auf, wie biblische

Motive nach der Missionierung in die traditionellen Mythen aufgenommen wurden, von den Informanten jedoch als ursprüngliche Versionen verteidigt wurden. Diese Beispiele verdeutlichen die Veränderbarkeit oder auch Anpassungsfähigkeit von lokalen Religionsformen (Kohl 1988: 259–62, 266).

Pluralität innerhalb von Weltreligionen

Das Zusammentreffen von expandierenden Weltreligionen und lokalen Glaubenssystemen führt zu synkretischen Formen (Lauser und Weissköppel 2008). Eine von Lokaltraditionen ausgehende Betrachtung des Islam oder des Christentums als Ausprägung eines monolithischen Glaubens wird ad absurdum geführt, wenn man Muslime in Marokko mit denen in Ostindonesien oder Christen in Südindien mit denen ihrer „Glaubensgemeinschaft" in Südamerika vergleicht. Die Ethnologen betonen jeweils die Einbettung von eingeführten Religionen in die lokalen Sinnzusammenhänge. Buddhisten in Sri Lanka führen Maskentänze auf und praktizieren Heilrituale, von denen Buddhisten in Japan nicht die geringste Vorstellung haben. Für die Gläubigen in Sri Lanka ist die Welt von Geistern durchdrungen, die mit keiner der buddhistischen Lehren in Verbindung zu bringen sind. Was hier jedoch auf den ersten Blick als Synkretismus beschrieben wurde, also als „Verschmelzung verschiedener Religionen" (Duden 1983), wurde später wegen der Vorstellung, dass hier zwei – implizit kohärente – Religionssysteme aufeinander treffen, zurückgewiesen. Solche geschlossenen Religionen gibt es nicht in der Praxis, an der sich die Ethnologie orientiert. Folglich suchte man nach anderen Begriffen, etwa „Mischung", „Amalgam" oder auch „Hybridität" (nach Bhabha 1994). Von Arjun Appadurai (1996) wurde der Begriff *scapes* – in Anlehnung an *landscapes* – verwendet, um das Zusammenspiel von globalen Strömungen (bei Appadurai *flows*) und der lokalen Rezeption aufzuzeigen.

Katholizismus und Magie in Italien

Die Erweiterung des ethnologischen Forschungsspektrums unter Einbeziehung der Globalisierung und der kulturellen Pluralität in den westlichen Industrienationen findet ihren Niederschlag auch in der Religionsethnologie. Die Suche nach Spirituаlität im Westen wird ebenso untersucht wie Wochenendkurse für Manager, in denen sie „schamanistische" Praktiken oder Feuerlaufen erlernen können. Der fremdkulturell informierte Blick der Ethnologie lässt zudem vertraute Rituale im Umfeld der christlichen Kirchen exotisch erscheinen, nicht mit dem Selbstzweck der Entfremdung, sondern mit dem Ziel eines besseren Verständnisses des Vertrauten. Thomas Hauschild hat seine Feldforschung in einem süditalienischen Dorf mit allen Sinnen erlebt und berichtet über den gelebten Katholizismus in Lukanien mit seinen komplexen Übergangsritualen, magischen Praktiken, Heilritualen, Formen der Wahrsagung und des „Schamanismus", um diese gelebten Glaubensvorstellungen in Relation zur Macht zu setzen (Hauschild 2002).

Religion und Politik | 11.4

Religion und Politik sind nicht nur dort miteinander verflochten, wo eine religiös-fundamentalistische Regierung das Gewaltmonopol besitzt oder eine Dualität von Kirche und Staat (der wohlmöglich Kirchensteuer einzieht) vorliegt. Die hier offensichtlich enge Verbindung, die sich in alltäglichen Gebeten in öffentlichen Einrichtungen, etwa dem Schulgebet oder bei der Vereidigung von Staatsdienern mit dem Verweis auf Gottes Hilfe äußert, hat vorstaatliche Wurzeln. In den meisten Gesellschaften wurde politische Macht religiös legitimiert, sofern überhaupt von einer Trennung von Religion und Politik gesprochen werden kann. Wenn die höchsten Positionen in einer Gesellschaft von religiösen und politischen Führern eingenommen werden und dabei die Ämter jeweils durch sakrale und profane Aspekte charakterisiert und durch Status oder durch Macht gekennzeichnet sind, dann spricht man von einer dualen Souveränität (vgl. Heidemann 2006: 27–39). Sie bildet somit gewissermaßen eine „doppelte Spitze" der Gesellschaft. Die Verteilung der Status- und Machtpositionen, wie sie im alten Indien durch die Beziehung des statushohen Brahmanen zum politisch machtvollen König oder im Schachspiel bei den Figuren König und Dame zu finden ist, äußert sich auch in den Verfassungen, wo der Präsident mit höchstem Status den Premierminister (oder Kanzler) mit höchster Macht ausstattet. Im Unterschied zur politischen Verfassung benötigt die Religion – kognitiv oder ideologisch betrachtet – keine Instanz, die sie legitimiert. Sie bringt sich selbst hervor. In der gesellschaftlichen Praxis sind re-

Duale Souveränität

ligiöse und politische Aspekte jedoch oft kaum zu trennen und finden ihren Ausdruck in den gleichen Ritualen.

Beispiel

Ritual als inszenierte Verfassung

Das Jahresfest für eine Gottheit in einem südindischen Dorf gilt oft als wichtigstes öffentliches Ereignis, wird folglich sorgfältig geplant und von den Bewohnern genau registriert und interpretiert. Den meisten Teilnehmern ist bewusst, dass es sich hier nicht nur um einen religiösen Akt, sondern auch um die öffentliche Darstellung ihrer Geschlossenheit und um eine Inszenierung ihrer Harmonie handelt, quasi um eine Visitenkarte. Hier stellt sich die Dorfgemeinschaft ihren Gästen vor, wissend, dass ihr Ruf bei der Auswahl von Geschäfts- und Heiratspartnern eine wichtige Rolle spielt. Das Ritual für die Gottheit schließt eine Prozession mit ein, in der eine Statue von den Priestern und Honoratioren in festgelegter Reihenfolge durch die Häuserzeilen getragen wird. Die genauen Details werden bereits Wochen vor dem Festumzug zu einem umstrittenen Thema. Tage später wird das Ereignis wie eine inszenierte Lokalverfassung mit einjähriger Halbwertzeit gedeutet (Heidemann 1997). Die soziale Praxis, normative Vorstellungen in Ritualen verbindlich auszudrücken, ist jedoch nicht auf den dörflichen Bereich beschränkt. Auch in Massenmedien nehmen religiöse sowie politische Rituale einen hohen Stellenwert ein und werden für nationale Propaganda genutzt.

Cargo-Kulte in Melanesien

Heilserwartungsbewegungen und Revitalisierungsprozesse entstehen oft in Zeiten des gesellschaftlichen Umbruchs. Nach dem Zweiten Weltkrieg und mit dem Beginn der Entkolonialisierung wurden neue religiöse Formen registriert, in denen sich die Abgrenzung zu den ehemaligen Kolonialmächten und eine Zukunftsperspektive gleichermaßen abzeichneten. Aus Melanesien wurde bereits zu Beginn des 20. Jahrhunderts von neuen sogenannten Kulten berichtet, die ihren Ursprung in der ungleichen Verteilung von importierten Gütern hatten und daher später nach der Pidgin-Bezeichnung für Schiffsladungen als Cargo-Kulte bezeichnet wurden. Missionare, Administratoren und Händler verfügten über Fahrzeuge, Kühlschränke, importierte Kleidung und Nahrungsmittel aus Dosen. Zahlreiche Erklärungsmodelle entstanden, von denen einige davon ausgingen, dass das Cargo eigentlich den eigenen Vorfahren gehöre und von den Europäern entführt oder geraubt wurde. Andere Erklärungen behaupteten, dass diese Güter von den Ahnen mittels der Europäer geschickt wurden. Die importierten Güter wurden begehrt, kopiert, verehrt und führten in vielen Staaten Melanesiens zu komplexen Kulten, die mit der Entkolonialisierung einen Höhepunkt fanden. Heute wird der Begriff Cargo-Kult in der Ethnologie kaum verwendet, doch journalistisch oft mit dem Begehren von fremden oder importierten Gütern gleichgesetzt. (Lindstrom 1993)

Die Religionsethnologie hat zahlreiche Begriffe in den europäischen Sprachgebrauch eingeführt. „Mana" ist eine Kraft, die sich in Dingen oder Menschen manifestieren kann. Sein Gegenpol „Tabu" – ins Englische eingeführt von Captain James Cook – wird heute umgangssprachlich als implizites Verbot verstanden, Dinge zu tun, zu sehen oder zu berühren. In Fachdiskussionen wurden diese Begriffe näher beschrieben und ausgiebig diskutiert. Die sprachliche Übernahme ging jedoch einher mit Assoziationen, die fremde Religionen als rückständig oder primitiv einstuften. Mit „Fetisch", einem Begriff aus dem späten 19. Jahrhundert für Objekte, denen magische oder spirituelle Kraft zugeschrieben wurde, wurden „animistische" Gesellschaften als irrational denkend charakterisiert. Heute wird – außerwissenschaftlich – mit „Fetischismus" die Erhebung von Objekten zu Fetischen betitelt und damit oft nur auf eine Überhöhung verwiesen. Begriffe wie „Karma" oder „Nirwana" gehören heute zur Alltagssprache, wobei der zugeschriebene Sinn nicht viel mit den ursprünglichen Bedeutungsfeldern gemein haben muss.

Übernahme religiöser Begriffe

Die Fremdbezeichnungen von religiösen Praktiken oder von Religionen waren nicht selten folgenreich. Der Begriff „Hinduismus", heute auch identitätsstiftende Selbstbezeichnung von etwa 800 Millionen Indern, geht auf den Begriff „Hindus" zurück, mit dem Europäer die Menschen Südasiens in Unkenntnis ihrer Kultur jenseits des „Indus", der durch Teile Nordindiens und durch das heutige Pakistan fließt, betitelten. Mit diesem Hinweis soll der Hinduismus keinesfalls als europäische Erfindung oder orientalische Konstruktion beschrieben werden, sondern verwiesen werden auf das Zusammenwirken von Beschreibungen und

Hinduismus als Fremdbezeichnung

Benennungen, Fremd- und Selbsterfahrungen und den daraus resultierenden politischen Prozessen, die wiederum einen Ordnungsrahmen für religiöse Entfaltung bilden. Die schriftliche Fixierung einer religiösen Idee hebt sie auf eine andere, wirkmächtige Ebene. Ethnographische Beschreibungen, auch die von religiösen Praktiken, können Gesellschaften – die eigenen und die fremden – verändern und sind niemals folgenlos.

Fazit

Die Religionsethnologie untersucht religiöse Lehren und Praktiken in fremden und in eigenen Gesellschaften, wobei jeweils die emische Lesart und die Einbettung des Religiösen in gesellschaftliche Bezüge eine besondere Berücksichtigung finden. Dabei werden recht unterschiedliche Ansätze verwendet, die häufig solche symbolischen Formen interpretieren, die Wandel von lokalen Religionen und die Pluralität innerhalb der Weltreligionen aufzeigen. Schwerpunktverlagerungen in der Forschung weisen von der Normativität der Religionen, also ihrer Lehre, zu ihrer Praxis, wobei die Religionsästhetik und die Ethnologie der Sinne zu nennen sind. Neuere Arbeiten korrigieren alte Konzepte wie „Animismus" oder „Fetischismus" und untersuchen religiöse Praktiken innerhalb der eigenen Gesellschaft vor dem Hintergrund fremdkultureller Konzepte. Die Religionsethnologie stellt keine Fragen zur Wahrheit von Religionen, sondern dokumentiert ihre vielfältigen Formen, ihre gesellschaftliche Wirkkraft und ihre Dynamiken.

Fragen

1 Wie lässt sich Religion begrifflich fassen? Welches sind ihre Merkmale?
2 Was hat James G. Frazer unter Magie verstanden und wie lautet die Kritik?
3 Wie lautet die These von Max Weber zur „Protestantischen Ethik" und dem Geist des Kapitalismus?
4 Was meint Victor Turner mit „Schwellenphase" und „Liminalität"?

5 Was untersucht nach Cancik und Mohr die Religionsästhetik?

6 Was versteht man unter dualer Souveränität?

7 Wie ist der Begriff „Hinduismus" entstanden?

Antworten

1 Religionen sind Glaubensvorstellungen, die im weitesten Sinn mit „übernatürlichen" oder „numinosen" Kräften verbunden sind, die eine moralische Ordnung fordern und sich alltäglich und besonders deutlich in öffentlichen Ritualen äußern. Religion wird daher keinesfalls als reine Lehre, sondern zugleich als Praxis verstanden, so dass die gelebten Formen und die normativen Regeln wechselseitig verbunden sind und eine Einheit bilden.

2 Frazer hat Magie als Praxis verstanden, der ein logischer Denkfehler zugrunde liegt. Ein besseres Verständnis dürfte jedoch Magie als Ausdruckshandlung deuten, also als eine symbolische Form, die gesellschaftliche Wirkung hervorruft.

3 Weber geht davon aus, dass der Calvinismus die Grundlage für wirtschaftliches Handeln wurde, das schließlich die kapitalistische Wirtschaftsform hervorgebracht hat.

4 Turner folgt dem dreigliedrigen Übergangsschema von Arnold van Gennep und schreibt der mittleren Phase, die er Schwellenphase nennt und in der die Transformation von einer Lebensphase zur nächsten erfolgt, besondere Bedeutung zu. Hier werden die gesellschaftlichen Regeln außer Kraft gesetzt, es liegt eine Liminalität, eine Anti-Struktur vor, und es herrscht Communitas mit ihrer Mehrdeutigkeit und Umkehrung von Hierarchien.

5 Religionsästhetik untersucht die sinnlich wahrnehmbaren Formen der religiösen Praxis, weil die körperliche Wahrnehmung prägend auf die Gläubigen wirkt und somit eine wichtige und weitgehend vernachlässigte Dimension von Religion darstellt.

6 Die duale Souveränität beschreibt eine kulturelle Konstruktion, bei der zwei Pole an der Spitze einer Gesellschaft ste-

hen, die sich in Ämtern und Institutionen widerspiegeln und als religiös und weltlich oder als sakral und profan bezeichnet werden können und im weitesten Sinn für Status und Macht stehen.

7 Ausgehend vom Fluss Indus wurden die östlich lebenden Bewohner von den Europäern zunächst als „Hindus" und folglich ihre Religionen als „Hinduismus" bezeichnet.

Politikethnologie | 12

Überblick

Die Methoden und der Gegenstand der Politikethnologie haben sich im Laufe ihrer Geschichte grundlegend verändert. Im Zuge der evolutionistischen Klassifizierung führte das Politische ein Schattendasein und wurde nur vollständigkeitshalber erwähnt. Franz Boas und seine Schüler waren an den als traditionell erachteten Aspekten interessiert und schenkten diesem Bereich ebenfalls wenig Beachtung. Nachdem der britische Funktionalismus das Politische für sich entdeckt hatte, entstanden ab 1940 zahlreiche Monographien und man kann zu Recht von der Blütezeit der Politikethnologie sprechen. Zunächst interessierten Klassifikationsversuche, später Handlungskontexte. Danach, bedingt durch das Ende der Kolonialzeit, die öffentliche Wahrnehmung von Politik in der Folge des Vietnamkrieges (1965–73) und das Aufkommen von postmodernen Entwürfen, entstanden zahlreiche Ansätze zur Politikethnologie, die wenig Bezug aufeinander nahmen und ein heterogenes Forschungsfeld schufen. Für viele Ethnologen erweist sich bei näherem Hinsehen nahezu alles als politisch, denn nichts existiert ohne Einbettung in ein von Macht durchzogenes Feld (Herzfeld 2001: 132).

Phasen der Politikethnologie

Die Vorgeschichte der Politikethnologie | 12.1

Die ethnologische Annäherung an „Politik" unterschied sich von der an „Verwandtschaft" und „Religion" insofern, als dass das Politische zunächst nicht als eigenständiger Bereich erkannt wurde. Die Monographie von Lewis Henry Morgan (1851) über die soziale Organisation der Irokesen bettet die politischen Institutionen in die verwandtschaftliche und rituelle Ordnung ein, alle Bereiche

Evolutionistische Systematisierungen

sind Teile eines Ganzen. Dieser Grundannahme folgten Generationen von Feldforschern. Bis weit in das 20. Jahrhundert dominierte ein Bild von den „primitive societies" mit einer verwandtschaftlich und religiös durchdrungenen Welt ohne eigenständige wirtschaftliche oder politische Institutionen. Alles Wichtige, so dachte man, war metaphysisch durchdrungen und wurde von der Verwandtschaftsgruppe geregelt. Evolutionisten konstruierten eine Entwicklungslinie von einer verwandtschaftlichen Ordnung (*societas*) zu einer territorial bestimmten Form (*civitas*) (Maine 1861), die parallel dazu kollektive und dann individuelle Eigentumsbegriffe hervorbrachte (Morgan 1877). Einige dieser Themen wurden später von den Neo-Evolutionisten (White 1959) aufgenommen. Fragen nach einer Typologie der politischen Systeme und deren Abfolge von „isoliert" lebenden egalitären Kleingruppen über „nebeneinander" koexistierende Stämme mit Lineagesystemen zu Häuptlingstümern mit zentralisierter Autorität und Rechtsprechung werden heute ebenso wenig diskutiert wie die Theorien der Staatsentstehung (Service 1962).

12.2 | Klassifikation der politischen Systeme ab 1940

Die politische
Klassifikation Afrikas

Als Gründungsmanifest der Politikethnologie gilt der von Edward Evan Evans-Pritchard (1902–1973) und Meyer Fortes (1906–1983) herausgegebene Sammelband *African Political Systems*, weil hier erstmals die politische Dimension außereuropäischer Gesellschaften ins Zentrum der Untersuchung rückte (Fortes und Evans-Pritchard 1940). Evans-Pritchard hatte zwischen 1930 und 1936 im Auftrag der Regierung des anglo-ägyptischen Sudan Feldforschungen bei den Nuer durchgeführt, die soziale Organisation, die ökonomische und emotionale Bindung an Rinder und die durch Rinderraub resultierenden Konflikte beschrieben. Fortes arbeitete 1934–37 bei den Tallensi in Ghana, ebenfalls in einer akephal („ohne Kopf", also ohne Zentrum) organisierten Gesellschaft. Beim Vergleich seiner und Evans-Pritchards Felddaten fielen Fortes die grundlegenden Unterschiede zu den südafrikanischen Tswana auf, die über eine zentralistische Organisation verfügten (und daher auch als Häuptlingstümer betitelt wurden). Diese Unterscheidung in Gesellschaften „ohne" und „mit" zentralisierter Administration, Rechtsprechung und politischen Ämtern bildet die Grundunterscheidung, mit der acht Fallbeispiele vorgestellt werden. Die Herausgeber betonen in ihrer Einleitung, dass hier nicht eine politische Philosophie angestrebt wird, da diese lediglich darüber spricht, wie Menschen leben oder regieren sollten, sondern das Augenmerk auf die tatsächlichen politischen Prozesse und Institutionen gelegt wird (1940: 4).

Die Kritik an diesem Werk richtete sich neben dem Vorwurf der Geschichtslosigkeit und Überbewertung des Lineage-Systems schwerpunktmäßig auf zwei Aspekte. Erstens wurde mit der Unterscheidung in Gesellschaften „mit" und „ohne" Zentralinstanzen ein evolutionärer Gedanke wiederbelebt, der sich bereits in der Unterscheidung von *societas* und *civitas* ausgedrückt hatte. Offensichtlich werteten die Herausgeber die Gesellschaften nach einem Kriterium der eigenen Gesellschaft, der Staatlichkeit, und folgten nicht dem Postulat, fremde Gesellschaften mit deren eigenen Kategorien zu beschreiben. Zweitens gingen sie von einem statischen Gesellschaftsmodell aus, bei dem die politischen Institutionen stets die normative Ordnung herbeiführten – daher die Bezeichnung Equilibriumstheorie. Diesem Ansatz widersprach E.R. Leach mit dem Hinweis, dass soziale Handlungssysteme keineswegs konsistent sind, da die Verteilung von Macht stets Fluktuationen unterliegt. Ethnologische Gesellschaftsmodelle hingegen richten sich auf eine ideale Ordnung und sind mentale Konstrukte der Feldforscher. Selbst diese Modelle sind nicht konsistent, doch man muss aus heuristischen Gründen von ihnen ausgehen, um Beobachtungen überhaupt einordnen zu können.

Kritik

Gegen statische Gesellschaftsmodelle und gegen die Equilibriumstheorie

Beispiel

Leach demonstriert seinen Ansatz eindrucksvoll in seiner Monographie *Political Systems of Highland Burma* (1954), in der er am Beispiel der Kachin die Koexistenz von zwei (idealen) Gesellschaftsmodellen aufzeigt, die sich in ihrer Dominanz jeweils ablösen. Im hierarchischen Modell, *gumsa*, erheben Aristokraten Abgaben von den Gemeindemitgliedern, agieren als Frauengeber für diese Gemeinden und nehmen rituelle Tauschverpflichtungen wahr. Wenn ein *gumsa*-Führer seinen Pflichten nicht hinreichend nachkommt, werden seine Untertanen rebellieren und das egalitäre Modell, *gumlao*, durchsetzen. Dabei zerfallen die hierarchischen Beziehungen zwischen den Lineages mit dem Nachteil der mangelnden Organisationsfähigkeit bei Kriegen. Hinzu kommt, dass diese beiden Modelle jeweils in bestimmten ökologischen Zonen stärker verbreitet sind als in anderen, was mit der Arbeitsorganisation und Sklaverei, die es nur im *gumsa*-System gibt, zusammenhängt. Leach hat den graduellen Übergang der egalitären zu hierarchischen Modellen und vice versa anhand von Archivmaterialien ab 1824 nachvollzogen und dabei als wichtigen Faktor die Außenbeziehungen der Kachin zu den buddhistischen Shan-Staaten in der Ebene entdeckt. Er sprach sich somit gegen die Vorstellung von isolierten kleinen Gemeinschaften, gegen die These eines politischen Equilibriums (wie von Fortes und Evans-Pritchard vertreten) und gegen die Idee einer homogenen Lokalkultur aus. Kachin sind weder sprachlich noch kulturell homogen, was sie verbindet, sind die Systeme von *gumsa* und *gumlao*.

12.3 | Handlungstheorien ab den 1950er Jahren

In den 1950er und 1960er Jahren rückte das Individuum ins Zentrum der Politikethnologie, soziologische Handlungstheorien wurden aufgenommen und der Analyseschwerpunkt verlagerte sich von Funktion und Struktur auf Prozess. Nicht die Normen und Regeln, sondern wie sie umgangen oder manipuliert wurden, fanden das Interesse der Ethnologen. Identität wurde als Prozess verstanden und ethnische Grenzen erschienen durchlässig oder verhandelbar. Neben dem Individuum rückten zur Zeit der Dekolonisation in den 1960er Jahren auch die politischen Prozesse (in Abgrenzung von den Systemen) in den Vordergrund.

Georges Balandier verband beide Aspekte in seinem bis heute wichtigen Werk *Politische Anthropologie* (franz. Original 1967, deutsch 1972). Systematisch tastet er die Verbindungen von Politik mit Verwandtschaft, Territorium und Religion ab und beschreibt die Übergänge zu Formen der Staatlichkeit. Als einen

Wesenszug des Politischen betrachtet er die Tendenz zur sozialen Stratifikation, da politische Prozesse immer Ungleichheiten hervorbringen. Obwohl er modellbildend arbeitete, galt sein deutliches Interesse der Analyse von realen politischen Prozessen, vor allem den Transformationsprozessen in Afrika. Er verglich die marginalisierten Völker mit dem dritten Stand zur Zeit der französischen Revolution und schuf (gemeinsam mit Alfred Sauvy) mit diesem Bezug den Begriff „Dritte Welt".

Dritte Welt

Big man und der Kulturvergleich als solcher | 12.4

Exkurs

Am Ende dieser zweiten Phase der Politikethnologie wurden politische Systeme miteinander verglichen und in Relation zur Wirkkraft der Handlungsebene und der Bedeutung des Individuums gestellt. In dieser Zeit erfolgte auch eine umfassende Diskussion der Kategorie des *big man*, dem Typus des politischen Führers in Melanesien. Im Gegensatz zum Häuptling oder zum *chief* ist das Amt des *big man* weder erblich noch formal an eine Gruppe oder an ein Territorium gebunden. Ein *big man* ist ein *self made man*, er erhält seine Autorität durch Taten, vor allem durch das Anbahnen von Heiratsallianzen, Vermitteln in Streitfällen und durch die von ihm selbst finanzierten Verdienstfeste. Männer mit der Kenntnis von Mythen, mit rhetorischer Begabung und Organisationstalent sowie einer Kombination aus Dienstbeflissenheit, Hilfsbereitschaft und Hang zur Selbstdarstellung haben die Chance, das Vakuum nach dem Tod eines *big man* zu füllen. Es dürfte wenig verwundern, dass dieser Führertypus zum Kulturvergleich anregte und Ethnologen den Typus des *big man* auch im Kongress der Vereinigten Staaten von Amerika entdeckt haben (Weatherford 1985 [1981]).

big man

Eine Anmerkung zum Kulturvergleich soll an dieser Stelle eingefügt werden. Es zählt zwar zu den Aufgaben der Ethnologie, die eigene Gesellschaft aus der Fremdperspektive zu betrachten und der Vergleich mit den *big men* zeigt vielleicht auf, wer in

Methode des Kulturvergleichs

einer Gremiendemokratie tatsächlich Entscheidungen trifft. Eine Übertragung einer Kategorie ohne Kontext ist jedoch problematisch. *Big men* leben in Gabengesellschaften (siehe Kapitel 10: Wirtschaftsethnologie), wo nicht das Haben, sondern das Geben, genauer, das ständige Erwidern von Gaben, den Status einer Person bedingt. So erhellend ein direkter Vergleich im Einzelfall sein mag, er verwässert die Kategorie. Es ist durchaus problematisch, wenn Gruppen in Europa als „Stämme" oder als „Pariah" bezeichnet werden, weil hier einfach ein anderer kultureller Kontext vorliegt. Bei einem Kulturvergleich sollten stets die Bedeutungen eines Elements in Bezug auf die Ganzheit verglichen werden, und nicht die Elemente als solche. Natürlich können Rickscha-Fahrer in München mit denen in Delhi verglichen werden, doch setzt dies die Kenntnis beider Sozialsysteme voraus. Sinnvoll erscheint hier nicht eine direkte Gegenüberstellung, sondern der Vergleich ihrer gesellschaftlichen Positionierungen. Zu vergleichen wären die Bedeutung für den Nahverkehr, die Formen der sozialen Abhängigkeit, der Realverdienst, die gewerkschaftliche Organisation, der soziale Status und die individuellen Perspektiven etc., also die Gesamtheit. Die Gegenüberstellung eines Elements würde mehr verzerren als erhellen. Um zum *big man* zurückzukehren müsste die Frage also lauten, was leistet ein *big man* in Neuguinea im Vergleich zu Nordamerika, welche gesellschaftlichen Optionen liegen vor und welche Statuspositionen werden zugeschrieben?

Führerschaft und Wirtschaftsform

Die Einbettung in den gesellschaftlichen Kontext unterstreicht auch die Unterscheidung von *big man* und *great man*. *Big men* regeln private und öffentliche Angelegenheiten in einem größeren Territorium und haben meist mehr Einfluss als *great men*, da Letztgenannte in Gesellschaften ohne geldähnliches Tauschmedium leben (siehe Kapitel 10: Wirtschaftsethnologie). Ein *big man* verhandelt über den Brautpreis und kann auch bei Konflikten über Kompensationen, meist in Form von Hausschweinen, verhandeln. Hier existiert die gesellschaftliche Möglichkeit, Verpflichtungen oder Erwiderungen in einem geldähnlichen Medium zu begleichen. In den Teilen von Neuguinea, in denen diese Vorstellung nicht existiert, müssen Erwiderungen – bei Heiraten oder bei getöteten Kriegern – in gleicher „Münze" erfolgen und bringen daher *great man* mit weniger Verhandlungsspielraum hervor. Der Vergleich der beiden Führertypen ergibt also nur einen Sinn unter Einbeziehung der Heiratsregeln und der Ökonomie.

Die Politisierung der Ethnologie ab den 1970er Jahren | 12.5

In den 1970er Jahren veränderten die öffentlichen Diskussionen über Umweltfragen, Entwicklungspolitik und Feminismus auch das intellektuelle Klima an den Universitäten. In der Ethnologie wurden die ökologisch nachhaltigen Wirtschaftsformen in staatenlosen Gesellschaften und die Programmatik der Aktionsethnologie diskutiert sowie die erkenntnistheoretischen Folgen einer durch Männer dominierten Feldforschung erörtert. Gemeinsam war diesen Themen ein zunehmendes politisches Bewusstsein, oder genauer: die Verknüpfung von Politik und Erkenntnis – beides in einem möglichst weiten Sinn verstanden. Viele Ethnologen gingen einen Schritt weiter und verbanden die Forschung mit einem moralischen Auftrag. Es ging nicht allein um Erkenntnis, sondern um Forschung für eine bessere Welt. Die Wahl einer Forschungsregion und eines Themengebiets wurde als eine politische und moralische Entscheidung bezeichnet, auch wenn sich die Forscher davon distanzierten. Wenn man die Begriffe sehr weit fasst, etwa Politik als bewusstes und zielgerichtetes Einwirken auf ein Gemeinwesen und Moral als Grundlage aller wertenden Entscheidungen, so kann die Wahl eines Studienfachs oder eines Forschungsthemas durchaus als politisch bezeichnet werden.

Forschung erfolgt stets im politischen Kontext

In der politisch engagierten Ethnologie zeichneten sich zwei Perspektiven ab. Die erste untersuchte die politischen Systeme, die Ungleichheit und Unterdrückung produzierten. Der Begriff *studying up* steht für diese Perspektive von unten. Es sollte Wissen generiert werden, um die Mechanismen der Macht zu durchschauen und den sozialen Widerstand zu stützen. Die zweite Perspektive ist auf den Widerstand selbst, also auf die Handlungsmacht (*agency*), gerichtet. James Scott hat den Begriff *everyday forms of resistance* in die Diskussion gebracht und anhand von Fallbeispielen gezeigt, wie sich in Malaysia Tagelöhner mit taktischen Maßnahmen bis hin zur Sabotage gegen verschlechterte

Politik aus der Perspektive von unten

studying up

Arbeitsbedingungen gewehrt haben (Scott 1985). Der Unterschied zwischen den beiden Perspektiven betrifft nicht nur die unterschiedliche Hervorhebung von Struktur und Prozess, Gesellschaft und Individuum, sondern zielt auch auf unterschiedliche Konzepte von Macht.

Macht

Das klassische Verständnis von Macht geht auf die Definition von Max Weber zurück: Macht als „jede Chance, innerhalb einer sozialen Beziehung den eigenen Willen auch gegen Widerstreben durchzusetzen, gleichviel, worauf diese Chance beruht" (Weber 1980: 28). In diesem Modell wirken zwei Pole und die Macht liegt auf einer der beiden Seiten. Macht ist hier Ausdruck und Quelle von Ungleichheit, die unserem Ideal der Gleichheit aller Menschen widerspricht. Ein völlig anderes Machtverständnis hat Michel Foucault (1978) entworfen: Bei ihm ist Macht weder positiv noch negativ konnotiert und kann durchaus Wünschenswertes hervorbringen. Macht ist nicht an Personen gebunden, sondern durch Dispositive vorstrukturiert, immer an Wissen gekoppelt und entsteht jeweils neu in sozialen Situationen (siehe Kapitel 8: Postmoderne). Kritiker dieses Machtbegriffs werfen Foucault vor, strukturale Macht und faktische Unterdrückung zu sehr relativiert zu haben und kehren zu Webers dyadischem Machtkonzept zurück. Da Foucaults Theorie jedoch eine Offenheit für die subtilen kulturellen Codes aufweist und die soziale Praxis einbezieht, wurde sie von der Politikethnologie vielfach aufgegriffen.

Politik in allen Bereichen

Machtbeziehungen wurden folglich in nahezu allen Bereichen entdeckt und interpretiert. Die Erziehung der Kinder und die Bewältigung des Todes, der Umgang mit Zeit und die Strukturierung des Raumes, die Bevorzugung von Speisen und die Wahl von Fortbewegungsmitteln – jeder Bereich wurde, oft mit viel Gewinn, auf seine Machtaspekte hin untersucht. In der langen Liste der Publikationen mit dem Titel *The Politics of ...* fehlt kaum ein Bereich des menschlichen Daseins. Einige Stimmen plädierten daher für eine Auflösung der Politikethnologie, um stattdessen die politische Dimension in jedem anderen Bereich wie Verwandtschaft, Wirtschaft, Recht, Kunst etc. zu thematisieren. Mit dem gleichen Argument wurde auch die Überwindung der Gender-Forschung gefordert, da es sich nicht um einen abgrenzbaren Bereich handelt. Dem wäre nur entgegenzusetzen, dass dies bei näherer Betrachtung auf fast jedes Arbeitsgebiet zutrifft.

Symbole | 12.6

Das ethnologische Verständnis von Politik ist – wie auch bei anderen Bereichen – maximalistisch, also möglichst weit gefasst. Eine möglichst weite Begriffsfassung liegt für das ethnologische Vorgehen nahe, da wir die Begriffe, die wir aus unserer eigenen Erfahrungswelt kennen, bei der Übertragung in das Fremdkulturelle nicht unnötig eingrenzen sollten. Politik wird nicht auf Prozesse im Umfeld von Parteien und Parlamenten beschränkt, sondern überall dort erkannt, wo Handlungen auf den Erhalt oder auf die Veränderungen von Regeln, Normen oder Gesetzen gerichtet sind. Wenn Frauen sich weigern, eine Burka zu tragen, und damit etwas jenseits ihres eigenen Gesichtsfeldes verändern wollen, ist dies ebenso politisch wie ihre Forderung nach besseren Bildungschancen. Die Bedeutung der Handlungen eröffnet sich jedoch nur im kulturellen Zusammenhang, in dem politische Botschaften nicht nur durch Vorschriften und Gesetze, sondern auch durch komplexe Zeichen- und Symbolsysteme vermittelt werden.

Die Vorstellungen von der Welt, in der wir leben, werden weitgehend über Symbole vermittelt. Als Kinder hören wir Geschichten von Königen, die ihr Reich regieren, und von Kriegen zwischen Staaten. In der Schule werden nationale Symbole wie die Flagge und die Nationalhymne gelernt, und beide erscheinen in den Fernsehübertragungen von großen Sportveranstaltungen. Die Vermittlung einer Staatsidee erfolgt niemals ohne symbolische Verdichtung. Der Kampf um Wählerstimmen weist eine enorme Symboldichte auf, denn auch Sachfragen, die für mehr stehen als das, was sie sachlich sind, müssen als Symbole verstanden werden. Debatten über neue Autobahnen, eine zusätzliche Landebahn oder eine Transrapidstrecke erweisen sich zwar als faktenreich, doch mit ihnen entstehen komplexe Aussagen über das Wesen der eigenen Gesellschaft und verweisen auf mehr als auf ein Detail einer Infrastruktur. Dies trifft selbstredend auf die Interpretation der Politik in fremden Gesellschaf-

Politik kann nur symbolisch vermittelt werden

ten zu, denn es gilt die Bedeutungslandschaften, auf die sich politische Symbolik und Rhetorik beziehen, zu verstehen. Mit dieser Einsicht erfährt die Symbolik in der Politik einen recht hohen Stellenwert und stellt an den Ethnologen den Anspruch einer angemessenen Deutung.

Die Eigenschaften von Symbolen

Die Vertreter des symbolischen Ansatzes gehen davon aus, dass abstrakte Größen wie Staat und Nation, aber auch lebensnahe Größen wie Macht und Autorität nur in symbolischer Form kommuniziert werden können. Dabei erweisen sich Symbole als überaus wirkmächtig, sie erscheinen den Menschen quasi als „natürliche" Größen, deren Bedeutungen nicht hinterfragt werden. Sie bewirken, dass Soldaten widerstandslos in den Krieg ziehen oder Minderheiten im eigenen Land ermordet werden. Politiker aller Lager verwenden Symbole, um sich mitzuteilen, dabei verändern oder transformieren sie deren Bedeutungsfelder und setzen sie in ritualisierter Form ein. David Kertzer nennt zentrale Eigenschaften von politischen Symbolen. Sie sind – sofern etabliert und weit verbreitet – mit mehreren Bedeutungen gleichzeitig aufgeladen, ohne sich jedoch zu widersprechen, dabei nicht präzise fassbar. Folglich stehen bei den Betrachtern unterschiedliche Zuschreibungen im Vordergrund. Somit kann ein Konsens über Symbole geschaffen werden, ohne dass eine inhaltliche Einigkeit vorliegt. Politiker schaffen durch Inszenierungen, durch öffentliche Rituale und mittels unterschiedlicher Medien eine soziale Realität, die ohne die verwendeten Symbole nicht existieren würde (Kertzer 1988: 11). Symbolische Handlungen werden jedoch durchaus auch bewusst und mit strategischen Zielen durchgeführt, etwa um durch ein Ritual gesellschaftliche Spannungen abzubauen und einen Zustand von Harmonie zu schaffen (Bollig 2000: 361).

12.7 | Gewalt

Gewalt ist immer zugleich symbolisch

Gewalt ist immer physisch und symbolisch zugleich. Wenn keine physische Dimension erkennbar ist, so wirkt sie dennoch auf die Körper der Opfer. Zugleich hat jede Waffe, jede Form der Erniedrigung und Verletzung eine symbolische Dimension. Ethnologische Arbeiten mit Gewaltopfern haben deutlich gemacht, dass Gewalt in einer kulturellen Form ausgedrückt und kulturell interpretiert wird. Die Fotografien aus dem irakischen Gefängnis Abu Graib, die Folter von Angehörigen der US-amerikanischen Armee an Irakern dokumentieren, hatten aufgrund der inhärenten Symbolik der Hundeleine am Hals der nackten Opfer vor den Augen von weiblichen Armeeangehörigen weltweites Aufsehen und irakischen Widerstand hervorgerufen. Und der Wurf eines Herrenschuhs auf den damaligen Präsidenten Georges W. Bush bei seinem Besuch in Bagdad war nicht zuletzt wegen des im Islam als höchst unrein eingestuften Schuhwerks so wirkungsvoll, auch wenn der Präsident die Symbolik zunächst nicht verstand.

Die Bürgerkriege in den ehemaligen Kolonien haben in der Ethnologie die Frage nach den Ursachen, Formen und Folgen von kollektiver Gewalt aufgeworfen. Fragen nach den tiefer liegenden Gründen und den konkreten Anlässen sind nur schwer zu beantworten, da sie aus der späteren Erfahrung diskutiert werden. Sehr ähnliche Konstellationen führen jedoch in einigen Fällen zum offenen Konflikt, in anderen nicht.

Kollektive Gewalt

Eine ökonomische Theorie von kollektiver Gewalt wurde von Georg Elwert (1997) vorgelegt. Er widerspricht der Vorstellung, dass – vor allem in Afrika – Vertreibungen, Bürgerkriege und Völkermord spontan entstehen und unkontrolliert verlaufen. Seine Theorie der Gewaltmärkte geht von zweckrational kalkulierenden Akteuren aus, die primär wirtschaftliche Interessen verfolgen. Gewaltmärkte entstehen in gewaltoffenen Räumen, meist dort, wo kein staatliches Gewaltmonopol vorherrscht, und entfalten eine deregulierte, also freie Marktwirtschaft, die Handel, Erpressung, Raub und Mord reguliert. Durch die wirtschaftlichen Verflechtungen von Waffen- und Rohstoffhandel vergrößern sich die gewaltoffenen Räume und somit die Gewaltmärkte, die sich selbst stabilisieren und über Jahrzehnte bestehen können. Die symbolische Ebene, zu der auch ethnische Identität und religiöse Überzeugung zählen, wird von Elwert als sekundär betrachtet, zumal sie von Kriegsherren oft instrumentalisiert wird. Die Kritik an diesem Ansatz zielt auf die Reduktion von komplexen Prozessen auf ein marktwirtschaftliches Prinzip und auf die stereotype Trennung von zweckrationalen Kriegsherren und unreflektiert folgenden Kämpfern.

Gewaltmärkte

Kollektive Leiderfahrung

Die gesellschaftlichen Folgen und die kollektive Verarbeitung von langjährigen Konflikten bilden einen weiteren Fokus der Ethnologie der Gewalt. Wie gehen Gesellschaften damit um, wenn eine Generation von Männern nahezu ausgelöscht ist, wenn Kinder in Folge von Vergewaltigungen auf die Welt kommen, wenn in Folge von Vertreibung die Ahnen nicht mehr verehrt werden können und die vormaligen Täter zu Nachbarn geworden sind. Die Politik der Wiedergutmachung, *affirmative action,* wurde in Südafrika durch Aussprachen und umfangreiches Protokollieren von Vernehmungen und in Ruanda durch öffentliche Aussöhnungen verfolgt (Hahne 2002). Veena Das prägte den Begriff *social suffering* bei ihrer Dokumentation des kollektiven Umgangs mit Leid nach den Ausschreitungen in Gujarat im nordwestlichen Indien (Das 1990). Diese Arbeiten zeigen, dass die Wahrnehmung und die gesellschaftliche Verarbeitung von Gewalttaten kulturell sehr unterschiedlich sein kann und dass sich therapeutische Maßnahmen nicht ohne Weiteres in andere Gesellschaften übertragen lassen.

Gewalt wird kulturspezifisch gedeutet

Da Gewalt immer in einer kulturellen Form in Erscheinung tritt, kann keine kulturübergreifende Bestimmung erfolgen. Selbstkasteiungen bei religiösen Ritualen entziehen sich ebenso einer eindeutigen Zuordnung wie der Umgang von Hochleistungssportlern mit ihrem eigenen Körper. Wer fügt wem Gewalt zu? Nach meiner Einschätzung würden die meisten Ethnologen lebensgefährliche Genitalbeschneidungen als Akt der Gewalt einstufen, schmerzhaftes Tätowieren aufgrund einer höheren Zustimmung der Zielgruppe jedoch nicht. Der französische Soziologe Pierre Bourdieu (1987 [1980]) hat die symbolische Form von Kapital, von Macht und auch von Gewalt mit einem umfangreichen Theoriewerk versehen, das für eine deutende Ethnologie mit viel Gewinn eingesetzt werden kann. Durch eine soziale Praxis grenzen sich soziale Gruppen voneinander ab, bilden ihre eigenen sozialen und symbolischen Systeme (Distinktionsmerkmale) aus, mit denen eine ungleiche Machtverteilung einhergeht – symbolische Gewalt erfolgt ohne physischen Zwang. Die Aufgabe der Ethnologie ist hier die Beschreibung der kulturellen Form von Gewalt mit ihrer Historizität und ihrer emischen Interpretation sowie der Kulturvergleich.

Fazit

Die Politikethnologie beschäftigt sich mit der Einbettung des Politischen in den jeweiligen kulturellen Kontext. Während der Kolonialzeit wurden schwerpunktmäßig politische Systeme untersucht und Gesellschaftsformationen klassifiziert. Politik ist zwar formal meist an Ämter und Institutionen gebunden, doch begreift die Ethnologie auch die auf das Gemeinwesen ausgerichteten Handlungen als politisch. Daher wurden zahlreiche Bereiche unter der Einbeziehung der regulierenden Wirkkraft politikethnologisch untersucht. Ab den 1970er Jahren erfuhr das ganze Fach mit einer veränderten Einstellung zur wissenschaftlichen Arbeit eine Politisierung. Bereits die Wahl des Untersuchungsgegenstandes konnte als politischer Akt gewertet werden. In der Gegenwart untersucht die Politikethnologie Formen der Konfliktführung, zivilen Widerstand, die kulturelle Basis von Macht sowie symbolische und kollektive Formen von Gewalt.

Fragen

1 Nach welchen Kriterien wurden afrikanische Gesellschaften von Meyer Fortes und E.E. Evans-Pritchard in African Political Systems (1940) klassifiziert?
2 Welche Kritik übte Edmund Leach an M. Fortes und E.E. Evans-Pritchard?
3 Welchen neuen Schwerpunkt legten die Handlungstheoretiker?
4 Wie unterscheidet sich ein *big man* von einem *great man*?
5 Wie unterscheiden sich die Machtbegriffe von Weber und Foucault?
6 Wieso sind physische und symbolische Formen von Gewalt eng miteinander verwoben?

Antworten

1 Fortes und Evans-Pritchard klassifizierten afrikanische Gesellschaften nach den Kriterien der zentralen Administration und Rechtsprechung, also in Gesellschaften „mit" bzw. „ohne" Staat.

2 Leach kritisierte an der Politikethnologie von Fortes und Evans-Pritchard ihr statisches Modell von Gesellschaft, das er als Equilibriumtheorie zurückwies.

3 Die Handlungstheoretiker interessierte der Umgang mit den politischen Systemen, mit den Regeln und Normen, also die beobachtbaren, realen Prozesse.

4 Ein *big man* verfügt über einen vergleichsweise größeren Handlungsraum und kann in Konfliktfällen Kompensationszahlungen aushandeln, da er anders als ein *great man* über neutrale Zahlungsmittel verfügt.

5 Weber geht von einem dyadischen Machtbegriff aus. Macht entfaltet sich zwischen zwei Polen, wobei eine Seite Macht über die andere Seite hat. Nach Foucault kann man Macht nicht besitzen, sie entfaltet sich in einer eher vorstrukturierten Form und ist gekoppelt an Wissen.

6 Waffen, die im Gewaltakt verwendet werden, und Körper(teile), die verletzt werden, werden jeweils vergleichend und wertend in Hinblick auf ihren „Symbolwert" wahrgenommen.

Teil V
Neue Ansätze in der Ethnologie

Im letzten Quartal des 20. Jahrhunderts formierten sich spezifische Arbeitsschwerpunkte einzelner Ethnologen zu eigenständigen Teilbereichen des Fachs. Durch Plenarsitzungen auf Kongressen, Arbeitsgruppen in Fachverbänden und Gründungen neuer Buchreihen und Zeitschriften entstand eine kritische Masse an intellektuellem Potenzial, so dass man aus guten Gründen von neuen emergenten Teilbereichen sprechen kann. Jede Auflistung muss unvollständig bleiben, weil es keine objektiven Kriterien dafür gibt, ab wann man eine Forschungsrichtung als einen Teilbereich der Ethnologie bezeichnen sollte. Auch Zuordnungen, etwa die Subsumierung einzelner Bereiche unter eine übergreifende Kategorie wie beispielsweise „Diaspora" unter „Migration", dürften umstritten sein. Ebenso die Benennung: Sollen wir von einer visuellen Ethnologie oder von einer audio-visuellen Ethnologie sprechen, weil im Film und bei Installationen Ton und Bild aufeinander Bezug nehmen und gemeinsam wirkmächtig werden? Aus pragmatischen Gründen bleibe ich im Folgenden bei der etablierten Bezeichnung.

In den folgenden drei Kapiteln werde ich einige neue Ansätze in jeweils einem Block bündeln. Den Ausgangspunkt bilden identifikatorische und migrationsbedingte Prozesse. Es geht um die Zugehörigkeit von Menschen zu sozio-kulturellen Gruppen, die Problematik der Gruppengrenzen und die Debatten darüber, wie und nach welchen Kriterien eine Gruppe zu bestimmen sei. Durch Migration, Diaspora und Transnationalität erfuhren diese Debatten eine besondere Brisanz. Das zweite Kapitel behandelt die Ethnologie des menschlichen Körpers im weitesten Sinne. Die Medizinethnologie beschäftigt sich mit den kulturspezifischen Vorstellungen von Krankheit und Heilung, die Körperethnologie mit den entsprechenden symbolischen Dimensionen, die Ethnologie der Sinne mit der Ordnung und Hierarchisierung sowie auch der Prägung unserer Sinneswahrnehmungen und die Ethnologie der Emotionen mit der kulturellen Modulation der Gefühle. Das dritte Kapitel fasst die ethnologischen Ansätze zur medial vermittelten Wirklichkeit zusammen. Die Medienethnologie untersucht die Rolle der Medien im kulturellen Prozess, die Visuelle Ethnologie die Produktion und Verwendung von Bildern und die Cyberethnologie setzt sich mit den durch digitale Medien vermittelten Welten auseinander. Mit diesen drei Kapiteln soll ein kleiner Einblick in die vielfältigen neuen Untersuchungen der Ethnologie eröffnet werden. Dabei kann selbstredend kein Anspruch auf einen vollständigen Überblick über alle neuen Arbeitsfelder erhoben werden.

Ethnizität – Migration – Transnationalismus – Stadtethnologie | 13

Ethnizität | 13.1

Der Begriff „Ethnie" oder „ethnische Gruppe" findet heute vielfältig, auch außerwissenschaftlich, Verwendung, ohne ihn jedoch näher zu bestimmen. Der *Duden – Deutsches Universalwörterbuch* (1983) verdeutlicht die Problematik der begrifflichen Unschärfe, indem er „Ethnie" zunächst auf den griechischen Ursprung „Ethnos" [Volk(stamm)] zurückführt und den Begriff erklärt mit „Menschengruppe (insbesondere Stamm oder Volk) mit einheitlicher Kultur". „Ethnie" hat in der zweiten Hälfte des 20. Jahrhunderts den vorurteilsbehafteten Begriff „Stamm" weitgehend abgelöst, wobei auch solche Gruppen als Ethnie bezeichnet werden können, die keinesfalls unter den Sammelbegriff „Stamm" fallen. Mit „Stamm" wurden soziale Einheiten bezeichnet, die sich auf Gemeinsamkeiten berufen – oft genealogisch, mythologisch, sprachlich, religiös oder territorial. Doch wurde damit im Alltag zugleich ein Entwicklungsstadium bezeichnet, das gewissermaßen vor-staatlich war, in dem Traditionen das Leben bestimmten und Entwicklung kaum möglich war. „Ethnie" erwies sich als weniger vorbelastet und galt fortan als politisch korrekt. Gemeint ist eine kulturell bestimmte Einheit, deren Mitgliederzahlen einige Dutzend oder einige Millionen umfassen können. Die kulturellen Grenzen müssen dabei keinesfalls den sozialen, politischen oder linguistischen Grenzen entsprechen. In einer Ethnie können verschiedene Sprachen gesprochen werden oder Anhänger von mehreren Religionen vereint sein. Wichtig ist das Bekenntnis zu einer Einheit, die in aller Regel über mindestens eine Eigenbezeichnung verfügt. Diese Gruppennamen stehen gelegentlich als Synonyme nebeneinander oder für eine Selbst- und Fremdbenennung. Die Grenzen der ethnischen Gruppen sind dabei keinesfalls starr, son-

von „Stamm" zu „Ethnie"

dern oft verhandelbar und umstritten oder auch situativ (Barth 1969).

Mit der Verwendung von neuen Begriffen werden tiefgreifende Probleme jedoch keinesfalls gelöst. Höchst problematisch waren und sind die Termini, mit denen Gruppen und ihre Identitäten betitelt werden. Mit den Begriffen wie „Lineage", „Klan", „Kaste", „Volk", „Nation" oder „Rasse" sind oft fragwürdige Vorstellungen assoziiert, die auch bei Neologismen oder Umbenennungen weiterleben. Die genannten Begriffe gehen zudem ineinander über. Sichtbare Körpermerkmale werden auch bei der Unterscheidung von Ethnien oder zur Identifikation von Völkern verwendet. Merkmale, die heute im Alltagsverständnis mit „Kultur" assoziiert werden, erweisen sich bei näherer Betrachtung als Entlehnungen aus dem Rassenkonzept, da sie von angeborenen und unveränderlichen Eigenschaften ausgehen. Die Verwendung von Eigen- und Fremdbezeichnungen der Gruppen, wie beispielsweise „die Tiv", „die Trobriander" etc., kann sich ebenfalls als problematisch erweisen, weil mit der Benennung eine kulturelle Homogenität impliziert wird, aus der auch Rechte – zu Recht oder zu Unrecht – abgeleitet werden. In Nordost-Indien wurden in der Kolonialzeit mehrere Gruppen als „Naga" bezeichnet und post-kolonial wurde ein Bundesstaat Nagaland gebildet, über dessen umstrittene Grenzen bis heute militante Gruppen einen bewaffneten Kampf führen. Wer von „Niederbayern" spricht, impliziert eine Homogenität und zugleich eine Differenz, in diesem Fall zu den „Oberbayern". Die Verwendung von soziokulturellen Termini und die Beschreibung kollektiver Identitäten sind keinesfalls rein deskriptiv, sondern stets interpretierend, somit wertend, und wirken oft auf die politischen Realitäten zurück.

Ethnizität bezeichnet den Prozess der Bildung von Ethnien, die „herausgeforderte oder verteidigte Gruppenidentität" (Streck 1992: 98). Identität kann nur als Prozess der Differenz erfahren und beschrieben werden. Wer ich bin oder wer wir sind, resultiert aus dem Unterschied zu den Anderen. Diese Differenz bildet jedoch keine feste Größe (Bierschenk 1997: 2–3). Erstens ist sie imaginiert, d.h. sie ist Produkt unserer Vorstellungskraft, die zum einen Dinge ausblendet und zum anderen selektiv Einzelaspekte hervorhebt. Jede Fremdwahrnehmung geht auf vorange-

gangene Erfahrungen zurück, die sich meist als lange historische Prozesse mit einer gegenseitigen Beeinflussung erweisen.
Oft sind es Kleinigkeiten im Äußeren, in der Sprache oder einfach bevorzugte Speisen, die ein kollektives Bild überschatten.
Zweitens entsteht die Differenz situativ, denn Identifikation
hängt stark vom Moment ab; wer mir gegenübersteht, beeinflusst meine Identität. Eine Reise vom Wohnort an einen fernen
Ort transformiert zumindest aus der Fremdperspektive die Identität eines Reisenden von Station zu Station, bis er – ungeachtet
seiner regionalen Zugehörigkeit – als Repräsentant seines Natio-
nalstaats oder Kontinents oder seiner Hautfarbe gilt. Drittens
kann die Differenz selbstredend unterschiedlich bewertet werden und schließlich muss man keinesfalls mit einer singulären
Identität leben. Identitäten sind folglich sensibel, flexibel und
multipel, dabei jedoch keinesfalls beliebig oder zufällig. Vor
allem sind Gruppenidentitäten nicht der Ausdruck von etwas
Gegebenem oder Faktischem, sondern etwas konkret Gemachtes.
„Menschen *sind* nicht einfach anders, sondern sie *tun* einiges, um
sich von anderen zu unterscheiden." (Sökefeld 2007: 31 H.i.O.)

    Die Frage der Gruppenidentität ist so alt wie unser Fach, doch
die gegenwärtigen Fragehorizonte weichen deutlich von früheren, oft primordialistischen Ansätzen ab. Primordialisten
(primordial, etwa: ursprünglich seiend) erklären Ethnizität
als Ausdruck von etwas Faktischem, sei es genetisch, soziobiologisch oder durch unabänderliche Umstände gegeben. Sie begründen historische Kontinuität, die zweifellos vielerorts belegt
ist, durch ein essentialistisches Kulturkonzept, also durch einen
festen Kulturkern. Das tief verankerte Gemeinschaftsgefühl
erweist sich als immun gegen utilitaristische Argumente und
Angriffe von außen. Wenn wir nun – um ein Beispiel zu konstruieren – die Frage stellen, warum in einer Leistungsgesellschaft
Güter weiterhin in einer Erbfolge übertragen werden (anstatt
dem Klassenbesten den größten Bauernhof oder die umsatz-
stärkste Fabrik zu übereignen), so würden Primordialisten dies
mit einer den Menschen innewohnenden Größe erklären, die
unabhängig von ideologischem Wandel wirkt. Die Rechtsspre-
chung wäre Ausdruck dieser Größe und nur vordergründig historisches Produkt. Die meisten Ethnologen distanzieren sich
heute von primordialen Erklärungen und gehen von einer so-

Marginalia:

Identifikation braucht Differenz

Primordialistische Ansätze

zial konstruierten Welt aus. Dinge haben die Bedeutung, die Menschen ihnen geben, und keine sinnhafte Essenz. Konstruktivisten stehen jedoch vor dem Problem, dass sich Ethnizität oft primordial äußert. Die Argumente, mit denen das Eigene verteidigt wird, bilden ein essentialistisches Kulturkonzept ab. Eine öffentliche Rhetorik lässt es nicht zu, den Kern des Eigenen als Produkt eines gesellschaftlichen Diskurses zu begreifen. Wer würde dann das Eigene unter Einsatz seines Lebens verteidigen? Martin Sökefeld kommt daher zu folgender Einschätzung:

„Vermutlich wird es den Sozialwissenschaften nicht gelingen, ein nicht-essentialistisches Verständnis ihrer Konzepte, ein Verständnis, das den Konstruktionscharakter und die Machtverstrickung von Begriffen mitbedenkt, in außerwissenschaftlichen, allgemein-gesellschaftlichen und politischen Diskursen durchzusetzen. Umso wichtiger ist es, dass die Sozialwissenschaften ihren eigenen und gesellschaftlichen Gebrauch von Begriffen reflektieren und analysieren ..." (Sökefeld 2007: 48)

Versteckter Rassismus Wenn man bedenkt, dass eine harmlose, in einem Roman gestellte Frage wie, „Hast du schon einmal einen Indianer geküsst?" im Kreis von Jugendlichen genau auf diesem essentialistischen Kulturkonzept basiert, dann wird die Reichweite dieses Denkens klar. Es lebt an Orten weiter, die zunächst belanglos und unschuldig erscheinen. Dennoch steckt in dieser Frage die Annahme der Homogenität einer großen soziokulturellen Einheit, die unter dem Sammelbegriff „Indianer" subsumiert wird. Der Leser wird an einer solchen Textstelle nicht im Geringsten an rassistische Konstruktionen denken, dennoch werden genau diese hier impliziert: eine innewohnende Qualität einer am Phänotyp (vermeintlich) zu erkennenden Gruppe, die nahezu zeitlos ist, sich von Generation zu Generation vererbt, die in jedem Mitglied dieser Einheit steckt und diese somit essentiell von anderen unterscheidet.

Genetischer Essentialismus Die moderne Ethnologie hat eine fundierte Sensibilität für die Benennung von Fremdheit entwickelt und fragt nach den Bedeutungsfeldern, die mit den Begriffen verbunden sind. Diese semantischen Felder weisen oft eine erstaunliche Kontinuität auf, besonders wenn es um die Charakterisierung von ethni-

schen Minderheiten geht. Alte Vorstellungen über Sinti und
Roma erweisen sich als nahezu reformresistent. Andere Begriffe
zeigen hingegen Bedeutungsverlagerungen auf. Mit den Arbeiten am *Human Genome Diversity Project* (seit 1991) hat sich ein
neues Feld für die Diskussion von Rasse und Ethnie eröffnet.
Während einige Wissenschaftler mit den Ergebnissen die Hoffnung verbinden, eine fehlende Übereinstimmung von genetischen Merkmalen mit Rasse und Ethnie belegen zu können,
sehen andere die Möglichkeit, eine naturwissenschaftliche
Grundlage für die soziale Konstruktion von Rasse zu finden. Dabei geht es um die Wirkung von 0,1 % der genetischen Ausstattung, denn 99,9 % aller Gene sind allen Menschen gemein. Entscheidend für die Ethnologie ist jedoch die öffentliche Debatte,
die hier in Hinblick auf Gene und Rassen geführt wird. Die
Suche nach bestimmten Genen, die Krankheiten, Kriminalität
oder sexuelle Orientierungen bestimmen, erregt viel Medienaufmerksamkeit. Verschärft wird die öffentliche Diskussion
in den USA durch sogenannte *ethnic drugs*, Medikamente, deren
Wirkung je nach Hautfarbe unterschiedlich nachgewiesen sein
soll. Peter Wade unterscheidet jedoch hier richtigerweise zwischen rassistischem Essentialismus und einem weniger deter-
ministischen Glauben an die Wirksamkeit von Genen, die eine
Ausstattung oder Anlage stellen, mit der jedes Individuum seine
eigene Entwicklung gestalten kann. Aus ethnologischer Perspektive bilden die öffentlichen Diskussionen um Genetik und
Rasse ein brisantes Arbeitsfeld. Ethnologische Daten widerlegen
jedoch durch die hochgradige Flexibilität von ethnischen Grenzen einen Zusammenhang zwischen Biologie und Gruppenzugehörigkeit. (Wade 2007: 3 ff.)

Ethnische Zugehörigkeiten sind weder statisch noch singu-
lär. Bereits Leach (1954) beschreibt den Wechsel ethnischer Identitäten im Hochland von Burma und Dirks (2001) sieht in Indien
in den Kastenidentitäten ein koloniales Produkt, das durch
Volkszählung und administrative Erfassung entstanden ist. In
afrikanischen Gesellschaften entstanden Ethnonyme (Bezeichnungen von Ethnien) auch durch ein gemeinsames Bekenntnis
zu einem Herrscher, also durch ein reines Machtverhältnis, oder
wurden von Kolonialherren erfunden. Tuareg, die sich als Folge
einer Dürre in Städten niedergelassen hatten und dort Handel

Instrumentalisierung von Ethnien

betrieben, änderten ebenfalls ihre ethnische Zugehörigkeit (Lentz 2002). Die meisten Studien zur Herausbildung von Ethnien beschäftigen sich heute mit ihrer Instrumentalisierung. Politiker richten ihre Rhetorik auf die Mobilisierung von ethnischen Gruppen, die Führer der Ethnien sind bemüht, ihre eigene Gruppe als geschlossenen und klar erkennbaren Block darzustellen. In anderen Fällen erfolgen Zuschreibungen an Nachbargruppen, um sie zum Sündenbock zu machen. Ethnologen untersuchen die Manipulation von ethnischen Zuschreibungen und die Selbstinszenierung von Ethnien in ihren Ritualen in der politischen Arena, in der Umdeutung ihrer Mythen und in den (von ihnen selbst produzierten) Medien. In all diesen Fällen wird die Konstruiertheit der Ethnie und zugleich ihre Selbstwahrnehmung als primordiale Gruppe deutlich.

13.2 | Migrationsforschung

Beginn der Migrationsforschung

Wesentliche Impulse zur Diskussion von Identität und Ethnizität kamen aus der Migrationsforschung. In der Ethnologie hat sich die systematische Beschäftigung mit Migranten erst spät etabliert, da man bis zur Mitte des 20. Jahrhunderts zum überwiegenden Teil von ortsbezogenen Kulturen ausging. Der Diffusionismus zeigte zwar Interesse an der Verteilung von Gütern und Ideen in Raum und Zeit und somit an ihren mobilen Trägern, doch die Integration von Migranten am neuen Ort war von wenig Interesse. Der Funktionalismus forschte lokal und der Strukturalismus entfernte sich ohnehin von den Akteuren. Erst in den 1950er Jahren entstand mit den Thesen eines *folk-urban-continuum* ein ethnologisches Interesse an Migration. Robert Redfield ging in den 1920er Jahren von einer tiefgreifenden Stadt-Land-Dichotomie aus, die jedoch keinesfalls aufrecht erhalten werden konnte. Nach Redfields Einschätzung migrierten

Stadt-Land-Dichotomie

jeweils die modern orientierten Menschen in die Städte und trugen so zur „Unterentwicklung" des Landes bei. Spätere Forschungen haben jedoch aufgezeigt, dass traditionelle Lebensweisen, dörfliche Strukturen und familiäre Netzwerke in den Städten gepflegt wurden und Entwicklung nicht anhand der genannten Dichotomie verortet werden konnte.

Ein anderes Konzept, das von Sozialwissenschaftlern in den USA in den 1960er als realistische Perspektive für die gesamtgesellschaftliche Entwicklung formuliert wurde, hat sich gleichermaßen nicht bewährt: Man ging – durchaus politisch gewollt – davon aus, dass durch Urbanität und Industrialisierung die Bevölkerungsgruppen in den USA ihren Migrationshintergrund vernachlässigen würden und wie ein Amalgam, eine nicht umkehrbare Vermischung, zu einer neuen Einheit werden. Von dieser Metapher des Schmelztiegels (*melting pot*) ist man aufgrund empirischer Studien zur „Salatschüssel" (*salat bowl*) – oder auch zur Pizza – übergegangen. Die einzelnen Bevölkerungsgruppen leben zusammen, jeder behält seine kulturelle Identität (wie die Bestandteile des Salats ihren Eigengeschmack) und werden dennoch zu einer stimmigen Einheit. Im Rahmen der Migrationsforschung untersuchte man in den USA den Mikrokosmos der *street corner societies* (Whyte 1943), in Afrika folgten Ethnologen den Arbeitern in den rhodesischen Kupfergürtel und in Europa begann man, wenn auch erst in den 1980er Jahren, Arbeitsmigration aus dem Mittelmeerraum zu untersuchen.

Dabei fragte man meist nach den näheren Umständen und den Möglichkeiten von Integration aus einer eurozentrischen Perspektive, was zur Bildung von unglücklichen Begriffen führte. Zu ihnen zählt „Parallelgesellschaft", ein Konzept, das auf der Beobachtung einer „parallelen" Infrastruktur fußt, die es Migranten erlaubt, in „eigenen Läden" einzukaufen und sich ärztlich und rechtlich muttersprachlich vertreten zu lassen. Die so-genannten Parallelgesellschaften stellten mutmaßlich eine kulturelle und ideologische Alternative zum Nationalstaat dar und wurden somit als ein Integrationsproblem betrachtet. Sozial- und kulturwissenschaftliche Positionen weisen hingegen auf die Möglichkeiten der gesellschaftlichen Solidarität unter Beibehaltung von kultureller Differenz hin (Schiffauer 2008: 18). Gabriele Alex hinterfragt zu Recht das in Deutschland favorisierte Integrationskonzept, das eine sprachliche und ideologische Annäherung des Individuums fordert. Aus der Sicht der in Deutschland lebenden Tamilen setzt die Integration in eine Gesellschaft eine ökonomische Eingliederung und Teilhabe am politischen Gemeinwesen ebenso voraus wie eine intakte Fami-

Schmelztiegel und Salatschüssel

Parallelgesellschaften

Integrationskonzepte

lie mit Binnenheirat und Traditionspflege. In Indien und in Sri Lanka ist man ökonomisch, politisch und in anderer Hinsicht funktional in die Gesellschaft integriert. Die Verehrung der Familien- und Dorfgottheiten, Heirat, bevorzugte Speiseregeln und Moden sind jedoch Familien- oder Kastenangelegenheiten. Die kulturelle Integration in die Gesellschaft ist somit nur bedingt gegeben; Gesellschaft präsentiert sich hier säkular und multikulturell. Aus tamilischer Sicht gelten Junggesellen mit viel Außenkontakten als unvollständig integriert, weil der familienlose Zustand als sozial prekär eingestuft wird. Ein Zugang zur Gesellschaft erfolgt stets über die Institution der Familie, die wiederum die kulturelle Identität verbürgt (Alex 2006: 21–25). Einer ethnologischen Perspektive folgend, mit der Binnensicht der Fremden das Eigene zu hinterfragen, bildet sich unser Integrationsmodell als eines unter mehreren Möglichkeiten ab.

rooted und *routed*

Die ethnologische Migrationsforschung untersucht ausgehend von der Mikroperspektive den Prozess der Migration, die Passage, die Ankunft am Zielort und den Aufbau von sozialen Netzwerken, die damit verbundenen Identifikationsprozesse, die Fremd- und Selbstwahrnehmung, sowie die Veränderungen am Ursprungs- und Zielort. Sie legt damit den Grundstein für die Ethnologie der eigenen Gesellschaft und trägt somit zur Überwindung eines ortsbezogenen Kulturbegriffs bei. Eine viel zitierte Metapher spricht – James Clifford folgend – von Kultur, die gleichermaßen *rooted* und *routed* ist, also vor Ort und unterwegs entsteht. So wie Menschen und Güter in Bewegung sind und an den jeweiligen Orten neue Bedeutungszuschreibungen erfahren, so bewegen, verändern und informieren sich auch Kulturen entlang von Routen. Migration ist keinesfalls ein modernes Phänomen und stellt auch keine kulturelle Bedrohung dar, sondern hat zu einer kulturellen Dynamik und Pluralität beigetragen, die aus Sicht der im Westen vorherrschenden Ideologie des Wettbewerbs eigentlich nur positiv bewertet werden kann.

en route

Lange Zeit wurden von der Ethnologie möglichst intensive und stationäre Forschungen betont und der Prozess der Passage übersehen. Zwischen dem Aufbruch und der Ankunft vergehen oft lange Zeiträume, die auf die Migranten prägend wirken. Die Wege von Flüchtlingen und Asyl Suchenden aus afrikanischen Ländern auf dem Weg nach Europa wurden von Kristin Kastner

(2007) sowie von Magnus Treiber und Lea Tesfaye (2008) untersucht. Sie zeigen auf, wie in den Etappen entlang der Migrationsrouten neue soziale Netzwerke entstehen. An diesen Orten richten Dienstleister und Händler ihr Angebot auf die Migranten als temporäre Bewohner aus. Eine Quartiersbildung, ein durch den Migrationshintergrund gezeichnetes Siedlungsmuster, bildet sich auch hier ab. Oft warten Migranten auf ein Visum für ein Nachbarland oder auf den von einem Schlepper organisierten Weitertransport. Informationen fließen entlang und gegen den Migrationsstrom. Vorstellungen vom Zielort verändern sich unterwegs, oft in desillusionierender Weise.

Offensichtlicher als an den temporären Wohnorten entstehen in der neuen Gastgesellschaft neue Infrastrukturen, die – als Erweiterung des *home making* – als *place making* bezeichnet werden. Migranten verändern die Siedlungsstruktur, die Märkte und den Arbeitsmarkt und schaffen soziale und religiöse Institutionen. Dabei verändern sich sowohl die Aufnahmegesellschaften als auch die Vorstellungen der Migranten von ihrer Heimat. Religiosität wird oft am neuen Wohnort stärker hervorgehoben und praktiziert als im Herkunftsland. Nicht selten werden kulturelle Regeln stärker beachtet und ein Wertkonservatismus gepflegt. Der Prozess des *place making* vollzieht sich in jedem Fall im Zusammenspiel von Migranten und ihren neuen Nachbarn. Als ein Beispiel dieses Prozesses, der in Deutschland und in der Schweiz viel Medienaufmerksamkeit hervorgerufen hat, ist der Bau oder das Bauverbot von Moscheen zu nennen.

place making

Die Wohnorte oder auch Lebensumstände von religiösen, sprachlichen oder ethnischen Minderheiten werden heute oft als Diaspora (nach dem Altgriechischen „Verstreutheit") bezeichnet. Der Begriff, der zuvor für die jüdischen Siedlungen außerhalb von Palästina verwendet wurde, steht heute für eine Forschungsrichtung, die sich mit der Ansiedlung und den Lebensformen von kulturellen Minderheiten im weitesten Sinn beschäftigen. Oft überlagert eine historische oder politische Dimension die Aspekte von Migration und Lokalität, beispielsweise wenn von einer afrikanischen Diaspora gesprochen wird, mit der die Gesamtheit der durch Sklaverei verstreuten Gruppen bezeichnet wird. Konstitutiv für eine Diaspora ist eine institutionalisierte Form des Lebens in der Diaspora und ihr Bezug zur

Diaspora

realen oder imaginierten Heimat. Ethnologische Forschungen beschäftigen sich mit den internationalen Netzwerken und der kulturellen Dynamik vor Ort. (Kokot, Tölölyan, Alfonso 2004)

Demotischer Diskurs

Gerd Baumann (2002) hat im Londoner Stadtteil Southall die Identitätsdynamik der dort lebenden Migranten aus Südasien und aus der Karibik untersucht und deren Selbstidentifikation beschrieben. Neu an seiner Studie war, dass er nicht eine ethnische Gruppe, sondern einen Stadtteil mit hohem Migrantenanteil in den Forschungsfokus rückte. Er unterscheidet fünf Hauptgruppen: Sikhs, Hindus, Muslime aus Südasien sowie Migranten aus der Karibik mit afrikanischen Wurzeln und Weiße. Zu jeder dieser Gruppen gibt es dominante Zuschreibungen oder kollektive Repräsentationen, doch jede ist intern deutlich differenziert. Baumann lässt die Akteure zu Wort kommen, zitiert ausführlich ihre Sichtweisen, doch warnt zugleich davor, diese als bare Münze zu nehmen. Er stellt die Begriffe „multikulturell" und „bi-kulturell" in Frage, denn was ist hier mit Kulturen gemeint? Gibt es die *eine* Kultur in der Ursprungsregion und eine singuläre britische Kultur? Die Frage ist zu verneinen, doch was folgt daraus? Baumann unterscheidet einen offiziellen „dominanten" Diskurs von einem lokalen „demotischen" (griechisch: „volkstümlich) Diskurs von der Basis. Beide sind nicht unabhängig voneinander zu denken und beeinflussen sich gegenseitig. Kulturen, ethnische Zugehörigkeit und Ehnizität erweisen sich hier als höchst dynamische Prozesse, an denen Medien, Politiker und die Akteure gleichermaßen teilhaben.

13.3 Transnationalismus

Einfluss auf die Ursprungsregionen

Ein anderer Fragehorizont beschreibt die Wirkkraft der Diaspora auf die Ursprungsregion. Aus den Metropolen der Industriestaaten und aus den Golfstaaten fließen signifikante Geldbeträge in die Heimatregionen der Migranten. Viele Familien unterstützen ihre Verwandtschaft, fördern gezielt die Ausbildung und indirekt die Bautätigkeit in ihren Dörfern oder Stadtteilen, investieren im produktiven Bereich in Landwirtschaft und Industrie, tragen nicht selten zum Technologietransfer bei und haben eine Stimme in religiösen oder anderen kulturellen Angelegenheiten.

Die Gesamtheit dieser Leistungen der Diaspora übersteigt in vielen Fällen die Entwicklungshilfe oder die staatlichen Sozialleistungen vor Ort. Die verwandtschaftlichen Netzwerke, die bis vor wenigen Jahren noch auf Telefon- und Briefkontakten basierten, nutzen heute moderne Kommunikationstechnologie und erfahren somit eine zunehmende Intensität. Erschwingliche Flugpreise tragen dazu bei, dass Familienbesuche in die (oder aus der) Diaspora erfolgen. Die ethnologischen Fragestellungen zielen hier auf die veränderte Identität und die kulturelle Selbstwahrnehmung. Die Beschäftigung mit Migration und Diaspora hat in den 1990er Jahren den Schwerpunkt auf jene Verbindung gelegt, die Ursprungsort und Wohnort miteinander verbinden.

Die Überschreitung von kulturellen und staatlichen Grenzen, **Transnationalität** das soziale Feld, das sich zwischen den regionalen Polen des Migrationsprozesses ausbreitet, und die sich hier entfaltenden sozialen und politischen Kräfte wurden unter dem Begriff des Transnationalismus untersucht. Dieses Konzept geht von der Einsicht aus, dass Migration und Diaspora nur unter Einbeziehung der sozialen Praxis zwischen den Stationen erfasst werden kann. Dabei werden das gesamte Netzwerk der Diaspora sowie die staatlichen Kräfte, die hier wirksam sind, eingeschlossen. Der transnationale Raum wird zum Untersuchungsort. Es gibt kaum einen Forschungsbereich, der eine enträumlichte Ethnologie stärker einfordert, als die Diasporaforschung mit ihren staatenübergreifenden Bezügen. Religiöse Praktiken, politische Bewegungen, ökonomische Strategien erscheinen so in einem neuen Licht.

Politische Organisationen und Kulturvereine von Migranten **Organisationen** haben einen erheblichen Einfluss auf die diasporische Praxis. Sie **und Vereine** übernehmen oft die Rollen, die vor der Migration von Dorfchefs, Ältesten, Tempelkomitees, Priestern oder Heilern eingenommen **Aleviten** wurden. In der Diaspora dienen auch sie als Ansprechpartner für migrationsbedingte Probleme wie Aufenthaltsgenehmigungen, stellen Kontakte zur neuen rechtlichen und medizinischen Infrastruktur her, vermitteln Wohnungen oder auch Heiratspartner. Ein gut dokumentiertes Fallbeispiel bilden die Aleviten in Deutschland, deren Organisationen (samt ihrer Dachverbände) sich nicht nur alltäglicher Probleme annehmen, sondern auch eine gezielte Identitätspolitik betreiben. Sie veranstalten öffentliche Gedenktage für die Massaker an ihrer Gemeinschaft in der

Türkei, beteiligen sich an der Umdeutung von Ritualen und diskutieren die Frage, ob ihre Religion als Teil des Islam zu verstehen ist oder nicht. Diese öffentlichen Bekundungen ermächtigen die Veranstalter, als Ansprechpartner für deutsche Behörden aufzutreten und wirken zugleich auf die Ursprungsregion zurück. (Sökefeld 2008)

Arbeitsbereiche

Das breite Spektrum der Forschungsrichtungen zeigt Steven Vertovec (2009: 4–13) in seinem Einführungswerk auf. Er benennt sechs Bereiche, in denen Transnationalität untersucht wird.

1. Die soziale Formation, die sich vor allem in den Netzwerken niederschlägt.
2. Das Bewusstsein, das eine Zugehörigkeit zu zwei oder mehreren Kulturen oder Nationen impliziert und oft von einem spezifischen Raumkonzept und Solidaritätsgedanken ausgeht.
3. Die kulturelle Reproduktion, zu der bildende Künste, Musik, Moden und Literatur zählen und zur Herausbildung neuer Identitäten beitragen.
4. Die Kapitalflüsse, die von *global players* und einer neuen Elite kontrolliert werden sowie die Überweisungen von kleinen Beträgen zu Verwandten in der Diaspora oder dem Heimatland.
5. Das politische Engagement mit der diasporischen Erfahrung und der Kenntnis unterschiedlicher politischer Systeme, das höchst unterschiedliche politische Richtungen oder neue Formen des Nationalismus hervorbringt.
6. Die (Re-)Konstruktion von Ort und Lokalität aus einer Erfahrung der De-Territorialisierung, die Schaffung jener bereits genannten transnationalen Räume, und die Entstehung von „Translokalitäten", also einer anderen Verortung von Prozess und Geschichte im Raum. An diesem Punkt führt die enträumlichte Forschung wieder an die konkrete Lokalität zurück, denn auch die transnationalen Prozesse finden letztlich in konkreten Räumen statt, die jedoch in spezifischer Weise wahrgenommen werden.

Ein konkretes Arbeitsgebiet, das mehrere der hier genannten Bereiche zusammenführt, stellt die interkulturelle Geschlechterforschung dar, die Aushandlung von Genderkonstruktionen im transkulturellen Kontakt untersucht (Schlehe 2001).

Stadtethnologie 13.4

Städte – und in noch deutlicherer Form Metropolen – sind Orte der kulturellen Produktion. In Städten lebt nicht nur die Hälfte (und arbeiten drei Viertel) der Menschheit, sondern hier begegnen sich und verändern sich Kulturen in besonders deutlicher Form. Kultursoziologen, Kulturgeografen und Historiker haben sich in den vergangenen Jahren mit der Entstehung von urbanen Zentren und vor allem mit Megacitys befasst. Mit einem ethnologischen Verständnis von Kultur, das sich von statischen und homogenen Vorstellungen verabschiedet hat und stattdessen die Veränderungsprozesse betont, eröffnen sich hier weitere Forschungsperspektiven. Die administrative Erfassung von Gesellschaft, die früher als ein kontaminierender Einfluss auf traditionelle Kulturen verstanden wurde, wird nun als Forschungsgegenstand eingeschlossen. In Städten werden die Beziehungen zwischen Bürger und Staat, zwischen Eingesessenen und Zugezogenen, zwischen den Generationen, den Geschlechtern und zwischen „Traditionalisten" und „Modernisten" neu verhandelt. Es entwickeln sich spezifische Kommunikationsformen und Normen: Wer darf wen in welcher Weise ansprechen? Urbane Orte erfahren ihre Sinnzuschreibung ebenso wie die sie verbindenden Verkehrsmittel. Somit sind Städte nicht nur Orte der kulturellen Produktion, sondern auch kulturelle Produkte.

Kultur wird neu verhandelt

Bei genauerer Begriffsbestimmung erweist sich als unklar, was eine Stadt ist oder wodurch sie sich auszeichnet. Als Kriterien werden meist die Größe des Siedlungsraums, die Siedlungsdichte, die künstliche Umwelt, die Heterogenität der kulturellen Milieus und die sozioökonomische Fragmentierung angeführt. Viele Bewohner kennen nur Teile der Stadt und bewegen sich außerhalb ihrer Nachbarschaft weitgehend unauffällig (Antweiler 2004). Es herrscht ein Bewusstsein vor, explizit nicht in einer vermeintlich traditionsbestimmten ländlichen Region zu leben. Hier entsteht, was der Soziologe Armin Nassehi (1999) „tradierte Enttraditionalisierung" und „Kulturalismus", das Reden über und Abgrenzen durch Kultur, nennt. Die Soziologie beschäftigt sich hier wie die Ethnologie mit Kultur, doch mit einem anderen Fokus. Letztgenannte interessiert sich für kulturelle Äußerungen, Erstgenannte für Äußerungen zur Kultur. Ge-

Kulturalismus

Dritte Räume

meinsam ist beiden Disziplinen offenkundig das Interesse an den kulturellen Kontaktzonen und am Aushandlungsprozess. Es ist unschwer nachzuvollziehen, dass in diesen Kontaktzonen das Eigene stets dem Fremden erklärt werden muss und dabei Debatten über kulturelle Inhalte und über die Deutungshoheit entstehen. Da sich hier Machtverhältnisse besonders deutlich zeigen, haben ethnologische Forschungen die Aspekte von Ausgrenzung und Unterdrückung besonders hervorgehoben. Zu einer anderen Bewertung dieser kulturellen Grenzzonen kommt der Literaturwissenschaftler Homi Bhabha, der auch eine Entfaltung von Ideenreichtum und neuen kulturellen Formen betont. Ausgehend von den Kontaktzonen zwischen den Kolonialisten und den Kolonisierten nennt Bhaba (1994) diese Orte „dritte Räume" (*third spaces*), in denen unter Mitwirkung aller Beteiligten eine enorme Kreativität freigesetzt wird. Hier entsteht das Potential, die Dichotomie des Eigenen und des Fremden zu überbrücken. Diese theoretischen Modelle wirken durchaus auf die Realpolitik zurück. So zeugt die Rede von Barack Obama am 4. Juni 2009 in Kairo – adressiert an die arabische Welt – überdeutlich von einem hybriden Kulturverständnis. Die gesellschaftliche Wirkkraft des transnationalen Denkens ist einerseits offenkundig, ihr Programm schreibt Kulturen gegenseitige Achtung vor und will sie einander näher bringen. Andererseits finden wir in den kulturellen Kontaktzonen nicht nur Kreativität, sondern auch Missachtung und Ausgrenzung.

Stadtteilforschung

Im deutlichen Gegensatz zu den transnationalen Studien hat die Urbanethnologie den (Lebens-)Raum neu entdeckt. Stadtteile bilden zunächst eine Umwelt, und heben sich bereits äußerlich, durch ihre physische Gestalt, von anderen ab. Oft können mit ihnen ökonomische Schwerpunkte, Moden, Lebensstile und Dialekte verbunden werden. Sie bilden den Lebensraum, in dem soziale Interaktionen stattfinden, und bilden den Rahmen – quasi wie ein Dorf – des Untersuchungsorts. Auch die Forschungen in Megacities erweisen sich oft als Stadtteilforschung, da meist nur Einzelaspekte oder Bezirke erforscht werden (Ahuja und Brosius 2006). Bei ihrer Forschung über hispanische Migranten im Süden der USA, die sich durch die Migrationsgeschichte, Sprache und den Katholizismus identifizieren, formuliert Eveline Dürr ihr Programm für die Stadtteilforschung:

„Besonderes Augenmerk ist darauf gerichtet, wie die Bewohner „ihren" Stadtteil wahrnehmen, für sich beanspruchen und verteidigen, und wie sich diese Aspekte im Raum äußern und wiederum auf die kulturelle Identitätsbildung wirken. Dabei findet nicht nur das physische, symbolisch markierte Stadtbild Berücksichtigung, sondern auch andere Repräsentationsformen, wie Diskurse, Performanzen und Medienberichte." (Dürr 2005: 2)

Entscheidend für die Stadtethnologie ist nicht der Umstand, ob eine Forschung *in* einer Stadt angelegt ist, sondern ob sie innerhalb dieser kontextualisiert wird. Der Bezug zur realen oder imaginierten Stadt als Bühne oder als Rahmen, als Akteur oder als Opfer, ist entscheidend. Viele Themen lassen sich zudem nicht an einen Stadtteil binden. Ein ethnologisch bisher kaum bearbeitetes Forschungsfeld bildet die Umweltverschmutzung in den Städten. Die Wahrnehmung von Schmutz, Unrat, Dreck oder Abfall ist hochgradig kulturell determiniert. Seit Mary Douglas' Klassiker *Reinheit und Gefährdung* (1985 [1966]) wird Schmutz meist als Materie am falschen Ort, als kulturspezifisch, definiert. Übertragen auf die Umweltverschmutzung lautet daher die ethnologische These, dass man die oft im neutralen Duktus benannte „Umweltbelastung" nur innerhalb der gesellschaftlich gängigen Annahmen messen und bemessen kann. Der Ganges wird in Benares ebenso wenig als unrein oder kontaminierend betrachtet wie ein an einer Strandpromenade dahingleitender Luxuswagen. Verschwitzte Körper können ästhetisch wirken, wenn sie gerade eine sportliche Leistung erbracht haben, und ich habe mir sagen lassen, dass es urbane Dienstleister gibt, die frischen Lehm auf vorher polierte Geländewagen spritzen, als Zeichen der Rückkehr aus dem ländlichen Raum. Im städtischen Leben ist mit Verunreinigung ein komplexer Diskurs über deren Verursacher verbunden. Wer welchen Dreck verantwortet und wer ihn beseitigen sollte, beinhaltet Aussagen über die Bewertung von Materie (Müll oder Wertstoff?) und von sozialen Gruppen. Die imaginierte Stadtlandschaft mit ihren Bewohnern erfährt aus der Perspektive der urbanen Umweltforschung eine zusätzliche, bereichernde Perspektive (Dürr/ Jaffe 2010).

städtische Umweltbelastung

Fazit

Die ethnologischen Arbeiten zur Ethnizität, zur Migration und zur Transnationalität zeigen die Dynamik der ihnen zu Grunde liegenden Prozesse. Kulturelle Grenzen werden verschoben, Inhalte modifiziert, Zugehörigkeiten ausgehandelt und Gruppenbildungen zudem politisch instrumentalisiert. Die ethnologische Perspektive, die explizit die der Akteure einbezieht, findet oft essentialisierende Aussagen über Kultur, geht jedoch bei der eigenen Interpretation auf eine konstruktivistische zurück. Der identifikatorische Prozess von lokalen Gruppen, von Migranten und den Mitgliedern der Diaspora entsteht in konkreten Kontexten und ist mit spezifischen Interessen verbunden. Die moderne Stadtethnologie widmet sich ebenfalls diesen dynamischen Prozessen der kulturellen Neufindung im urbanen Raum und sieht in der Stadt nicht nur den Ort kultureller Produktivität, sondern zugleich ein kulturelles Produkt.

Fragen

1 Was versteht man unter „Ethnie" und wo liegen die Probleme in der Benennung von Gruppen?

2 Was ist Ethnizität? Kann Ethnizität wertfrei beschrieben werden?

3 Wovon geht ein essentialistisches Kulturkonzept aus und wozu wird es verwendet?

4 Wie unterscheiden sich die Positionen von Primordialisten und Konstruktivisten?

5 Wie äußert sich die Instrumentalisierung von Ethnien?

6 Was ist mit den Konzepten „Schmelztiegel" und „Salatschüssel" in der Migrationsforschung gemeint?

7 Was versteht man unter *third spaces* oder „dritten Räumen"?

1 Entscheidend für die Fremd- oder Selbstbezeichnung einer Ethnie ist das Bewusstsein der Zusammengehörigkeit, das oft genealogisch, mythologisch, sprachlich oder territorial begründet wird. Das Problem der Benennung ergibt sich aus der oft angenommenen Homogenität und den vermeintlichen Gruppengrenzen, da diese Annahmen wiederum auf die Handlungsrealität zurückwirken. Beschreibungen von Gruppen sind niemals neutral oder objektiv, sondern intentional und erfolgen aus der eigenen Perspektive.

2 Ethnizität ist der Prozeß, der zur Herausbildung von Ethnien führt. Dieser Prozess kann aus verschiedenen Perspektiven beschrieben werden und basiert stets auf kulturellen Annahmen, die wertend sind. Auch die Betonung eines Aspekts, etwa Nahrungsgewohnheiten oder Arbeitsteilung, entspricht einer Wertung.

3 Ein essentialistisches Kulturkonzept geht von Qualitäten aus, die innerhalb einer Kultur quasi als Substanz existieren. Diese Qualitäten sind nahezu zeitlos und kollektiv, sie äußern sich in vielen gesellschaftlichen Bereichen und in allen Individuen dieser Kultur. Das essentialistische Kulturkonzept wurde oft zur Erklärung von Kontinuitäten herangezogen, wird jedoch von den meisten Ethnologen abgelehnt.

4 Primordialisten gehen von einem essentialistischen Kulturkonzept aus und sehen Geschichte, Institutionen und konkrete kulturelle Formen als Ausdruck einer real wirkenden, innewohnenden Kraft. Konstruktivisten betrachten Gesellschaft und Kultur als Prozess und als Ausdruck von menschlicher Handlungsmacht.

5 Durch ihre Selbstdarstellung versuchen Ethnien nicht selten, ein einheitliches und geschlossenes Bild von sich zu schaffen, um damit ökonomischen oder politischen Vorteil zu bewirken. Durch politische Rhetorik können ethnische Gruppen als Sündenböcke oder als kulturelle Abgrenzung geschaffen werden.

6 Mit dem Bild des „Schmelztiegels" wurde die politisch gewollte Vorstellung verbunden, dass Kulturen an einem Ort zu einer Einheit verschmelzen. Das Bild der „Salatschüssel"

(oder auch der „Pizza") geht hingegen von einem kulturellen Zusammenleben aus, wobei jede Gruppe ihre eigene Identität behält, vergleichbar mit dem Geschmack der Salatzutaten.

7 Dritte Räume sind Orte, an denen die Differenz zwischen dem Eigenen und dem Fremden neu ausgehandelt wird und wo kreative Prozesse entstehen. Ursprünglich wurde der Begriff von Homi Bhabha als Kontaktzone zwischen den Kolonisierten und den Kolonialisten konzipiert.

Medizin – Körper – Sinne – Emotionen | 14

Die Medizinethnologie und die Ethnologien des Körpers, der Sinne und der Emotionen zählen zu den emergenten Teilbereichen der Ethnologie, die sich hinreichend unterscheiden, um jeweils eigene Forschungsfelder zu besetzen. Die Medizinethnologie (*medical anthropology*) beschäftigt sich mit den kulturspezifischen Konzepten von Krankheit und Heilung und die Ethnologie des Körpers (*anthropology of the body*) mit dessen symbolischer Konstruktion. Die Ethnologie der Sinne (*anthropology of the senses*) arbeitet über die kulturspezifischen Zuschreibungen der Sinnesempfindungen und deren jeweilige Prägung und die Ethnologie der Emotionen (*anthropology of emotions*) mit der Benennung, Einordnung und Bewertung von Gefühlen. Diesen Teilbereichen ist gemeinsam, dass sie Krankheiten, Körperempfindungen, Sinneswahrnehmungen und Gefühle soziokulturell untersuchen und dabei eine kollektive, kulturelle Dimension beschreiben, die weitgehend unabhängig von der biochemischen ist. Der Fokus der Ethnologie liegt auf den kulturspezifischen Wahrnehmungen des menschlichen Körpers, den jeweiligen Klassifikationen und Erklärungsmodellen und den daraus resultierenden Praktiken. Selbstredend beeinflussen sich beide Dimensionen gegenseitig, doch kann keine aus der anderen abgeleitet werden. Der ethnologische Ansatz betrachtet diese kulturellen Modelle und Handlungsweisen jeweils in ihrem Kontext. Eine Heiltherapie, eine Körpertechnik, eine sinnliche Wahrnehmung oder ein Gefühl erschließen sich erst als sinnvolle Größe, wenn man die gesellschaftlichen Verhältnisse und den Sinnzusammenhang kennt. Die Ethnologie betont, dass die Wahrnehmung von Krankheit, von der eigenen Körperlichkeit und von Gefühlen stets durch kulturell vermittelte Konzepte erfolgt.

14.1 | Medizinethnologie

Medizinethnologie

Die Medizinethnologie untersucht die sozialen und kulturellen Dimensionen von Krankheit und Heilung aus einer kulturvergleichenden Perspektive. Ausgangspunkt ist die Annahme, dass in jeder Gesellschaft Krankheit auf eine spezifische Art und Weise wahrgenommen und klassifiziert wird, die Ursachen jeweils benannt und Heilverfahren angewendet werden.

Dabei sind sehr unterschiedliche Forschungsfelder und Fragestellungen eingeschlossen, die zum einen philosophisch, zum anderen naturwissenschaftlich, aber auch sozialkritisch oder anwendungsbezogen orientiert sind. Die Forschungen zu Heilungen in Trance oder zum Schamanismus gehen von komplexen Weltbildern aus, die zunächst nachvollzogen werden müssen, um die symbolische Dimension der Heilverfahren zu erkennen und somit zu einem angemessenen Verständnis von Krankheit zu gelangen.

Ethnomedizin

Einen anderen Ansatz verfolgt die Ethnomedizin, die von einem gesicherten biomedizinischen Wissen ausgeht und darauf aufbauend fragt, wie fremde Heilpraktiken aus naturwissenschaftlicher Sicht eingeordnet werden sollen. Diese Unterscheidung von einer interpretierenden Medizinethnologie und einer analysierenden Ethnomedizin wird zwar in vielen Publikationen deutlich, kann jedoch gerade für jüngere Entwicklungen nicht aufrechterhalten werden (Hauschild 2010). Ebenfalls von einer biomedizinischen Warte fragt die Ethnopharmakologie nach den Wirkstoffen der indigenen Medizin und der Zusammensetzung der verwendeten Substanzen. Psychiatrische und psychologische Ansätze orientieren sich entweder an den Prämissen der Medizinethnologie oder der Ethnomedizin und können dem verstehenden oder dem anwendungsbezogenen Lager zugeordnet werden. Ökologische Ansätze untersuchen die Wechselwirkung von Mensch und Umwelt, vor allem die Folgen der Umweltveränderungen auf die menschliche Gesundheit. Die in den vergangenen Jahren am stärksten expandierenden Bereiche bilden die Gesundheitspolitik (*public health*), die Basisgesundheitsversorgung und die Krankheitsprävention.

Ethnopharmakologie

Anfänge

Die frühen ethnologischen Arbeiten zu Krankheitstherapien und Heilritualen gingen von einer Unvereinbarkeit dieser Phänomene mit dem Bereich der Biomedizin (also einem europäischen, naturwissenschaftlichen Verständnis) aus. Magie und Ritual wurde der Religion zugeordnet. In den 1960er Jahren entwickelte sich in der Ethnologie ein eigener medizinbezogener Diskurs. In dieser ersten Phase entstanden zahlreiche Arbeiten zur Klassifikation von Krankheiten und deren Therapieformen. Offensichtlich lagen kulturspezifische Vorstellungen von „Krankheit" vor, die oft eine psychische oder soziale Dimension einschlossen, und nur aus dem Weltbild und dem Sozialgefüge erklärt werden konnten. Die Verwendung von Kräutern und Mineralien bei der Herstellung von Medizin wurde dokumentiert, so auch Einzelaspekte, etwa Geburt und die Rolle und das Wissen von Hebammen. Diese frühen Arbeiten zielten oft nicht auf medizinethnologische Fragestellungen, sondern sollten die Lokalgesellschaft erklären. Erst als eine kritische Masse an Publikationen vorlag, eröffnete sich eine vergleichende Perspektive.

In den 1970er und 1980er Jahren, als man in der Ethnologie **Die Praxis des Heilens** begann an der Existenz von homogenen Kulturen zu zweifeln, wurden auch monokausale und eindeutige Muster zur Erklärung von Krankheit in Frage gestellt. Kritik erfuhren die klassifikatorischen und taxonomischen Modelle von Krankheit und Heilung. Zunehmende Bedeutung erfuhr die gesellschaftliche Praxis. Wie geht man mit Krankheit um, wann entscheiden sich Menschen für welche Therapieform? Da oft neben den „traditionellen Heilern" auch „westliche Medizin" verfügbar war, bestand ein Entscheidungsfreiraum. Ethnologen sprachen mit Patienten über ihre Erfahrung mit den Systemen und fanden nicht nur die kulturellen Deutungen, sondern auch die finanziellen Aufwendungen und die Zugänglichkeit als entscheidende Faktoren. Der Medizinpluralismus, die Koexistenz von Heilsystemen, entwickelte sich zu einem neuen Forschungsfeld, das nicht nur in den fremden Gesellschaften, sondern auch in Europa von Interesse ist.

Um einen Kulturvergleich zu ermöglichen, unterscheidet die **Krankheit und Kranksein** Medizinethnologie Krankheit (*disease*), eine biomedizinische Dimension, die aufgrund westlicher Analyseverfahren ermittelt **Aids in Afrika** werden kann, und Kranksein (*illness*), eine vom Kranken und seinem sozialen Umfeld wahrgenommene – also kulturell informierte – Dimension. Der Forschungsgegenstand ist das Kranksein, also die vom Subjekt empfundene Größe, die dann ggf. in Relation zur Krankheit gesetzt werden kann. Entscheidend ist hier, dass ein biochemischer Befund stets kulturell wahrgenommen wird. Besonders deutlich erweist sich die Unabhängigkeit dieser beiden Aspekte bei den Untersuchungen zu Aids in Afrika. Vor Ort zeigt sich eine Vielzahl von Erklärungsmodellen, von Verschwörungstheorien bis zur Leugnung der Krankheit, die HIV/Aids in ein politisches Weltbild und in lokale religiöse Formen einbinden. Da das Virus sozial übertragen wird, zudem die Folgen lokal erklärt und bewältigt werden müssen, stoßen kulturunabhängige – also universal konzipierte – Hilfsprojekte an enge Grenzen ihrer Wirksamkeit (Dilger 2005). Die Zusammenarbeit von Medizinethnologen und Hilfsorganisationen erweist sich vielerorts (jedoch keinesfalls überall) als ein fruchtbarer Weg.

Kritische Medizinethnologie

Die kritische Medizinethnologie (*critical medical anthropology*) löst sich von den ortsbezogenen Forschungen und untersucht Krankheit und Gesundheit im Kontext von Globalisierung, Politik und Gesundheitswesen. Sie thematisiert – um ein Beispiel zu nennen – die Auslagerung von pharmakologischen Studien in die Länder des Südens, um hier Medikamente zu testen, die dann primär den Patienten des Nordens verfügbar gemacht werden. Aus einer postkolonialen Perspektive werden hier die Verfügbarkeit der Medikamente und das Wissen über Medizin untersucht. Somit wird ein politisiertes Verständnis von Medizin zu Grunde gelegt und aus der Medizinethnologie eine „Sozial- und Kulturanthropologie der Medizin(en)" entwickelt (Dilger und Hadolt 2010: 15 et passim). Die Autoren des Sammelbandes *Medizin* im *Kontext* gehen von einem weit gefassten Medizinbegriff aus. Es geht ihnen darum, „kollektive [...] Handlungen und Ideen rund um Krankheit, Gesundheit und Heilung [...] und dabei [...] deren Komplexität und Zukunftsoffenheit bzw. Eingebundensein in Machtverhältnisse analytisch und politisch ernst zu nehmen" (2010: 18). Eine solche Ausrichtung auf die Makroperspektive kann jedoch – wie Dilger und Hadolt betonen – auf die Forschung in kleinen Lokalitäten nicht verzichten, da sie sich erst aus überregionalen Bezügen erschließt.

Psychologie, Psychotherapie und Psychiatrie in der Ethnologie | 14.2

Ethnopsychologie (*psychological anthropology*) ist aus der Kultur- und Persönlichkeitsforschung entstanden und untersucht die Entwicklung und Wirkung der menschlichen Psyche, also die Wechselwirkung zwischen Mensch und Gesellschaft. Bereits Bastian und Boas haben sich zur psychischen Einheit der Menschheit und zu den Grundstrukturen der menschlichen Psyche geäußert, doch diese Richtung erhielt ihre heutige Bezeichnung durch den Sammelband von Francis L.K. Hsu *Psychological Anthropology* (Hsu 1972). Es geht nicht allein um die Prägung des Einzelnen, sondern um die ihn prägenden Institutionen wie Erziehung, Ertüchtigung, Bestrafung und Belohnung sowie um den Prozess, wie Erfahrung zu unhinterfragtem Wissen wird. An die Ethnologie adressiert lautete die Forderung, dass kulturelle Prozesse stets unter Einbeziehung der psychischen Prozesse untersucht werden sollen. Nicht Kultur als ein abstraktes Phänomen, sondern die psychische Konstellation des Individuums ist handlungsleitend. Die sichtbaren Handlungen wiederum bilden die Interpretationsgrundlage des Einzelnen.

Ethnopsychologie

Bourdieus Konzept des Habitus (1976), der als Haltung, Gewohnheit oder Lebensweise übersetzt werden kann, wurde von der Ethnopsychologie aufgegriffen. Jeder Mensch schafft sich aufgrund seiner Erfahrung ein Bild von sich selbst, das sich zwar an gesellschaftlichen Normen orientiert, jedoch keinesfalls vorgegeben ist. Sein Habitus ist von ihm geschaffen und leitet ihn. Eine Parallele zum Weberschen Kulturkonzept (als das vom Menschen selbstgesponnene Netz an Bedeutungen, in dem er gefangen ist) wird hier offensichtlich. Doch ist es hier nicht die Gesellschaft, sondern das Individuum, welches wirkmächtig ist. Eine Analogie, nach der die Psyche des Individuums der Kultur einer Gesellschaft entspricht, erschien naheliegend, wurde wiederholt als These formuliert, doch letztlich zurückgewiesen. Die strukturale Ethnologie sah im Menschen ein Objekt der relativ stabilen Wertorientierungen und die Ethnopsychologie betonte die Wirkkraft der Individuen, die den gesellschaftlichen Prozess herbeiführen.

Habitus

Die Ethnopsychoanalyse bezieht sich auf die Psychoanalyse, eine von Sigmund Freud (1856–1939) entwickelte Theorie und

Therapie des menschlichen Geistes. Freud hatte in seinem Werk *Totem und Tabu* (1913) viel über den Ursprung von Kultur spekuliert und fand in zahlreichen Mythen das Motiv des Ödipuskomplexes. Aus dem Entsetzen über den vermeintlichen Vatermord, so Freud, sind Heiratsregeln und Totemtiere entstanden. Die zugrundeliegende Theorie ging von inneren Erfahrungen des Menschen aus, die zur Normierung von Gesellschaft führten. Die *Culture and Personality*-Schule in den USA versuchte später, den Zusammenhang von Gesellschaft und einer bevorzugten psychischen Prägung der Menschen herzustellen. Bis heute gilt die Ethnopsychoanalyse jedoch als umstritten. Debatten treten meist nach dem Erscheinen von fundierten Ethnographien auf, wie beispielsweise in den 1980er Jahren *Medusa's Hair* (Obeyesekere 1981, vgl. Pfeffer 1997). Gananath Obeyesekere bedient sich psychoanalytischer Methoden, um in Sri Lanka Formen der weiblichen Besessenheit und die Entstehung von neuen symbolischen Formen anhand von Fallbeispielen zu belegen. Sein Werk wurde für die behutsame Übernahme der Freudschen Theorie und deren Weiterentwicklung zu einer psychoanalytischen, hermeneutischen Praxis gelobt. Kritiker warfen ihm methodisch fragwürdige Schlussfolgerungen vor. Im deutschen Sprachraum haben Mario Erdheim (2006) und Maya Nadig (1986) maßgebliche Forschungen zur Ethnopsychoanalyse geleistet. Die Psyche wird bei ihnen als Zugang zu einer kulturellen Wirklichkeit angesehen, die dem Studium von fremden Kulturen eine tiefere Dimension verleiht.

Die psychiatrische Praxis wird in der Ethnologie weit gefasst. Krankheitskonzepte und Therapieformen werden kulturvergleichend untersucht und schließen beispielsweise auch Heilung durch Trance ein. An einem muslimischen Schrein in Nordwest-Indien untersucht Helene Basu (2010) das Zusammengreifen von schulmedizinischer Psychiatrie und spiritueller Heilung. Eine indische Nichtregierungsorganisation bietet professionelle psychiatrische Hilfe im Umfeld eines Heiligenschreins, in dem Hilfesuchende Rituale durchführen lassen, dabei ihr Bewusstsein verlieren und in Trance sprechen. Dabei werden Personen ausfindig gemacht, die das Leid durch fehlgeleitetes Sozialverhalten verursacht haben und von der Gottheit eine Strafe auferlegt bekommen. Das Einwirken auf das soziale Umfeld der Kranken wird in vielen Gesellschaften als Grundvoraussetzung für einen

Ethnopsychoanalyse

Ethnopsychiatrie

Heilungserfolg gesehen. Dabei kann sowohl ein Vergeben und Harmonisieren als auch eine Spaltung der Familie oder die Verbannung von Individuen angeordnet werden. Bei anderen Krankheitsvorstellungen, denen Besessenheit zugrunde liegt, kommt die Ethnologie zu unterschiedlichen Bewertungen. Exorzismus wird entweder als eine Möglichkeit gesehen, Individuen nach Normbrüchen wieder schuldfrei zu integrieren, oder als gesellschaftliches Zwangsinstrument zur Herstellung von Konformität.

Ethnologie des Körpers | 14.3

Die Ethnologie beschäftigt sich seit dem Beginn der Fachgeschichte mit der kulturellen Manipulation und Überformung des menschlichen Körpers. Dabei wurde der Körper als etwas Natürliches, etwas Gegebenes betrachtet und im Hinblick auf seine Veränderungen als Objekt oder als Projektionsfläche. Schädeldeformationen, Zahnabfeilungen, Beschneidungen sowie Tätowierungen und Haarveränderungen zählen zu den bekannten Beispielen. Die gestalteten Körper lassen durch sichtbare Symbole die Zugehörigkeit zu sozialen Gruppen erkennen oder markieren absolvierte Initiationsrituale und somit Statuspositionen.

Der Körper als Projektionsfläche

Die Ethnologie des Körpers geht jedoch über diese augenscheinliche Dimension hinaus und fragt nach den zugrundeliegenden Konzepten. Thematisiert werden im weitesten Sinn die Wechselbeziehung von Körper und Kultur, Körpertechniken, leibliche Erfahrungen und die Vorstellungen vom Körper selbst. Aufgrund der ethnographischen Befunde werden euro-amerikanische Konzepte, vor allem die auf Descartes zurückgehende Geist-Körper-Dichotomie, in Frage gestellt. Prozesse der Körperwerdung und die symbolische Besetzung der Körperteile stehen nun im Vordergrund. Ausgehend von Judith Butler (2003 [1990]) folgt die Ethnologie der These, dass nicht nur soziale Rollen, sondern auch die Körper gesellschaftlich imaginiert, normiert, gestaltet und bewertet werden. Was Butler für den Prozess innerhalb einer Gesellschaft beschreibt, die Konstruktion der geschlechtspezifischen Körper, gilt auch für die kulturübergreifende Perspektive (Platz 2006).

Ethnologie des Körpers

Intersexualität

Ein ethnographisches Beispiel liefert Claudia Lang mit ihrer Untersuchung über Intersexualität. Personen, die schulmedizinisch nach ihrer Geburt nicht eindeutig einem Geschlecht zugeordnet werden können, werden in Deutschland (und zahlreichen anderen Ländern) pathologisiert und medizinisch behandelt. Bis vor wenigen Dekaden wurden Genitalien chirurgisch manipuliert, um eine klare Geschlechtszugehörigkeit herzustellen. Dieser Praxis lag die Annahme zugrunde, dass psychische Stabilität nur in einem eindeutig zugeordneten Körper entstehen kann. Seit einigen Jahren formieren sich Betroffene, fordern die Anerkennung ihres Körpers als „natürliche Form" und ein Ende der Pathologisierung. Dabei orientieren sie sich an ethnologischen Arbeiten über Geschlechterkonstruktionen in Nordamerika, Indonesien, Indien und in Melanesien, wo *berdache*, *kawe-kawe*, *hijra* und *fa'afafine* eine Form des „dritten Geschlechts" bilden und gesellschaftliche Akzeptanz erfahren (Lang 2006: 185–204). Überdeutlich wird hier, wie spezifische Annahmen auf den Körper einwirken, ihn formen, und somit zugleich zur Vorlage für geschlechtsspezifische Formen machen.

Die kulturelle Deutung des Biologischen

Die kulturellen Vorstellungen vom Körper legen die Grundlage für die körperliche Praxis, zu der auch der medizinische Bereich zählt. Was und wie von wem therapiert werden soll und kann, wird innerhalb eines kulturellen Rahmens ausgehandelt. Umstrittene Bereiche innerhalb der deutschen Gesellschaft bilden die Reproduktionstechnologie mit der Frage nach den ethisch vertretbaren Grenzen und die Organtransplantation, bei der die emotionale Bewertung der Organe besonders deutlich wird. Eine ethnologische Forschergruppe um Brigitta Hauser-Schäublin (et al. 2001) hat sich mit den beiden Bereichen beschäftigt und die Historizität der Körperkonzepte, vor allem der Körper-Geist-Dichotomie, aufgezeigt. Fragen von (biologischer) Elternschaft bis zu Todeskonzepten sind hochgradig kulturell konzipiert und bilden keine kontextunabhängigen Fakten. Die Tatsache, dass menschliches Leben begrenzt ist und jede Person sterben wird, darf nicht darüber hinwegtäuschen, dass der Todeszeitpunkt wie auch der Beginn des Lebens kulturell definiert werden.

embodiment

Einige neuere Arbeiten zur Ethnologie des Körpers folgen dem Ansatz von Thomas Csordas (1990), der den Körper weniger als Objekt denn als handelndes Subjekt im kulturellen Prozess ansieht. Der Körper, oder genauer der Leib, ist der Ort, in den Kultur eingeschrieben ist und in dem Kultur entsteht. Verkörperlichung (*embodiment*), die sich vor allem in Sprache und ritualisiertem Verhalten ausdrückt, widerspricht der Körper-Geist-Dichotomie und erhebt den Körper zum Ursprungsort von Kultur. Der Körper ist nicht länger Objekt, sondern Subjekt. Sein Konzept des *embodiment* geht weit über „implizites Wissen", das sich beim Fahrradfahren oder Schnürsenkelbinden zeigt, hinaus. Csordas Ethnologie des Körpers geht von einem komplexen Zusammenspiel von Einwirkungen auf den (und Auswirkungen vom) Körper aus, das sich auch in der Ethnologie der Sinne zeigt (Csordas 1999).

Ethnologie der Sinne | 14.4

Die Ethnologie der Sinne untersucht vorrangig die Strukturierung der sinnlichen Erfahrungen im Kulturvergleich, die Generierung von Bedeutung durch Sinneseindrücke und das Zusammenspiel und die Hierarchisierung der Sinne. Jede Gesellschaft unterscheidet die Wertigkeit, mit der Sinneseindrücke etwas über die Umwelt aussagen: Wenn ich meinem Blick nicht traue, setze ich meinen Tastsinn ein. Ein weiterer Forschungsaspekt ist der soziale Gebrauch der Sinne, also die Sphäre der gesellschaftlichen Konventionen. Wer in unserer eigenen Gesellschaft Waren prüft, weiß in aller Regel, welche Sinne er einsetzen darf. Woran darf man in einem Kaufhaus oder auf dem Markt riechen, welche Gegenstände kann man abtasten? Andere Normen regeln, wem man wie lange in die Augen schauen darf, ohne seinen Blick abzuwenden.

Forschungsbereiche

Ein zentraler Ausgangspunkt dieser Forschungsrichtung ist die Einsicht, dass unsere Sinne nicht mechanisch, etwa wie eine Linse oder ein Mikrophon, funktionieren, sondern kulturell geprägt sind. Das Sehen, das im euro-amerikanischen Raum als der wichtigste und dominante Sinn angesehen wird, vermittelt uns eine gefilterte oder korrigierte Sicht der Welt. Das Bild, das sich auf unserem Augenhintergrund als „Retinabild" abzeichnet, entspricht nicht dem Perzept, unserem „inneren Bild", also dem,

Sehen ist kulturell erlernt

was wir bewusst sehen. Tobias Wendl (1996) hat in einem Beitrag zur Visuellen Ethnologie die entwicklungspsychologischen Forschungsergebnisse zusammengeführt und gezeigt, dass wir – um nur einen Aspekt des Sehens herauszugreifen – perspektivisches Sehen erlernen. Es macht nicht nur einen Unterschied, ob wir im Regenwald aufwachsen (und somit meist nur kurze Distanzen wahrnehmen) oder im Gebirge, sondern auch die Darstellungsmodi unserer Kultur prägen unser Sehen. Seit der Einführung der Zentralperspektive, die der Laterna Magica und der Fotografie zugrundeliegt, haben sich Darstellungsformen in der Kunst verändert und somit auch unsere Sichtweise der Welt. Aufgrund unserer kulturell vermittelten Erfahrung korrigieren wir das Retinabild zu einem inneren Bild, ohne dass wir es wissen oder merken würden. Was wir zu sehen glauben, kurz: was wir sehen, ist das Ergebnis eines Zusammenspiels von optischen, biochemischen und kulturell informierten mentalen Prozessen.

Sehen ist Erinnern

Hinzu kommt, dass das Sehen immer mit einer kleinen Zeitverzögerung erfolgt, also immer auch ein Erinnern ist. Wenn wir – um ein psychologisches Experiment anzuführen – zwei Punkte fixieren, die vom Betrachter aus gesehen in einem bestimmten Winkel liegen und in kurzer Folge nacheinander aufleuchten, so haben wir das Gefühl, dass ein Punkt wandert. Wenn die beiden Punkte verschiedene Farben haben, so „sehen" wir, dass sich die Farbe auf der halben Wegstrecke ändert. Es erscheint uns so, dass sich die Farbe auf dem Weg verändert, jedoch setzt dies die Kenntnis des Endpunktes bereits voraus. Solche kleinen Verzögerungen sind folgenschwer für die Wahrnehmung unserer Umwelt. Des Weiteren wirken Sinne gemeinsam: Der Blick wird durch ein Geräusch gerichtet und das innere Bild auch vom akustischen Reiz beeinflusst. Diese psychologischen Erkenntnisse sind für die Ethnologie interessant, weil sie auf eine Differenz von äußeren und inneren Sinneseindrücken verweisen. Diese Differenzen sind meist das Ergebnis eines historischen Prozesses.

Das Zusammenspiel der Sinne

Eine oft zitierte These geht von einer allgemeinen Entwicklung zu einer visuell dominierten Kultur aus, die vor allem nach der Erfindung des Buchdrucks und weiterer visueller Reproduktionstechniken stattgefunden habe. Dabei hätten Geruchs- und

Tastsinn an Bedeutung verloren und das gesprochene Wort wäre dem geschriebenen untergeordnet worden. Diese These übersieht die visuellen Techniken vor der Erfindung der Schrift und die große Bedeutung von räumlicher Orientierung, z. B. bei der Jagd. Dennoch kann festgehalten werden, dass die Sinne innerhalb einer Kultur in Hinblick auf ihre Aussagekraft unterschiedlich gewertet werden. In unserer eigenen Kultur können Sehen und Hören als die dominanten Sinne angesehen werden, wobei dies nicht unabhängig von den Möglichkeiten der technischen Reproduzierbarkeit von Bild und Ton sein dürfte. Oft werden einzelne Sinne mit anderen Bereichen in Verbindung gesetzt, etwa das Sehen mit Erkennen, Erkenntnis und Beweis und der Geschmack mit Ästhetik, Genuss und Konsum. Wir sprechen auch von einem Weltbild oder einer Einsicht. In der Ethnologie verwenden wir den Begriff der teilnehmenden Beobachtung, die durch andere Sinne ergänzt werden soll (Herzfeld 2001: 240–53).

Die Materialität des Bildes

In den frühen Monographien wurde den Sinnen wenig Aufmerksamkeit gewidmet. Dies mag zunächst mit den Schwierigkeiten der Datenaufnahme, der Verbalisierung und der Vermittlung zusammenhängen. Die geringe Aufmerksamkeit, die dem Geruchs- und Tastsinn entgegengebracht wurde, dürfte jedoch auch mit der Geringschätzung dieser Sinne durch die Ethnologen zusammenhängen. So wurden Menschen, denen zum ersten Mal eine Fotografie gezeigt wurde, missverstanden, als sie die Bilder abtasteten und an ihnen rochen. Man glaubte zunächst an die Unfähigkeit, Bilder zu erkennen. Später wurde jedoch klar, dass die Betrachter ein großes Interesse an der Materialität der Bilder hatten. Der unbekannte Bildträger war von größerem Interesse als das Bild. Die Voreingenommenheit der Forscher gegenüber diesen Nahsinnen, die sie selbst zu analytischen Zwecken höchst eingeschränkt einsetzten, verwehrte hier die Erkenntnis des Fremden.

Das „Hören" der Windrichtung

Eine Sensibilisierung für die sinnlichen Wahrnehmungen eröffnet auch einen frischen Blick auf das Vertraute. Ohne die Dominanz des Visuellen in meiner eigenen Kultur in Frage stellen zu wollen, möchte ich auf die Vielfalt alltäglicher Sinneseindrücke verweisen. Für Schreiner, Automechaniker und Tierärzte gehören prüfendes Tasten und gezieltes Riechen ebenso zum Berufsalltag wie für viele andere Professionen. Bei einer Wettervorhersage unter Laien wird die Intensität der Gerüche, z.B. der Abwasserkanäle, ebenso einbezogen wie akustische Signale. Ein Landwirt begründete mir kürzlich seine Prognose durch den unterschiedlichen Klang der Glocken an zwei Kirchtürmen, von denen einer westlich, der andere östlich gelegen war. Bei subjektiver Windstille kann er so die Windrichtung in höheren Lagen erkunden und das Wetter vorhersagen. Diese Methode erinnerte mich an die Fähigkeit der Navigatoren von Auslegerbooten im Pazifischen Ozean, die bei einem wolkenverhangenen Nachthimmel die Richtung durch den Klang der Bugwelle bestimmten. Man muss nicht weit reisen, um den kreativen Umgang mit sinnlichen Wahrnehmungen zu beobachten.

Sensorische Systeme im Kulturvergleich   Es liegen bisher nur wenige Abhandlungen über das sensorische System von überschaubaren Gesellschaften vor. Die Hausa in Nigeria unterscheiden die visuelle und nicht visuelle Wahrnehmungsform, die Hopi in Arizona heben Vibrationen hervor, die Suya im Mato Grosso in Brasilien unterscheiden Menschen, Tiere und Pflanzen nach Geruchskategorien, und für die Kaluli in Neuguinea ist das Hören besonders wichtig (Herzfeld 2001: 246, 249). Die Art und Weise, wie Sinne hervorgehoben und in Beziehung zueinander gesetzt werden, erweist sich als höchst komplex und verhindert eine Typisierung von sensorischen Systemen. Dennoch – oder gerade deshalb – steht für die Ethnologie die Aufforderung im Raum, sich mit den Sinnen näher zu befassen (Spittler 2001; Stoller 1989). Nur durch sie entsteht eine emische Sicht, die Ethnologen seit Malinowski anstreben.

14.5 | Ethnologie der Emotionen

Emotionen im Kontext   Die Ethnologie der Emotionen untersucht die soziale und kulturelle, also kollektive Dimension von Gefühlen. In jeder Gesellschaft werden Emotionen voneinander unterschieden und unterschiedlich bewertet. Die spezifischen Einordnungen hat bereits Ruth Benedict (1934) anhand von ethnographischen Beispielen beschrieben und Gesellschaften als apollinisch, paranoid oder dionysisch bezeichnet. Ungeachtet der unterschiedlichen Bewertungen von einzelnen Gefühlen können Gesellschaften jedoch keinesfalls pauschal einige Grundemotionen zugeschrieben werden. Beispielsweise unterscheidet sich die Haltung zur Gewalt innerhalb von Kulturen mindestens so drastisch wie zwischen ihnen. Die Lieder der Badaga in Südindien, die oft und gern gehört werden, sind melancholisch und rufen diese Emotion hervor. Ich käme jedoch nicht auf die Idee, diese optimistische und lebensbejahende Gesellschaft als melancholisch zu bezeichnen, auch wenn es Badaga beim Rezitieren ihrer Lieder selbst tun. Wer eine Feldforschung in deutschen Fußballstadien durchführt, wird einen anderen Eindruck über die kulturelle Dimension von Emotion bekommen, als jemand, der ein Jahr in einer deutschen Verwaltungsbehörde verbringt.

Anlässe und nähere Umstände bevorzugen die Hervorrufung eines spezifischen Gefühls im Individuum. Zwar empfindet jeder Mensch anders, doch existieren kollektive Vorstellungen von einer angemessenen Emotionalität in bestimmten Situationen. Andernfalls würde kein Hollywoodfilm und keine Werbung funktionieren. Emotionen werden dabei durch symbolische Formen hervorgerufen, die keinesfalls universal sind. Seltene Briefmarken, Kaurimuscheln und Pornozeitschriften wirken ausschließlich innerhalb von kulturellen Grenzen. Außerhalb dieser Deutungsgemeinschaften schwindet oder verschwindet die emotionale Beteiligung und auch die Fähigkeit, diese Symbole zu entziffern. Die Aktualisierung bestimmter Emotionen zeigt somit auch eine Form des Wissens an. Wenn ich Trauer oder Wut empfinde, so geht dem ein Kognitionsprozess voraus, dessen Resultat im besten Fall die angemessene Emotion ist. *Emotionen als Wissen*

Soziale Regeln schreiben vor, welche Gefühle man unter welchen Umständen zeigen darf oder zeigen soll. Diese Regeln unterscheiden das Geschlecht, das Alter und den sozialen Status von Personen und die näheren Umstände. Das Beispiel des Weinens in unserer eigenen Gesellschaft kann dies illustrieren. Auf Hochzeiten dürfen die Braut und ihre Freundinnen weinen, jedoch nicht der Bräutigam. Auf Beerdigungen gilt dies explizit für Trauergäste, aber nicht für den Pfarrer. Zeichen von Emotionen stellen oft einen konstitutiven Teil von Kommunikationshandlungen dar. Wenn trostspendend die Hand aufgelegt oder drohend die Hand erhoben wird, so sollen Gefühle gezeigt und zugleich auf sie eingewirkt werden. Gefühle sind in gesellschaftliche Prozesse eingeschrieben oder geben ihnen einen Sinn. Es *Das Zeigen der Gefühle* ist offensichtlich, dass die biochemischen Zustände nicht den sichtbaren Gefühlsäußerungen entsprechen müssen.

Arbeitsbereiche der Emotionsethnologie

Die Frage, die sich hier stellt, ist die nach der kulturellen Formbarkeit von Emotionen. Die Ethnologie hat einerseits eine Vielzahl von emotionalen Konfigurationen beschrieben, andererseits kennen wir keine Gesellschaft, in der ein Spektrum der bekannten Emotionen nicht vertreten ist. Birgit Röttger-Rössler kommt zu folgendem Schluss: „Kulturen bauen das im menschlichen Organismus angelegte affektive System zu komplexen sozialen Informationssystemen aus." (Röttger-Rössler 2004: 99) Für die Ethnologie sieht sie folgende Arbeitsbereiche: die Untersuchung der kulturellen Formen der Emotionen, also ihrer Benennung, ihre Symbolik und Bewertung, ihrer sozialen Einbettung und der Regeln der Anwendung sowie von individueller, subjektiv körperlicher Erfahrung und der gesellschaftlichen Form, über diese Erfahrungen zu sprechen.

Sprechen über Gefühle

In ihrer Untersuchung zu den Gefühlslandschaften auf der indonesischen Insel Sulawesi kommt Röttger-Rössler zu dem Ergebnis, dass das Sprechen über Gefühle weniger individuelle Variationen aufweist, sondern dass emotionale Muster zu Grunde liegen. Die Narrative zum Erleben der eigenen Hochzeit drängen

> „... die Schlussfolgerung auf, dass diese scheinbaren Selbstzeugnisse keineswegs primär darauf abzielten, die eigenen Empfindungen und Gefühle zu kommunizieren, sondern dass durch diese narrativen Inszenierungen emotionalen Erlebens soziale Identitäten in einem sich wandelnden gesellschaftlichen Umfeld verhandelt wurden." (Röttger-Rössler 2004: 343)

Der Leser könnte sich fragen, ob dies auch auf Prüfungssituationen zutrifft. Das Empfinden von Gefühlen wird demnach ebenso gesellschaftlich vermittelt wie das Zeigen und das Berichten von Gefühlsempfindungen. Somit sind Emotionen zwar ein biochemischer Zustand im Individuum, doch zugleich – und dies erforscht die Emotionsethnologie – eine kollektive Dimension von Sozialität. Sie sind eingebettet in die Prozesse der Bewertung, der Kommunikation und der Identifikation.

Röttger-Rössler hat Jugendliche in Deutschland und in Sulawesi nach der Symptomatik von Verliebtheit, also der romantischen Liebe, befragt und recht ähnliche Antworten erhalten. Gesellschaftlich stellt auf Sulawesi das Verliebtsein in Hinblick auf arrangierte Ehen eine Gefahr dar, auf die man mit Gegenzauber reagiert. In unserer eigenen Gesellschaft erfährt das gleiche Gefühl eine hohe Wertschätzung, obwohl es in ausgeprägter Form in die Nähe einer Zwangsneurose rückt. Verliebten wird keinesfalls zweckrationales Verhalten attestiert. Eine deutliche Differenz zwischen dem inneren Zustand, dem Zeigen von Gefühlen und dem Reden über Gefühle wird hier offenkundig. Diese sinnvolle Unterscheidung zwischen der verbalisierten Form, also dem Begriff, mit dem Emotionen bezeichnet werden, und der im Körper aktualisierten Biochemie als Emotion hat sich bisher nicht durchgesetzt. William M. Reddy (1997, 1999) bezeichnet die benannte Form und das semantische Feld des Begriffs als Emotiv und unterscheidet dies von der „gefühlten" Biochemie, der Emotion. Er bemerkt richtigerweise, dass sich Emotionen, wenn sie angesprochen werden, verändern. Emotionen und ihr Ausdruck sind in der sozialen Praxis miteinander verwoben.

romantische Liebe

Emotion und Emotiv

Fazit

Jede Gesellschaft verfügt über ein Repertoire an Vorstellungen über den menschlichen Körper, über seine Zustände einschließlich seiner Gesundheit und Krankheit, über die im Körper angelegten Sinne und über die Gefühle. Entscheidend erweist sich hier die Wirkkraft der Vorstellungen, denn sie wirken auf die Biologie des Menschen zurück. Wie wir uns ernähren und pflegen, unseren Körper schonen oder ertüchtigen, heilen und therapieren und unsere Sinne zur Erkundung der Welt einsetzen, basiert letztlich auf den Körperkonzepten. Emotionen, die vermeintlich tief im Körper sitzen und uns lenken, erweisen sich als historische Produkte, die gesellschaftlich gewollt oder gemieden werden, die wir zeigen oder verbergen sollen und über die wir sprechen können oder schweigen müssen. Das Reden oder Schweigen – als gesellschaftliche Norm – wirkt offenkundig auf die Produktion der Gefühle zurück. Die Medizin- und Körperethnologien vergleichen diese Vorstellungen und betten sie jeweils in ihren kulturellen Kontext ein.

Fragen

1 Wie unterscheiden sich Krankheit *(disease)* und Kranksein *(illness)*?
2 Womit beschäftigt sich die kritische Medizinethnologie (critical medical anthropology)?
3 Welche Position nimmt Judith Butler in Bezug zur Ethnologie des Körpers ein?
4 Was versteht die Ethnologie unter einer „Hierarchie der Sinne"?
5 Sind Sinne kulturunabhängig?
6 Wie unterscheiden sich Emotion und Emotiv?
7 Kann man die romantische Liebe als eine kulturunabhängige Emotion bezeichnen?

Antworten

1 Die Krankheit wird als biomedizinischer Befund und als kulturunabhängige Größe angesehen, während das Kranksein innerhalb des sozialen Umfelds kulturell definiert wird.
2 Die kritische Medizinethnologie beschäftigt sich mit Krankheit und Gesundheit aus einer gesellschaftspolitischen, oft globalen Perspektive, die auch das postkoloniale Machtgefälle und die Verfügbarkeit von Wissen und Medikamenten einbezieht.
3 Judith Butler sieht nicht nur die gesellschaftlichen Rollen, sondern auch den menschlichen Körper als sozial geschaffen, da normatives Verhalten direkt auf den biologischen Körper einwirkt und Körper letztlich wertend – also sozial – wahrgenommen werden.
4 Den Sinnen wird in jeder Gesellschaft ein Stellenwert zugeschrieben und damit die Wertigkeit der Sinneswahrnehmungen festgelegt. Die Hierarchie der Sinne legt somit fest, ob beispielsweise das Sehen einen höheren Wirklichkeitsbezug hat als das Hören oder Riechen.
5 Der Mensch verfügt kulturunabhängig über die gleiche Wahrnehmungskompetenz, doch wird die Verwendung der Sinne kulturell erlernt, es kommt daher zu Unterschieden in der Wahrnehmungsperformanz.

6 Emotive sind die benannten und kollektiv bekannten Formen der konkreten Emotionen.

7 Die romantische Liebe ist ein historisches Produkt, das durch weltweit verbreitete Medien zwar (fast) überall bekannt ist, doch es unterscheiden sich zum einen die Bedeutungsfelder dieser Emotive und zum anderen die gesellschaftlichen Bewertungen.

15 | Medienethnologie – Visuelle Ethnologie – Cyberethnologie

Kulturelle Prozesse werden in der gegenwärtigen Welt zunehmend medial beeinflusst. Die Inhalte der Medien sind stets Ausdruck von und Quelle für kulturelle Produktion. Die moderne Medienethnologie untersucht entsprechend die Produktion und die Rezeption von Massenmedien aus kulturvergleichender Sicht. Die Visuelle Ethnologie hingegen hat ihren Ursprung in den systematischen Überlegungen zur Nutzung von Fotografie und Film in Forschung und Lehre und schließt heute die Interpretation historischer Bildträger ebenso ein wie die Nutzung der visuellen Technologien von Endverbrauchern. Als jüngste Teildisziplin, die Visualität thematisiert und elektronische Medien einschließt, ist die Cyberethnologie zu nennen, zu deren Arbeitsgebieten – auch hier nur exemplarisch genannt – das Verhältnis von Online- und Offline-Realitäten und die Modifikation von Computerspielen zählen. Wie in den vorangegangenen Kapiteln, so erweisen sich auch hier die Überschneidungen der Teilgebiete als offenkundig.

Was sind Medien?   In einem weit gefassten Sinn kann fast jede Materialität als Medium, also zur Übermittlung von kodierten Botschaften dienen. Die menschliche Hand wird oft verwendet, um mittels Handzeichen zu kommunizieren. Als Medium für Zeichnungen und Malerei bieten sich Höhlenwände ebenso an wie eine Sandfläche oder eine Betonwand. In Westafrika haben Ewe vor etwa einhundert Jahren ihre Botschaften getrommelt, wobei die Folge der Tonhöhen (also nicht wie beim Telegrafen die Signallänge) die Wörter kodierte. Diese „Schrift für das Ohr" wurde für Einberufungen von Versammlungen, Bekanntgabe von Gerichtsurteilen und für die Verkündung von Gesetzen verwendet (Wendl 2004: 41). Die Medienethnologie, die Visuelle Ethnologie und die Cyberethnologie befassen sich jedoch primär mit modernen Massenmedien, wobei sowohl die globale Verbreitung wie auch die lokale Aneignung und Rezeption berücksichtigt

werden. Es geht um das Zusammenspiel von modernen Technologien, polit-ökonomischen Rahmenbedingungen, Akteursver-
halten und Kulturdynamik.

Medienethnologie

| 15.1

Die Medienethnologie (*media anthropology*) beschäftigt sich heute
schwerpunktmäßig mit den viel gelesenen Printmedien, mit Radio und Fernsehen sowie mit weltweit verbreiteten Publikums-
filmen. Die ethnologische Dimension dieser Medienanalyse ergibt sich aus dem Erkenntnisinteresse und aus den Methoden.
Zentral ist dabei die Wirkkraft von Medien im kulturellen Prozess, also die Vermittlung von kulturellen Botschaften, die Un-
terbreitung von Deutungsangeboten und die Schaffung von ethnischen oder nationalen Identitäten. Gegen die Globalisierungs-
thesen, die von einer durch die Vernetzung hervorgerufenen
Vereinheitlichung der Welt ausgehen, zeigen die medienethno-
logischen Untersuchungen die Vielfalt der Nutzungs- und Deutungsmöglichkeiten auf. Die Methoden orientieren sich an der
Feldforschung, betonen die kulturelle Binnensicht und messen
den Akteuren einen hohen Stellenwert zu. Ein Beispiel liefert die
Rezeption der Fortsetzungsgeschichte *Dallas* in den 1990er Jahren. Die Untersuchung von Liebes und Katz anhand von weltweit
66 Gruppen fasst Dorle Dracklé wie folgt zusammen:

Gegenstand und Methode

„In den arabischen Familien sahen Männer und Frauen getrennt
Fernsehen und äußerten sich peinlich berührt über Inhalte, die
mit ihren Moral- und Wertvorstellungen kollidierten. Die Juden
marokkanischen Ursprungs nahmen die einzelnen Folgen deutlicher beim Wort und gingen mehr in der Geschichte auf. Die
Kibbuzbewohner und die Zuschauer in Los Angeles hingegen äußerten sich distanziert und kritisch und machten Bemerkungen
über die Art und Weise der Produktion der Serie. Besonders er-
wähnenswert ist die Position der russischen Einwanderer. Diese
gaben zwar an, *Dallas* regelmäßig zu sehen, führten als Grund
jedoch an, dass man sich hier in Israel den Sehgewohnheiten
der Nachbarn anpassen müsse, damit man nicht auffalle und ge-
nug Gesprächsstoff im Alltag habe." (Dracklé 2005: 194)

Die Rezeption von Dallas

Deutungsvielfalt
innerhalb von
Gesellschaften

Mit dieser frühen Studie wurde zwar die kulturspezifische Deutungsvielfalt aufgezeigt, die man jedoch naheliegenderweise auch innerhalb von einzelnen Gesellschaften gefunden hätte. Nach der Premiere eines neuen Blockbusters – ob aus Hollywood oder aus Bollywood – äußern sich meine Gesprächspartner in Indien höchst unterschiedlich. Einige berichten – noch sichtlich von der Tragik gerührt – vom Handlungsverlauf des Films, andere erklären mir das (zeitlose) Filmrezept, also die richtige Themenmischung samt musikalischer Untermalung, weitere kontextualisieren den Film, indem sie soziopolitische Entwicklungen der letzten Jahre im Film finden, und kommentieren den Filmkommentar. Dennoch zeigen sich kulturspezifische Bevorzugungen der Lesart. Als *Titanic* (Cameron 1997) in Indien anlief, war die schichtenübergreifende Liebesbeziehung eines statusniedrigen Mannes mit einer statushohen Frau, der im Kastendenken größtmögliche Skandal, ein Dauerthema. Die Jagd nach einer Rekordmeldung (der schnellsten Atlantiküberquerung) und die Befehlsstruktur, die zur Kollision mit dem Eisberg führte, erfuhren nachrangige Aufmerksamkeit.

Nutzung elektronischer
Medien

Elektronische Medien funktionieren unabhängig von kultureller Deutung, doch ihre Nutzung und ihre Organisation weisen klare Unterschiede auf. Im Norden von Kanada wurden mit Videoprojekten vergessene Traditionen wiederbelebt und zugleich der mit sozialen Problemen konfrontierten jüngeren Generation eine neue Perspektive eröffnet. Im Rahmen dieser Arbeiten entstand die Verfilmung eines Inuit-Mythos, *Atanarjuat*, (Kunuk et al.) die weltweit in Kinos und im Fernsehen gezeigt wurde. Im brasilianischen Regenwald produzierten die Kayapo Videos, um ihre Position im Kampf um Landrechte zu stärken. In Australien entstand in Zusammenarbeit mit Aborigines in den 1980cr Jahren eine neue per Satellit ausgestrahlte Fernsehproduktion, die auf völlig andere Sehgewohnheiten verwies. Lange Einstellungen heiliger Orte, statisch wirkende Landschaftsaufnahmen und lange Wiederholungen von rituellen Sequenzen konnten von den Produzenten und Rezipienten entschlüsselt werden, ohne jedoch Außenstehenden eine inhaltliche Botschaft zu vermitteln.

Die Repräsentation und Konstruktion von Fremdheit in Massenmedien erfuhr in den vergangenen Jahren zunehmende Aufmerksamkeit. Der Blockbuster *Avatar* (Cameron 2009), mit einem *Avatar* Einspielergebnis von 2,7 Milliarden US-Dollar der erfolgreichste Film aller Zeiten, zeichnet mit den Na'vi, einem (humanoiden) Volk auf dem Mond Pandora, eine moderne Form der edlen Wilden. Rein äußerlich sind Anleihen an idealtypische Repräsentationen von visuell prominent dokumentierten Ethnien offensichtlich. Inhaltlich werden Themen des Postkolonialismus und Umweltprobleme aufgegriffen, dabei werden sowohl Formen des lokalen Widerstandes als auch Methoden der Ethnologie – teilnehmende Beobachtung, emische Sichtweise, Verfremdung des Eigenen – gezeigt. Der Regisseur James Cameron hat (laut Interviews) das Medium Film und die Thematik gezielt gewählt, um in der außerfilmischen Realität auf diese Themen aufmerksam zu machen. Diskussions- und Aktionsforen beziehen sich direkt auf den Film, Fiktion und Reales erweisen sich als untrennbar. (Taylor 2010)

Die Produktion und Rezeption von Tageszeitungen sind eth- *Tageszeitungen* nologisch nur wenig erforscht, obwohl sie einen wichtigen Ort in der sozialen und kulturellen Dynamik bilden. Im Gegensatz zu landesweiten Printmedien mit ihrem Bestreben, einen – je nach politischer Färbung ausgerichteten – nationalen Konsens zu schaffen, sehen sich Regionalzeitungen oft als Gegenstimme zum Diktum des Zentrums. Wie das Zusammenspiel von Redakteuren und der lokalen Prominenz in Nordindien zu einer symbiotischen Form und zu einem zirkulären „Prozess der Schaffung von Autorität" führt, zeigt Ursula Rao mit ihrer Medienanalyse aus Lucknow (2009: 216 et passim). Während ihrer zehnmonatigen Feldforschung wurden Proteste gegen die internationale Filmproduktion von *Wasser* (Deepa Mehta 2005) inszeniert und erst durch die Pressebegleitung zu einem wichtigen Ereignis. Es ist nicht spezifisch für Indien, dass die Form der Proteste auf die Präsenz der Presse ausgerichtet ist, doch die dichte Beschreibung der Nachrichtenproduktion aus der Sicht der Redakteure vermittelt sehr viel über das lokale Selbstverständnis von Journalisten, die symbolischen und rhetorischen Formen der Aneignung des Mediums und den Aufbau und die Absicherung von Autorität. So zeigen die Proteste gegen den Film *Wasser* zum einen, wie eine internationale Filmproduktion vor Ort neue (von den Produzenten unbeabsichtigte) Bedeutungszu-

media scapes

schreibungen erfährt, und zum anderen, wie Lokalpolitiker zugleich einen Statusgewinn erzielen.

Appadurai (1991), der sich für eine Enträumlichung von Kultur ausgesprochen hat und kulturelle Formationen als *„scapes"* bezeichnet, spricht auch von *media scapes*, also raumungebundenen Medienlandschaften, die durch elektronische Medien hervorgerufen wurden. Filmgenres nehmen Bezug aufeinander, Filmprodukte werden weltweit gleichzeitig gezeigt und in anderen Medien (Print, Radio, Internet) rezipiert. Es bilden sich enträumlichte Medienlandschaften, scheinbar freischwebende Bedeutungsformationen. Das Beispiel *Wasser* verdeutlicht jedoch auch, was die Kritiker von Appadurai anführen. Wirklich raumlos sind die *scapes* nicht, denn sie äußern sich immer lokal. Eine Rückkehr der Ethnologie zur Räumlichkeit ist absehbar, wobei die neuen Räume stärker vernetzt sein dürften als die alten.

Nutzung der
vernetzten Medien

Mit der zunehmenden Vernetzung der Medien und der technisch ermöglichten Datentransformation zwischen den Medien entstehen neue Handlungsfelder. Die leichte Übertragbarkeit von Daten auf wechselnde Formate, die ortsungebundene Verfügbarkeit und die Kombinationsmöglichkeiten der Medien haben soziale und kulturelle Folgen. Die neue Medienethnologie beobachtet und interpretiert den kulturspezifischen Umgang mit globalen Produkten. Wie gehen die Nutzer mit den Möglichkeiten der elektronischen Visualisierung um, in welcher Weise werden Medien für Identifikationsprozesse in der Diaspora oder von Nationalstaaten genutzt und welche Folgen haben die Möglichkeiten der multiplen Autorenschaft und der Anonymisierung? Dies sind nur einige der Fragen, mit denen sich die derzeitige Medienethnologie beschäftigt. Internet-Foren, soziale Netzwerke (z.B. Facebook), Homepages und YouTube werden zu neuen Forschungsfeldern.

Fazit

Die Medienethnologie eröffnet neue Dimensionen in der Globalisierungsdebatte. Sie zeigt auf, wie weltweit verbreitete Medienprodukte vor Ort jeweils unterschiedlich gedeutet werden, wie die (elektronische) Medientechnik kontextspezifisch genutzt und wie Fremdheit in den Massenmedien repräsentiert und konstruiert wird. Die Untersuchungsmethoden nutzen deutende, dichte Beschreibungen der Medienprodukte, oft gekoppelt mit direktem Kontakt zu den Akteuren und teilnehmender Beobachtung. Ethnologen forschen in Redaktionen ebenso wie auf der Fernsehcouch, wo die Verfügungsmacht über die Fernbedienung die Wahl der Kanäle bestimmt und in verbalen Kommentaren den Sendungen ein erster Sinn zugeschrieben wird. Zuschauer verfügen über ein nuancenreiches Wissen und produzieren die Kontextualisierung der Beiträge selbst.

Visuelle Ethnologie | 15.2

Die Visuelle Ethnologie (*visual anthropology*, im Deutschen auch   Forschungsfeld
als Visuelle Anthropologie bezeichnet) beschäftigt sich mit visuellen Medien und im weitesten Sinn mit visuellen Systemen. Die Agenda umfasst zum einen visuelle Materialien, die von und für die Ethnologie erstellt wurden zum Zweck von Forschung, Dokumentation, Lehre und zur Verbreitung der Forschungsergebnisse. Zum anderen werden visuelle Systeme, visuelle Kommunikation und visuelle Kultur untersucht. Dazu zählen auch Mode, Architektur oder Gartengestaltung, denn sie bilden offensichtlich bedeutungstragende Systeme, bei denen Einzelteile jeweils auf ein Ganzes bezogen sind. Mit diesem weit gefassten Sinn des Visuellen wollen Banks und Morphy (1997: 5) den Schwerpunkt der Visuellen Ethnologie vom Fokus auf Fotografie und Film lösen. Dennoch bilden diese „klassischen" Dokumentationstechniken bis in die Gegenwart das Zentrum der Teildisziplin. Merkbare Erweiterungen erfolgten im Bereich der Fremd- und Selbstrepräsentation (Bayerdörfer et al. 2007), also der Visualisierung von Fremdheit in euro-amerikanischen Medien, und der indigenen Selbstdokumentation, beispielsweise ethnischer Selbstbehauptungs- oder Separationsbewegungen oder privater Fotoalben, Hochzeitsvideos oder der Bebilderung des Wohnraums.

Mechanisch oder elektronisch erzeugte Bilder, hier im weitesten Sinn Fotografie, Film und Video eingeschlossen, eignen sich in besonderer Form für den Prozess der Forschung, der Dokumentation und der Repräsentation von Fremdheit. Wer während einer Feldforschung ein Bild oder ein Video macht, friert einen visuellen Eindruck ein. Unabhängig von der situativen Deutung des Forschers entsteht ein Bild, das – leider meist in einem falschen Verständnis – als objektiv angesehen wird. Bilder sind hochgradig subjektiv, da der fotografierende oder filmende Dokumentarist einen Standort, eine Perspektive, einen Bildausschnitt und einen Moment wählt, um etwas zu vermitteln. Seine Interpretation ist in dem Bild eingeschrieben. Oft erfolgt auch seitens der Dokumentierten eine Selbstinszenierung, sie rücken sich ins rechte Licht. Nach der Aufnahme werden Bilder zur weiteren Verwendung ausgewählt, aufgearbeitet und modifiziert. Sie werden in Kontexte gestellt, die nicht nur die Bilder rahmen, sondern ihnen auch eine spezifische Bedeutung verleihen. Dieser lange Prozess der Bildwerdung als interpretierender und kreativer Akt, an dessen Ende oft als Blackbox die Rezeption der Betrachter steht, ist die Grundlage für die methodische Reflexion in der Visuellen Ethnologie.

Die Subjektivität der Bilder

Die Bilddokumentation ist also ein interpretierender Vorgang, an dem der Forscher und die Gastgesellschaft gleichermaßen beteiligt sind. Das Visualisieren von Handlungen eröffnet dem Beobachter zudem die Möglichkeit, die für die Dokumentation inszenierten Veränderungen selbst zu beobachten. In vielen Fällen ist Fotografie zu einem sozialen Feld geworden, in dem spezifische Erwartungen und Normen gelten. Beispielsweise kann eine Umarmung als Zeichen der sozialen Nähe für eine Fotopose, und explizit nur für diesen Anlass, gewählt werden. Fotografieren erweist sich meist als ein sozialer Ausdrucksakt, dessen Zweck über die Bilderzeugung hinausgeht. Ein weiterer Vorteil von Bildern ist die Herstellung eines Gesprächskontexts, der auf vergangene Aspekte verweist. Man kann anhand von Fotografien oder Videos zurückliegende Ereignisse ins Bewusstsein rufen und in der Gesprächsrunde einen gemeinsamen Fokus finden. Während eines Rituals sprechen Akteure zwar über Ablauf und Form, über deren Bedeutung jedoch kaum. Mit den visualisierten Formen können leichter abstraktere Fragen aufgegriffen werden und es kommen nicht selten einander widersprechende Erklärungen aufs Tapet. Die Deutungvielfalt, die in frühen Monografien oft unterdrückt wurde, hat heute Eingang in die ethnologischen Texte gefun-

Dokumentation als soziales Feld

den. Oft verwenden Ethnologen Bilder und Filme als Mittel der Evokation, sie spielen mit der Offenheit des Interpretationsprozesses, um neue Sinnzuschreibungen zu ermöglichen. Bei diesem – im postmodernen Zusammenhang oft gelobten – Potential wird gelegentlich ein früher hervorgehobener Vorteil der technischen Bildfixierung vergessen. Anders als bei der Erinnerung kann man bei mehrfachem Betrachten immer auf das identische Material zurückgreifen.

Beispiel

Die Bildpraxis in der Feldforschung verweist zudem auf Bereiche, die nicht abgebildet werden sollen. Bei meiner Arbeit in Südindien sollte ich keine schlafenden Menschen fotografieren, wurde jedoch gerufen, um Tote abzulichten. Als Begründung für das Bildverbot wurde mir gesagt, dass Schlafende wie Tote aussehen und man sie mit dem Bild in die Nähe des Todes rückt, während man die Fotografien der Toten einfach als Erinnerung haben wollte. Oft werden die Porträts von Verstorbenen in andere Bilder integriert, dabei auf Körper montiert oder in Personengruppen eingefügt. Fotografien zeigen normative Familiensoziogramme, aus denen gelegentlich auch unliebsame Personen entfernt werden. Fotografien von Vorfahren hängen in den Gebetsecken nicht selten neben den Bildern von Göttern und werden in ähnlicher Weise mit Räucherstäbchen versehen und mit Blumen geschmückt. Anders als in meiner eigenen Gesellschaft erfuhr ich die Bildpraxis in Indien als hochgradig normativ, denn man wollte keine Schnappschüsse, sondern wie Soziogramme arrangierte Gruppenbilder. Somit entrückte das Bild dem Bereich der Privatsphäre und ich fand meine Aufnahmen – ohne Rückfrage, sondern völlig selbstverständlich – eines Tages als Aushang in einem Fotostudio.

Bildpraxis in Indien

Mit Bildern sind also Annahmen über deren Status verbunden. Impliziert eine Fotografie eine Oberflächenähnlichkeit mit der „Realität" oder ist sie ein Mittel, um einer Idee eine visuelle Form zu geben? Beides ist möglich und naheliegend, doch die jeweilige Gewichtung der beiden Aspekte weist große kulturelle

Ontologie des Bildes

Unterschiede auf. Eigentlich sollte eine Untersuchung der Visualität mit der Ethnologie der Sinne beginnen, mit der kulturspezifischen Theorie des Sehens. Was bedeutet es, etwas zu sehen, beispielsweise eine Götterstatue, einen Prominenten, ein tabuisiertes Körperteil? Erst in Relation zu den anderen Sinnen, wie dem Riechen und Tasten, erfährt das Sehen seinen Stellenwert. Und darauf fußt die soziale Praxis der Bilder. In unserer eigenen Gesellschaft dominiert (ungeachtet der vielfältigen Nachbearbeitungsmöglichkeiten) die dokumentarische Idee der Fotografie. Für die ethnologische Feldforschung birgt sie eine Gefahr in der Hoffnung, dass man zuerst dokumentieren und später verstehen kann. Das Bildmaterial selbst ist jedoch stumm und nichtssagend. Man sollte also schon zuvor wissen, was man aus welchen Gründen aufnimmt. Der Idee des Bildes als Informationsquelle steht die Auffassung entgegen, dass man erst viel Information in ein Bild stecken muss, um eine neue Information zu erhalten.

Visuelle Praxis in der Lehre

Dies wird offensichtlich, wenn man mit Studierenden über exotisch wirkende Bilder spricht. Timothy Asch machte gern einen Selbstversuch mit seinen Studierenden, indem er ein Diapositiv zunächst unscharf projizierte und nach und nach das Bild in eine klare Form brachte. Erstaunlicherweise behielten Studierende ihre fehlgeleiteten Deutungen bei, auch wenn sie später durch Bilddetails andere Einordnungen hätten vornehmen müssen. Er sah die Aufgabe zunächst darin, genaues Beobachten als Voraussetzung für die Filmarbeit zu vermitteln. Heute bieten einige Ethnologieinstitute Seminare zur Videodokumentation an, die oft auch ein erster Versuch der empirischen Arbeit sind. Dabei geht es keinesfalls allein um die Technik des Aufzeichnens, sondern um die Erarbeitung eines zu dokumentierenden Themas, um selbstständige Recherche, um ethische Fragen der Feldforschung und die Partizipation der Protagonisten. Während der Aufnahmen erfahren die Seminarteilnehmer viel über die suggestive Kraft von Bildern, die Möglichkeiten der Postproduktion und die oft erstaunliche Rezeption der Zuschauer bei der Premiere. Die Praxis der Visuellen Ethnologie zielt zunächst auf ein kritisches Medienverständnis, ein Problembewusstsein über die Folgen von Fremdrepräsentation und erst dann auf die Fähigkeit, selbstständig ethnologische Filme zu schaffen.

Der ethnologische Film | 15.3

Nur wenige Jahre nach der Erfindung des Films in den 1890er **Anfänge**
Jahren wurden die ersten Bilder fremder Kulturen in Europa
gezeigt. Wenn daraus folgernd gesagt wird, dass der ethnologische Film so alt ist wie das Medium, so trifft dies nicht auf die
Visuelle Ethnologie zu, die sich als die Reflexion über Visualität
versteht. Erst in den 1970er Jahren entstand im Rückblick auf
die Verwendung von Fotografie und Film innerhalb der Ethnologie diese Teildisziplin (Hockings 1995 [1975]). Als früher Klassiker gilt *Nanook of the North* von Robert J. Flaherty (1922), ein ein-
fühlsames und idealisierendes Portrait einer Inuitfamilie, der
mehreren Studentengenerationen in den USA im Ethnologie-
grundstudium gezeigt wurde und auch heute noch gelegentlich
im Fernsehen zu sehen ist. In den 1940er und 1950er Jahren entstanden die meisten der frühen Klassiker: John Marshall filmte
über Jahre mit zunehmendem politischen Interesse Wildbeuter
in Namibia, Timothy Asch schuf Lehrfilme im Amazonasgebiet
und Robert Gardner erwarb mit seinen impressionistischen Filmen den Nimbus eines Künstlers. (Petermann 1984: 37–51)

Die Diversität dieser Filme hat die Frage aufgeworfen, was **Was ist ein**
überhaupt einen ethnologischen Film auszeichnet. Die Antwor- **ethnologischer Film?**
ten enthielten zahlreiche Erwartungshaltungen: Er sollte einen
thematischen Bezug zur Ethnologie haben, dokumentarisch
angelegt sein, kulturelle Grenzen überschreiten etc. Einige
Stimmen forderten ein puristisches Arbeiten, den Anspruch der
Objektivität, Verzicht auf zusätzlichen Ton (einschließlich Kom-
mentar oder Musik), Offenlegung der Dokumentationsbedin-
gungen, um nur einige Aspekte zu nennen. Als Problem erwies
sich jedoch, dass zahlreiche Klassiker und moderne, innovative
Ethnofilme nicht in dieses Raster passten. Andere definierten
den Film vom Nutzer her – ein Film wird dann „ethnographisch" (oder weist die unübersetzbare Qualität „ethnogra-
phicness" auf) wenn er entsprechend genutzt oder interpretiert
wird (Heider 1976; Ruby 2000). Als Annäherung kann man
jedoch festhalten, dass der ethnologische Film den Korpus von
Filmen umfasst, der von Ethnologen verantwortet wurde oder
Eingang in die ethnologische Literatur oder Filmfeste gefunden
hat. Von den Filmemachern, die in besonderer Weise die zweite

Hälfte des 20. Jahrhunderts geprägt haben, sollen zwei Persönlichkeiten vorgestellt werden.

Beispiel

Jean Rouch

Jean Rouch hat mit seinem Filmwerk mit dem ethnographischen Schwerpunkt in Westafrika einschließlich der afrikanischen Diaspora in Europa der Ethnologie seit den 1950er Jahren zahlreiche Impulse gegeben, die weit über die visuelle Repräsentation hinaus wirksam wurden. Er gilt als Begründer des *cinéma vérité*, des Kinos der Wahrheit, das nicht eine objektive Realität zeigen will, sondern den Moment dokumentiert, der beim Filmen in der Begegnung von Filmemacher und Protagonist sichtbar wird. Die Kamera soll nicht abbilden, sie erweckt Dinge, ruft dabei etwas hervor, sie evoziert die Wahrheit des Kinos. Es wird berichtet, dass Rouch das Filmen als Autodidakt erlernte und nach dem Verlust seines Stativs seinen idiosynkratischen Stil der Handkamera sozusagen notgedrungen entwickelte. Er arbeitete als Kameramann und Regisseur, und den Ton zeichneten seine Gewährsleute auf, die die Lokalsprache verstanden. In einigen Filmen thematisiert er die jeweilige Entstehungsgeschichte, in anderen spielen die Protagonisten eine selbst geschaffene Fiktion. Es ist das Verdienst Rouchs aufzuzeigen, dass die Ethnologie reflexiver und kreativer mit dem vermeintlich objektiv dokumentierenden Medium Film umgehen sollte (Stoller 1992).

Beispiel

David MacDougall

David MacDougall schuf in den 1970er Jahren gemeinsam mit seiner Frau Judith MacDougall eine Trilogie über die Turkana, Hirten im Norden Kenias. Sie waren unter den ersten Filmemachern, die tontaugliche 16mm-Kameras in der Feldforschung einsetzten. In ihren Filmen nehmen sie spätere Entwicklungen im Fach voraus: Sie wenden sich den Individuen zu, erlauben Polyvokalität, indem sie unterschiedliche Meinungen nebeneinander stehen lassen und übersetzen die Stimmen mit Untertiteln. Sie übten Verzicht auf eine alles erklärende Stimme und vermieden „privilegierte Perspektiven", also Einstellungen, die nur die

Kamera, aber kein Akteur kennt (ein Blick aus einem Kamin oder aus einem Kühlschrank etc.). David MacDougall drehte seit Ende der 1990er Jahre mehrere Filme in indischen Schulen und Erziehungsinstitutionen und entwickelte eine Reihe von Konzepten, die über das Visuelle reflektieren. Ein Beispiel: *Soziale Ästhetik* geht davon aus, dass sich Normen und Werte sichtbar im Raum manifestieren. Das ästhetische Feld ist die physische Manifestation von Handlungen und Objekten einer internalisierten Ordnung, die sich in geschlossenen Anstalten, etwa Schiffen, Gefängnissen oder Internaten besonders deutlich abzeichnen. Sie bieten sich somit als Objekt der visuellen Forschung besonders an. (MacDougall 2006: 94ff)

Soziale Ästhetik

Koloniale und postkoloniale Fotografie | 15.4

Vor der Erfindung des Films vermittelten uns unbewegte Bilder eine Vorstellung vom kulturell Fremden. Frühe Zeichnungen und Stiche wurden in Hinblick auf die Fremddarstellungen ebenso untersucht wie die Kolonialfotografie (Theye 1984; Theye, Wegner, Prinz 1989) und andere mediale Inszenierungen von Fremdheit (Bayerdörfer et al. 2007). Neben der Ikonologie der Bilder wurden vor allem die Bildpraxen untersucht und die Intermedialität, das Zusammenspiel der Medienformate. Für Menschenschauen, die bis zu Beginn des 20. Jahrhunderts auf Jahrmärkten und in zoologischen Gärten stattfanden, wurden Bilder produziert, die mit der Inszenierung in Wechselbeziehung standen. Der Orientalismus wäre ohne visuelle Medien kaum denkbar gewesen. Die heutige Fremddarstellung in Bild und Film weist eine erstaunliche – bisweilen erschreckende – Kontinuität zu den „alten Bildern" auf. Nicht nur beim hawaiianischen Stereotyp eines Tropenparadieses, das heute politisch gewollt, weil ökonomisch förderlich, weiter transportiert wird, finden wir Kontinuitäten und Intermedialität (dazu gibt es deutsches Volksliedgut), sondern auch bei Angst erzeugenden und herabwürdigenden Motiven. Die kollektiven Bilder *nach* den Terrorangriffen vom 11. September

2001 hätten nicht so wirksam werden können, wenn nicht ein kollektives Gedächtnis einen wertenden Bildervorrat bereit gehalten hätte.

15.5 | Cyberethnologie

Gegenstand und Methode

Die Cyberethnologie *(anthropology of cyberspace, cyber anthropology, digital anthropology* etc.) ist eine junge Teildisziplin, deren Inhalte und Eigenbezeichnungen im Stadium der dynamischen Aushandlung sind (Coleman 2010; Wilson/Peterson 2002). Sie beschäftigt sich, analog zur Visuellen Ethnologie, in einem doppelten Sinn mit (a) der Nutzung von digitalen Medien für Forschung, Dokumentation und Lehre und (b) mit den durch sie geschaffenen Welten. Wie für alle Wissenschaften, so eröffnet auch für die Ethnologie das Internet ein kaum zu überschauendes Potential an Nutzungsmöglichkeiten von der Organisation von Forschungsdaten bis zum E-Learning. Spezifisch für die ethnologischen Forschungen sind jedoch die neu geschaffenen sozialen und kulturellen Kontexte oder Räume, die mit teilnehmender Beobachtung und dichter Beschreibung erfasst werden. Blogger, Hacker, Onlinegemeinschaften, Internet-Foren und Lan-Parties werden von Ethnologen aufgesucht, um deren Welten ethnographisch zu beschreiben. Auch hier zeigen die Forschungen auf, dass die Technologie keinesfalls die Praxis der Nutzer determiniert. Andererseits kann die kulturelle Praxis nicht ohne Kenntnis der Technologien, zumindest auf dem Wissensstand der untersuchten Gruppen, erfolgen. So wie der Ethnologe, der im Regenwald zur Untersuchung von Taxonomien der Tier- und Pflanzenwelt Kenntnisse in der Biologie benötigt, so muss der Cyberethnologe hinreichend Kenntnis von der Informationstechnologie haben, um Hacker zu verstehen.

cyber space als Raum der kulturellen Produktion

    Die vielen Stunden, die Menschen vor Computerbildschirmen verbringen, und die astronomische Höhe von Umsätzen, die im Internet gemacht werden, sind nicht ausschlaggebend für eine gesonderte Betrachtung. Auto- und U-Bahnfahrer verbringen auch viel Zeit in den Verkehrsmitteln, deren Produktion zudem ein erheblicher Wirtschaftsfaktor ist, ohne dass sich eine „Auto- und U-Bahn-Ethnologie" entwickelt hätte. Entscheidend für die

Cyberethnologie ist die informationstechnologisch gestützte kulturelle Produktion. Prozesse der kollektiven Identitätsbildung, Formulierung von ethnischem Widerstand und Vernetzung von diasporischen Gruppen erfolgt im *Cyberspace*. Separationsbewegungen weltweit verfügen über *Homepages* und E-Mail-Verteiler. Die neue Organisationsform des politischen Widerstands im Iran 2009 nutzte Mobiltelefone und das *Short Message System* (SMS). In all diesen Kontexten werden Werte hinterfragt oder aktualisiert, Normen verworfen oder artikuliert und Wertvorstellungen produziert, deren Untersuchung von hochgradigem ethnologischen Interesse ist. Da die globale Ökonomie der Computerspiele den Umsatz der Filmindustrie überstiegen hat, erscheint die Untersuchung des Inhalts und der Praxis der Spiele, einschließlich deren Veränderung, das Modding (von *modification*), von zusätzlicher Bedeutung. (Ackermann 2000; Knorr 2009)

In den Medien rückten in den letzten Jahren nach Amokläufen die Computerspiele ins öffentliche Interesse. Auf Schuldzuweisungen, dass First-Person-Shooter-Spiele für Tötungen von Mitschülern, Lehrern, Polizisten und Passanten verantwortlich seien, folgten Kommentare von Psychologen und Soziologen, die einen direkten Zusammenhang zurückwiesen und auf das numerische Verhältnis von Tausenden von Spielern und einzelnen Amokläufern hinwiesen. Die Ethnologie kann keine Antworten darauf liefern, warum ein Individuum in einer spezifischen Lebenssituation mehrere Mitmenschen und schließlich sich selbst tötet. Sie kann jedoch die kulturelle Form der Tat beschreiben und interpretieren: Die Form der Ankündigung im Netz und den Tatverlauf, die Wahl der Waffen, der Kleidung und der Tatorte sowie die mediale Berichterstattung und die öffentliche Diskussion. Die ethnologische Perspektive beschreibt dabei das Eigene von einer Warte, die fremdkulturell informiert ist. Ein Beispiel aus einem singhalesischen Dorf im ländlichen Sri Lanka soll dies illustrieren: Dort erfolgt ein „typischer" Suizid nach einem kleinen Disput in der Familie, etwa wegen Kinogeld oder dem Geschmack einer Mahlzeit. Die Person, die sich verletzt fühlt (meist im Teenager-Alter oder Anfang Zwanzig) verlässt das Haus, trinkt Unkrautvernichtungsmittel, kehrt in seine Familie zurück, konfrontiert seine Familienmitglieder mit der Vergiftung und stirbt qualvoll vor deren Augen (Spencer

Amokläufer

1990: 186, 206, 253). Ein Amokläufer in Deutschland folgt ebenso einer „kulturellen Form" und bedient sich spezifischer Codes, die er u.a. aus der Online-Welt kennt, und verletzt oder tötet seine Opfer mit Schusswaffen. In Sri Lanka werden die Familienmitglieder verbal zur Rede gestellt, mit dem unausweichlichen Tod konfrontiert und die psychischen Verletzungen äußern sich meist in Traumata. Wenn sich die Ethnologie hier auf die Interpretation der kulturellen Form konzentriert, dann schließt dies den breit angelegten Prozess der Sinnstiftung ein. Es geht um die kollektiven Deutungen von Unrecht, Strafe, Gewalt und Suizid. Jede intentional herbeigeführte Verletzung eines Körpers weist eine symbolische Dimension auf, genau wie

Medien und kulturelle Formen

der Tatort und die Wahl der Waffe. All dies wird in der heutigen Welt zunehmend medial vermittelt. Die meisten der hochgradig emotional besetzten Kontexte kennen wir aus den Medien. Sie sind Abbild und Vorbild unseres Tuns.

Online- und Offline-Welten

Aus der Sicht der Cyberethnologie ist eine umgangssprachlich oft verwendete Unterscheidung in eine „virtuelle" und eine „reale" Welt schlicht falsch. Das Internet ist ebenso real wie eine Bibliothek oder eine Fabrik, es existiert rein physikalisch in Form von vernetzten elektronischen Bauteilen und wird mit komplexen Organisationsstrukturen von Menschenhand gesteuert. Die Kommunikation in Foren ist ebenso real wie ein Gespräch oder ein Telefonat, auch wenn Identitäten nicht immer eindeutig zuzuordnen sind, wie etwa auf einem Linienflug oder einem Maskenball. Sinnvoller erscheint die Unterscheidung in Online- und Offline-Welten, die – entgegen mancher uninformierten Annahme – hochgradig miteinander verwoben sind. Es sind stets leibhaftige Akteure, die einen Teil ihrer (Offline-)Lebenswelten in die Online-Welt einschreiben. Dabei entsteht eine Wechselwirkung, die von Ethnologen untersucht wird. Menschen waren schon immer in mehreren Welten gleichzeitig verhaftet; sie lebten mit mythischen Geografien, romantischen Narrativen und exotischen Fremdbildern, die in Form von Bildern, Romanen und Religionen vermittelt wurden. Neu an *Avatar* ist die ihm zugrundeliegende Technologie und der *Cyberspace*, der rein physikalisch realer ist als das aus der Literatur kondensierte Konzept der romantischen Liebe. Auch Romanvorlagen wirken offenkundig auf die Offline-Realität zurück. (Rheingold 1994)

Fazit

Die Ethnologie der Medien, hier im weitesten Sinn alle Bildträger und der *Cyberspace* einbezogen, beschäftigt sich mit medien-
vermittelten Kommunikationsprozessen, also mit der Produktion, Distribution und Rezeption von Medieninhalten aus einer
kulturvergleichenden Sicht. Medien dienen als Speicherorte
von Kulturprodukten, deren Verwendung und Nutzung stets
Teil eines sozialen und politischen Systems ist. Die ethnologische Arbeit mit elektronischen Medien zeichnet sich zunächst
durch ihre Methoden aus, die dabei Akteure ins Zentrum rücken, deren emische Sichtweise berücksichtigen und durch teilnehmende Beobachtung die vielfältige Nutzerpraxis untersuchen. Andere Schwerpunkte der Medienethnologie bilden die
Untersuchungen zu ethnologischen Themen wie Identifikationsprozesse oder Gruppenbildung und das Aushandeln von
zentralen Wertideen.

Fragen

1 Wie bringt die Medienethnologie spezifisch ethnologische
  Methoden ein?
2 Was versteht Appadurai unter *media scapes*?
3 Was sind visuelle Systeme?
4 Wieso schafft Fotografie ein soziales Feld?
5 Was versteht man nach Jean Rouch unter *cinéma vérité*?
6 Gibt es eine „virtuelle Realität" im Internet?

Antworten

1 Die Medienethnologie bedient sich u.a. der teilnehmenden Beobachtung, indem sie an der Schaffung von Medienprodukten (Beispiel im Text: U. Rao in einer Zeitungsredaktion) oder an der Rezeption (beispielsweise auf der Fernsehcouch) teilnimmt und die Sicht der Akteure einnimmt.

2 Unter *media scapes* versteht Appadurai die enträumlichten Medienlandschaften, die unter dem Einfluss von elektronischen Medien entstanden sind.

3 Visuelle Systeme zeichnen sich dadurch aus, dass sie als bedeutungstragende Einheit visuell erkennbar sind, wobei die Teile jeweils auf ein Ganzes ausgerichtet sind, etwa wie bei Mode, Architektur oder einer Gartenanlage.

4 Für den Moment der fotografischen Ablichtung liegen besondere Verhaltensregeln vor, da gesellschaftliche Vorstellungen für ein gutes Bild existieren. Fotografierte neigen zur Selbstinszenierung. Die Fotoposen wirken jedoch auf das soziale Feld zurück und können nicht allein durch den dokumentarischen Aspekt erklärt werden.

5 Das *cinéma vérité*, die Wahrheit des Kinos, zeigt den Moment im Augenblick der Aufnahme vor der Kameralinse und ist durch die Intentionen des Filmemachers und durch die Begegnung mit den Protagonisten sowie deren Selbstinszenierungen gekennzeichnet.

6 Die Unterscheidung zwischen „virtuellen" und „realen" Welten stiftet mehr Verwirrung als Klarheit, weil das Internet durchaus „real" in einem physischen Sinn existiert, und weil über digitale Medien vermittelte Kommunikation und Interaktion genauso tatsächlich ist wie ein Gespräch von Angesicht zu Angesicht. Man unterscheidet daher besser Online- und Offline-Welten.

Literatur

Acheson, James (1994): Welcome to Nobel Country. A Review of Institutional Economics. In: James Acheson (ed.), Anthropology and Institutional Economics; 3–42. Lanham, Maryland: University Press of America

Ackermann, Andreas (2000): Das virtuelle Universum der Identität. Überlegungen zu einer Ethnologie des *Cyberspace*. In: Sylvia Schomburg-Scherff/Beatrix Heintze (eds.), Die offenen Grenzen der Ethnologie. Schlaglichter auf ein sich wandelndes Fach; 276–290. Frankfurt/M.: Otto Lembeck

Ahuja, Ravi/Brosius, Christiane (eds., 2006): Mumbai, Delhi, Kolkata. Annäherungen an die Megastädte Indiens. Heidelberg: Draupadi

Alber, Erdmute/Martin, Jeannett (2007) Einleitung zum Themenschwerpunkt „Familienwandel in Afrika". *Africa Spectrum* 42; 151–166

Alex, Gabriele (2006): Integration und Parallelgesellschaft am Beispiel von Tamilen. In: Christiane Brosius/Urmila Goel (eds.), masala.de: Menschen aus Südasien in Deutschland; 16–26. Heidelberg: Draupadi

Amborn, Hermann (1993): Handlungsfähiger Diskurs: Reflexionen zur Aktionsforschung. In: Wolfdietrich Schmied-Kowarzik/Justin Stagl (eds.), Grundfragen der Ethnologie; 129–150. Berlin: Reimer

Antweiler, Christoph (2004): Urbanität und Ethnologie: aktuelle Theorietrends und die Methodik ethnologischer Stadtforschung. *Zeitschrift für Ethnologie* 129; 285–307

– (2007): Was ist den Menschen gemeinsam? Über Kultur und Kulturen. Darmstadt: Wissenschaftliche Buchgesellschaft

Appadurai, Arjun (ed., 1986): The Social Life of Things. Cambridge: Cambridge University Press

– (1991): Global ethnoscapes. In: Richard Fox (ed.), Recapturing Anthropology; 191–210. Santa Fe: School of American Research Press

– (1996): Modernity at Large. Cultural Dimensions of Globalization. Minneapolis: University of Minnesota Press

Asad, Talal (ed., 1973): Anthropology and the Colonial Encounter. London: Ithaca

– (1993): Genealogies of Religion. Discipline and Reasons of Power in Christianity and Islam. Baltimore: Johns Hopkins University Press

Bachmann-Medick, Doris (2007): Cultural Turns. Neuorientierungen in den Kulturwissenschaften. Reinbek bei Hamburg: Rowohlt

Bachofen, Johann Jakob (1861): Das Mutterrecht. Basel: Krais und Hoffmann

Balandier, Georges (1972 [1967]): Politische Anthropologie. München: Nymphenburger Verlagsbuchhandlung

Banks, Marcus/Morphy, Howard (1997): Introduction. In: Marcus Banks/Howard Morphy (eds.), Rethinking Visual Anthropology; 1–35. New Haven: Yale University Press

Bargatzky, Thomas (1997): Ethnologie. Eine Einführung in die Wissenschaft von den urproduktiven Gesellschaften. Hamburg: Buske

Barley, Nigel (1990): Traumatische Tropen. Stuttgart: Klett-Cotta

Barnard, Alan/Spencer, Jonathan (eds., 2004): Encyclopedia of Social and Cultural Anthropology. London: Routledge

Barth, Frederick (1969): Introduction. In: Frederick Barth (ed.), Ethnic Groups and Boundaries. Boston: Little Brown

Basu, Helene (2010): Healing madness through ritual trials. In: K. Leonard/G. Reddy/A.G. Gold (eds.), Histories of Intimacy and Situated Ethnography; 215–238. Delhi: Manohar

Baumann, Gerd (2002 [1996]): Contesting Culture. Discourses of Identity in multi-ethnic London. Cambridge: Cambridge University Press

Bayerdörfer, Hans Peter/Dietz, Bettina/Heidemann, Frank/Hempel, Paul (eds., 2007): Bilder des Fremden. Mediale Inszenierung von Alterität im 19. Jahrhundert. Berlin: LIT

Beck, Kurt (2001): Karl Polanyi, The Great Transformation, und Marshall Sahlins, Stone Age Economics. In: Christian F. Feest/Karl-Heinz Kohl (eds.), Hauptwerke der Ethnologie; 347–352; 413–418. Stuttgart: Kröner

–   (2004): Bedfords Metamorphose. In: Kurt Beck/Till Förster/Hans Peter Hahn (eds.), Blick nach vorn. Festgabe für Gerd Spittler zum 65. Geburtstag; 250–263. Köln: Köppe

–   /Förster, Till/Hahn, Hans Peter (eds., 2004): Blick nach vorn. Festgabe für Gerd Spittler zum 65. Geburtstag. Köln: Kröner

Benedict, Ruth Fulton (1934): Patterns of Culture. New York, Boston: Houghton Miffin

Bhabha, Homi K. (1994): The Location of Culture. London: Routledge

Bierschenk, Thomas (1997): Die Fulbe Nordbénins. Geschichte, soziale Organisation, Wirtschaftsweise. Hamburg: LIT

Boas, Franz (1887): Museums of Ethnology and Their Classifications. *Science* 9: 587–589

–   (1940): Race, Language, and Culture. New York: Macmillan

Boghossian, Paul (1997): Sokals Jux und seine Lehren. *Die Zeit* 5.

Bohannan, Paul/Bohannan, Laura (1968): Tiv Economy. London: Longmans

Bohannan, Paul/Dalton, George (eds., 1962): Markets in Africa. Evanston: Northwestern University Press

Bollig, Michael (2000): Staging Social Structures. Ritual and Social Organisation in an Egalitarian Society. The Pastoral Pokot of Northern Kenya. *Ethnos* 65: 341–365

Bourdieu, Pierre (1976): Entwurf einer Theorie der Praxis aufgrund der ethnologischen Grundlage der kabylischen Gesellschaft. Frankfurt/M.: Suhrkamp

–   (1987 [1980]): Sozialer Sinn. Frankfurt/M.: Suhrkamp

Brumann, Christoph (1999): Writing for Culture. Why a successful Concept should not be discarded. *Current Anthropology* 40: 1–27

Butler, Judith (2003 [1990]): Das Unbehagen der Geschlechter. Frankfurt/M.: Suhrkamp

Cancik, Hubert/Mohr, Hubert (1988): Religionsästhetik. In: Hubert Cancik/Burkhard Gladigow/Matthias S. Laubscher (eds.), Handbuch religionswissenschaftlicher Grundbegriffe; 121–156. Stuttgart: Kohlhammer

Casagrande, Joseph (ed., 1960): In the Company of Man. New York: Harper

Clifford, James (1993 [1983]): Über ethnographische Autorität. In: Eberhard Berg/Martin Fuchs (eds.), Kultur, soziale Praxis, Text; 109–157. Frankfurt/M.: Suhrkamp

–   (1997): Routes. Travel and Translation in the late twentieth century. Cambridge: Harvard University Press

Clifford, James/Marcus, George E. (eds., 1986): Writing Culture. The Poetics and Politics of Ethnography. Berkeley: University of California Press

Coleman, E. Gabriella (2010): Ethnographic Approaches to Digital Media. *Annual Review of Anthropology* 39; 487–505

Conklin, Harold C. (1955): Hanunóo Color Categories. *Southwestern Journal of Anthropology* 11; 339–344

Crapanzano, Vincent (1983 [1980]): Tuhami. Portrait eines Marokkaners. Stuttgart: Klett-Cotta

Csordas, Thomas J. (1990): Embodiment as a Paradigm for Anthropology. *Ethos* 18; 5–47

– (1999): The Body's Career in Anthropology. In: Henrietta Moore (ed.), Anthropological Theory Today; 172–205. Cambridge: Polity Press

Das, Veena (ed., 1990): Mirrors of Violence. Communities, Riots and Survivors in South Asia. Delhi: Oxford University Press

– (1993): Der anthropologische Diskurs über Indien. Die Vernunft und ihr Anderes. In: Eberhard Berg/Martin Fuchs (eds.), Kultur, soziale Praxis, Text; 402–423. Frankfurt/M.: Suhrkamp

Dilger, Hansjörg (2005): Leben mit Aids. Krankheit, Tod und soziale Beziehungen in Afrika. Frankfurt/M.: Campus

Dilger, Hansjörg/Hadolt, Bernhard (2010): Medizin *im* Kontext. Überlegungen zu einer Sozial- und Kulturanthropologie der Medizin(en) in einer vernetzten Welt. In: Hansjörg Dilger/ Bernhard Hadolt (eds.), Medizin im Kontext; 11–29. Frankfurt/M.: Peter Lang

Dirks, Nicholas (ed., 1992): Colonialism and Culture. Ann Arbor: University of Michigan Press

Dirks, Nicholas B. (2001): Castes of Mind. Colonialism and the Making of Modern India. Princeton and Oxford: Princeton University Press

Douglas, Mary (1985 [1966]): Reinheit und Gefährdung. Berlin: Reimer

Dracklé, Dorle (2005): Vergleichende Medienethnografie. In: Andreas Hepp/Friedrich Krotz/ Carsten Winter (eds.), Globalisierung der Medienkommunikation; 187–204. Wiesbaden: Verlag für Sozialwissenschaften

Duerr, Hans Peter (1921): Der Wissenschaftler und das Irrationale. Frankfurt/M.: Syndikat

– (1993): Über die Grenzen einer seriösen Völkerkunde oder: Können Hexen fliegen? In: Wolfdietrich Schmied-Kowarzik/Justin Stagl (eds.), Grundfragen der Ethnologie; 381–394. Berlin: Reimer

Dumont, Jean-Paul (1978): The Headman and I. Ambiguity and Ambivalence in the Fieldworking Experience. Austin: University of Texas Press

Dumont, Louis (1990): Individualismus. Zur Ideologie der Moderne. Frankfurt/M.: Campus

Durkheim, Émile (2005 [1912]): Die elementaren Formen des religiösen Lebens. Frankfurt/M.: Suhrkamp

Dürr, Eveline (2004): Diversität und Transformation städtischer Lebenswelten: Ethnologische Perspektiven. *Zeitschrift für Ethnologie* 129; 135–146

– (2005): Identitäten und Sinnbezüge in der Stadt. Hispanics im Südwesten der USA. Münster: LIT

– /Jaffe, Rivke (eds., 2010): Urban Pollution. Cultural Meanings, Social Practices. New York: Berghahn

Elwert, Georg (1997): Gewaltmärkte. *Kölner Zeitschrift für Soziologie und Sozialpsychologie. Sonderheft: Soziologie der Gewalt*: 86–102

Erdheim, Mario (1990): Anthropologische Modelle des 16. Jahrhunderts: Oviedo (1478–1557), Las Casas (1475–1566), Sahagun (1499–1540), Montaigne (1533–1592). In: Wolfgang Marschall (ed.), Klassiker der Kulturanthropologie; 19–50. München: Beck

– (2006): Körper und Psyche. Frankfurt/M.: Brandes und Aspel

Eribon, Didier (1999): Michel Foucault. Eine Biographie. Frankfurt/M.: Suhrkamp

Evans-Pritchard, Edward Evan (1940): The Nuer. A Description of the Modes of Livelihood and Political Institutions of a Nilotic People. Oxford: Oxford University Press

Fabian, Johannes (1983): Time and the Other. How Anthropology makes its Objects. New York: Columbia University Press

Feest, Christian F. (ed., 2000): Das Ding. Die Ethnologie und ihr Gegenstand. Wien: Archiv für Völkerkunde

– /Kohl, Karl-Heinz (eds., 2001): Hauptwerke der Ethnologie. Stuttgart: Kröner

Fiedermutz-Laun, Annemarie (1990): Adolf Bastian (1826–1905). In: Wolfgang Marschall (ed.), Klassiker der Kulturanthropologie; 109–136. München: Beck

Firth, Raymond (1939): Primitive Polynesian Economy. London: Routledge

Fischer, Hans (2007): Ethnologie als wissenschaftliche Disziplin. In: Bettina Beer/Hans Fischer (eds.), Ethnologie; 13–31. Berlin: Reimer

Fortes, Meyer/Evans-Pritchard, Edward Evan (eds., 1940): African Political Systems. Oxford: Oxford University Press

Foucault, Michel (1978): Dispositive der Macht. Über Sexualität, Wissen und Macht. Berlin: Merve

Frazer, James George (1890): The Golden Bough. London: Macmillan

Freeman, Derek (1983): Margaret Mead and Samoa. The Making and Unmaking of an Anthropological Myth. Cambridge, Mass.: Harvard University Press

Freud, Sigmund (1913): Totem und Tabu. Einige Übereinstimmungen im Seelenleben der Wilden und der Neurotiker. Leipzig und Wien: Heller

Geertz, Clifford (1983): Dichte Beschreibung. Frankfurt/M.: Suhrkamp

– (1990 [1988]): Die künstlichen Wilden. Anthropologen als Schriftsteller. München: Hanser

Gennep, Arnold van (1986 [1909]): Übergangsriten. Frankfurt/M.: Campus

Geyer, Martin H./Hellmuth, Eckhart (2004): „Konsum konstruiert die Welt". Überlegungen zum Thema „Inszenierung und Konsum des Fremden". In: Hans-Peter Bayerdörfer/Eckhart Hellmuth (eds.), Exotica. Konsum und Inszenierung des Fremden im 19. Jahrhundert. Münster: LIT

Gingrich, André/Banks, Marcus (eds., 2006): Neo-nationalism in Europe and beyond. Perspectives from Social Anthropology. Oxford/New York: Berghahn

Godelier, Maurice (1987 [1982]): Die Produktion der großen Männer. Macht und männliche Vorherrschaft bei den Baruya in Neuguinea. Frankfurt/M.: Campus

Graebner, Fritz (1911): Methode der Ethnologie. Heidelberg: Carl Winters Universitätsbuchhandlung

Guksch, Christian E. (1990): Leslie Alvin White (1900–1975). In: Wolfgang Marschall (ed.), Klassiker der Kulturanthropologie; 277–294. München: Beck

Hahne, Klaus (2002): Affirmative Action im neuen Südafrika. Ein Diskurs über Verteilung von Ressourcen. München: Akademischer Verlag

Hardenberg, Roland (2007): Das „einschließende" Haus. Wertehierarchien und das Konzept der „Hausgesellschaft" im interkulturellen Vergleich. *Anthropos* 102; 157–168

– (2008): Die Moso (China) im interkulturellen Vergleich. Grenzen und Möglichkeiten des komparativen Ansatzes in der Ethnologie. *Paideuma* 54; 109–127

Harris, Marvin (1974): Cows, Pigs, Wars and Witches. New York: Vintage

– (1989): The Rise of Anthropological Theory. Frankfurt/M.: Campus

Hauschild, Thomas (2002): Magie und Macht in Italien. Über Frauenzauber, Kirche und Politik. Gifkendorf: Merlin

– (2010): Ethnomedizin, medizinische Ethnologic, Medizinanthropologie. Erfolge, Misserfolge, Grenzen. In: Hansjörg Dilger/Bernhard Hadolt (eds.), Medizin im Kontext. Krankheit und Gesundheit in einer vernetzten Welt; 431–439. Berlin: Peter Lang

Hauser-Schäublin, Brigitta/Kalitzkus, Vera/Petersen, Imme (eds., 2001): Der geteilte Leib. Die kulturelle Dimension von Organtransplantation und Reproduktionsmedizin in Deutschland. Frankfurt/M.: Campus

Heidemann, Frank (1997): Der Kult der Sieben Mariamman am Nordrand der Nilgiri Südindiens. *Mitteilungen der Berliner Gesellschaft für Anthropologie, Ethnologie und Urgeschichte* 18; 57–67

– (2006): Akka Bakka. Religion, Politik und duale Souveränität der Badaga in den Nilgiri Südindiens. Berlin: LIT

Heider, Karl G. (1976): Ethnographic Film. Austin, London: University of Texas Press

Herzfeld, Michael (2001): Anthropology. Theoretical Practice in Culture and Society. Oxford: Blackwell

Hockings, Paul (ed., 1995 [1975]): Principles of Visual Anthropology. Berlin: Mouton

Hornbacher, Annette (2005): Zuschreibung und Befremden. Postmoderne Repräsentationskrise und verkörpertes Wissen im balinesischen Tanz. Berlin: Reimer

Hsu, Francis L.K. (ed., 1972): Psychological Anthropology. Cambridge, M.A.: Schenkman Publishing

Kardiner, Abram/Linton, Ralph (1939): The Individual and His Society. New York: Columbia University Press

Kastner, Kristin (2007): My Baby is my Paper. Familiäre Bindungen nigerianischer Migrantinnen auf dem Weg nach Europa. *Africa Spectrum* 42; 251–273

Keesing, Roger (1987): Anthropology as Interpretive Quest. *Current Anthropology* 28; 161–169

Kertzer, David I. (1988): Ritual, Politics and Power. New Haven: Yale University Press

Klute, Georg (2003): Lässt sich Geld zähmen? Ethnologische Perspektiven auf die Monetarisierung. *Zeitschrift für Ethnologie* 128; 99–117

Knorr, Alexander (2009): Die kulturelle Aneignung des Spielraums: Vom virtuosen Spielen zum Modifizieren und zurück. In: Matthias Bopp/Rolf F. Nohr/Serjoscha Wiemer (eds.), Shooter. Eine multidisziplinäre Einführung; 217–246. Münster: LIT

Knorr Cetina, Karin (1999): Epistemic Cultures. How the Sciences make Knowledge. Cambridge, London: Harvard University Press

Kohl, Karl-Heinz (1988): Ein verlorener Gegenstand? Zur Widerstandsfähigkeit autochthoner Religionen gegenüber dem Vordringen der Weltreligionen. In: Hartmut Zinser (ed.), Religionswissenschaft. Eine Einführung; 252–273. Berlin: Reimer

– (1990): Bronislaw Kaspar Malinowski, 1884–1942. In: Wolfgang Marschall (ed.), Klassiker der Kulturanthropologie; 227–247. München: Beck

– (1993): Ethnologie – die Wissenschaft vom kulturell Fremden. Eine Einführung. München: Beck

Kokot, Waltraud/Tölölyan, Khaching/Alfonso, Carolin (eds., 2004): Diaspora, Identity and Religion. London: Routledge

Kopytoff, Igor (1986): The Cultural Biography of Things. In: Arjun Appadurai (ed.), The Social Life of Things. Cambridge: Cambridge University Press

Kroeber, Alfred L. (1917): The Superorganic. *American Anthropologist* 19; 163–213

– /Kluckhohn, Clyde (1952): Culture. A Critical Review of Concepts and Definitions. EA Cambridge: Museum of American Archeology

Lang, Claudia (2006): Intersexualität. Menschen zwischen den Geschlechtern. Frankfurt/M.: Campus

Langness, Lewis L. (1993): The Study of Culture. Revised Edition. Novata, CA: Chandler & Sharp

Lauser, Andrea/Weissköppel, Cordula (2008): Einleitung. In: Andrea Lauser/Cordula Weissköppel (eds.), Migration und religiöse Dynamik. Ethnologische Religionsforschung im transnationalen Kontext; 7–32. Bielefeld: Transcript

Leach, Edmund R. (1954): Political Systems of Highland Burma. A Study of Kachin Social Structure. London: Bell

Lentz, Carola (2002): Ethnizität. In: Jacob E. Mabe (ed.), Das Afrika Lexikon; 161–164. Stuttgart

Lévi-Strauss, Claude (1965 [1962]): Das Ende des Totemismus. Frankfurt/M.: Suhrkamp

– (1967): Strukturale Anthropologie. Frankfurt/M.: Suhrkamp

– (1968 [1962]): Das wilde Denken. Frankfurt/M.: Suhrkamp

– (1981): Die elementaren Strukturen der Verwandtschaft. Frankfurt/M.: Suhrkamp

Lindstrom, Lamont (1993): Cargo Cult. Strange Stories of Desire of Melanesia and Beyond. Honolulu: University of Hawaii Press

Lowie, Robert Heinrich (1920): Primitive Society. New York: Liveright

MacDougall, David (2006): The Corporeal Image. Film, Ethnography, and the Senses. Princeton and Oxford: Princeton University Press

Maine, Henry Sumner (1861): Ancient Law. London

Mair, Lucy (1977 [1965]): An Introduction to Social Anthropology. Oxford: Clarendon. [Second ed.]

Malinowski, Bronislaw (1975 [1944]): Eine wissenschaftliche Theorie der Kultur und andere Aufsätze. Frankfurt/M.: Suhrkamp

–   (1979 [1922]): Argonauten des Westlichen Pazifik. Frankfurt/M.: Syndikat

–   (1986 [1967]): Ein Tagebuch im strikten Sinn des Wortes. Neuguinea 1914–1918. Frankfurt/M.: Syndikat

Marcus, George E. (1995): Ethnography in/of the World System. The Emergence of Multi-Sited Ethnography. Annual Reviews of Anthropology 24; 95–117

–   /Fisher, Michael M.J. (1986): Anthropology as Cultural Critique. An Experimental Moment in the Human Sciences. Chicago: Chicago University Press

Marschall, Wolfgang (ed., 1990): Klassiker der Kulturanthropologie. Von Montaigne bis Margaret Mead. München: Beck

Mauss, Marcel (1990 [1925]): Die Gabe. Form und Funktion des Austauschs in archaischen Gesellschaften. Frankfurt/M.: Suhrkamp

McLeod, John (2000): Beginning Postcolonialism. Manchester: Manchester University Press

Mead, Margaret (1928): Coming of Age in Samoa. New York: Morrow

–   (1949): Male and Female. New York: Morrow

Miller, Daniel (1995): Consumption and Commodities. Annual Review of Anthropology 24; 141–161

Mischung, Roland (2007): Religionsethnologie. In: Hans Fischer/Bettina Beer (eds.), Ethnologie; 187–220. Berlin: Reimer

Moffatt, Michael (1979): An Untouchable Community in South India. Structure and Consensus. Princeton: Princeton University Press

Morgan, Lewis Henry (1851): League of the Iroquois. New York: Corinth

–   (1871): Systems of Consanguinity and Affinity of the Human Family. Washington

–   (1877): Ancient Society. New York

Mühlmann, Wilhelm E. (1984 [1948]): Geschichte der Anthropologie. Wiesbaden: Aula Verlag

Müller, Klaus E. (1997): Geschichte der antiken Ethnologie. Reinbek bei Hamburg: Rowohlt

Münster, Daniel (2001): Religionsästhetik und die Anthropologie der Sinne. München: Akademischer Verlag

Nadig, Maya (1986): Die verborgene Kultur der Frau. Frankfurt/M.: Fischer

Nassehi, Armin (1999): Fremde unter sich. Zur Urbanität der Moderne. In: Ernst Helmstädter/ Ruth-Elisabeth Mohrmann (eds.), Lebensraum Stadt; 227–241. Münster: LIT

Needham, Rodney (1966): Terminology and Alliance I. Garo, Maggarai. Sociologus 16; 141–157

Nugent, Stephen (2004): Postmodernism. In: Alan Barnard/Jonathan Spencer (eds.), Encyclopedia of Social and Cultural Anthropology; 442–445. London: Routledge

Obeyesekere, Gananath (1981): Medusa's Hair. An Essay on Personal Symbols and Religious Experience. Chicago: Chicago University Press

Oppitz, Michael (1975): Notwendige Beziehungen. Abriß der strukturalen Anthropologie. Frankfurt/M.: Suhrkamp

–   (1981): Schamanen, Hexen, Ethnographen. In: Hans Peter Duerr (ed.), Der Wissenschaftler und das Irrationale; 37–59. Frankfurt/M.: Syndikat

Pels, Peter/Salemink, Oscar (eds., 1994): Colonial Ethnographies. Special Volume: History and Anthropology, 8. Chur: Harwood

Petermann, Werner (1984): Geschichte des ethnologischen Films. Ein Überblick. In: Margarete Friedrich et al. (eds.), Die Fremden Sehen. Ethnologie und Film; 17–53. München: Trickster

– (2004): Die Geschichte der Ethnologie. Wuppertal: Peter Hammer

Pfeffer, Georg (1992): Zur Verwandtschaftsethnologie. *Zeitschrift für Ethnologie* 117; 41–54

– (1997): Die Haardebatte: Gender, Glatzen und Gewalt der Bondo. *Zeitschrift für Ethnologie* 122; 183–208

Platenkamp, Jos D. M. (2007): Strukturalismus in der Ethnologie. In: Hans Fischer/Bettina Beer (eds.), Ethnologie; 295–308. Berlin: Reimer

Platz, Teresa (2006): Anthropologie des Körpers. Vom Körper als Objekt zum Leib als Subjekt von Kultur. Berlin: Weißensee

Polanyi, Karl (1944): The Great Transformation. New York: Farrar and Rinehard

Radcliffe-Brown, Alfred R. (1922): The Andaman Islanders. Cambridge: Cambridge University Press

– (1924): The Mother's Brother in South Afrika. *The South African Journal of Science* 21; 542–555

– (1950): Introduction. In: Alfred R. Radcliffe-Brown/Daryl Forde (eds.), African Systems of Kinship and Marriage; 1–85. London

Radin, Paul (1926): Crashing Thunder. The Autobiography of an American Indian. New York: Appelton, Center & Crofts

Randeria, Shalini (2004): Verwobene Moderne. Zivilgesellschaft, Kastenbindung und nicht-staatliches Familienrecht im (post-)kolonialen Indien. In: Shalini Randeria/Martin Fuchs/Antje Linkenbach (eds.), Konfigurationen der Moderne. Diskurse zu Indien; 155–178. Baden-Baden: Nomos

Rao, Ursula (2009): Arbeit am Ruf. Medienstrategien indischer Patrone. *Sociologus* 59; 199–227

Rappaport, Roy (1968): Pigs for the Ancestors. Ritual and Ecology of a New Guinea People. New Haven: Yale University Press

Ratzel, Friedrich (1885–88): Völkerkunde. Leipzig: Bibliographisches Institut

Reddy, William M. (1997): Against Constructivism. The Historical Ethnography of Emotions. *Current Anthropology* 38; 327–351

– (1999): Emotional Liberty. Politics and History in the Anthropology of Emotions. *Cultural Anthropology* 14; 256–288

Reimann, Ralf (1998): Der Schamane sieht eine Hexe – der Ethnologe sieht nichts. Menschliche Informationsverarbeitung und ethnologische Forschung. Frankfurt/M.: Campus

Reinhardt, Thomas (2008): Claude Lévi-Strauss zur Einführung. Hamburg: Junius

Rheingold, Howard (1994): Virtuelle Gemeinschaft. Soziale Beziehungen im Zeitalter des Computers. Bonn: Addison-Wesley

Rivers, W.H.R. (1906): The Todas. London: Macmillian and Co.

Robertson, Robert (1996): Globalization: Social Theory and Global Culture. London: Sage

Rosaldo, Renato (1993 [1984]): Der Kummer und die Wut eines Kopfjägers. Über die kulturelle Intensität von Emotionen. In: Eberhard Berg/Martin Fuchs (eds.), Kultur, soziale Praxis, Text; 375–401. Frankfurt/M.: Suhrkamp

Rössler, Martin (2005): Wirtschaftsethnologie. Eine Einführung. Berlin: Reimer

Röttger-Rössler, Birgit (2004): Die kulturelle Modellierung des Gefühls. Ein Beitrag zur Theorie und Methodik ethnologischer Emotionsforschung anhand indonesischer Fallstudien. Münster: LIT

Ruby, Jay (2000): Picturing Culture. Explorations of Film & Anthropology. Chicago: University of Chicago Press

Sabean, David Warren (1998): Kinship in Neckarhausen 1700–1870. Cambridge: Cambridge University Press

Sahlins, Marshall (1963): Poor Man, Rich Man, Big-Man, Chief: Political Types in Melanesia and Polynesia. *Comparative Studies in Society and History* 5; 285–303
– (1972): Stone Age Economics. Chicago: Aldine Atherton
Said, Edward W. (1978): Orientalism. New York: Pantheon
Sax, William S. (2002): Dancing the Self. Personhood and Performance in the Pandav Lila of Garhwal. Oxford: Oxford University Press
Schiffauer, Werner (2008): Parallelgesellschaften. Wie viel Wertekonsens braucht unsere Gesellschaft? Bielefeld: transcript
Schlee, Günther (2007): Interethnische Beziehungen. In: Bettina Beer/Hans Fischer (eds.), Ethnologie. Einführung und Überblick; 275–390. Berlin: Reimer
Schlehe, Judith (ed., 2001): Interkulturelle Geschlechterforschung. Identitäten – Imaginationen – Repräsentationen. Frankfurt/New York: Campus
Schmidt, Pater Wilhelm (1926–1955): Der Ursprung der Gottesidee. Münster: Aschendorff
Schmied-Kowarzik, Wolfdietrich (ed., 2002): Verstehen und Verständigung. Ethnologie – Xenologie – interkulturelle Philosophie. Würzburg: Königshausen und Neumann
Schmitz, C.A. (1963): Kultur. Frankfurt/M.: Akademische Verlagsgesellschaft
Schneider, David M. (1984): A Critique of the Study of Kinship. Ann Arbor: University of Michigan Press
Schweizer, Margarete/Schweizer, Thomas/Kokot, Waltraud (eds., 1993): Handbuch der Ethnologie. Berlin: Reimer
Scott, James (1985): Weapons of the Weak. New Haven: Yale University Press
Service, Elman R. (1962): Primitive Social Organisation. An Evolutionary Perspective. New York: Random House
Sokal, Alan/Bricmont, Jean (1999): Eleganter Unsinn. Wie die Denker der Postmoderne die Wissenschaften mißbrauchen. München: Beck
Sökefeld, Martin (2007): Problematische Begriffe: „Ethnizität", „Rasse", „Kultur", „Minderheit". In: Brigitta Schmidt-Lauber (ed.), Ethnizität und Migration; 31–50. Berlin: Reimer
– (2008): Struggling for Recognition. The Alevi Movement in Germany and in Transnational Space. New York: Berghahn
Spencer, Herbert (1874–96): The Principles of Sociology. London: Williams and Norgate
Spencer, Jonathan (1990): A Sinhala Village in a Time of Trouble: Politics and Change in Rural Sri Lanka. Oxford: Oxford University Press
Spittler, Gerd (2001): Teilnehmende Beobachtung als Dichte Teilnahme. *Zeitschrift für Ethnologie* 126; 1–25
Spivak, Gayatri (1994): Can the Subaltern speak? In: Patrick Williams/Laura Chrisman (eds.), Colonial Discourse and Post-Colonial Theory; 66–111. New York: Columbia University Press
Stagl, Justin (1988): Einleitung des Herausgebers, Frank Robert Vivelo: Handbuch der Kulturanthropologie; 13–24. München: Klett-Cotta
– (2002): Feldforschungsideologie. In: Hans Fischer (ed.), Feldforschungen. Erfahrungsberichte zur Einführung; 267–291. Berlin: Reimer
Stellrecht, Irmtraud (1993): Interpretative Ethnologie. Eine Orientierung. In: Thomas Schweizer/Margarete Schweizer/Waltraud Kokot (eds.), Handbuch der Ethnologie; 29–78. Berlin: Reimer
Stocking, George W. Jr. (ed., 1983): Observers Observed. Essays on Ethnographic Fieldwork. Madison: University of Wisconsin Press
Stoller, Paul (1989): The Taste of Ethnographic Things. The Senses in Anthropology. Philadelphia: University of Pennsylvania Press
– (1992): The Cinematic Griot. The Ethnography of Jean Rouch. Chicago: University of Chicago Press

Streck, Bernhard (1992): Die Stiftung von Gruppenidentität als ethnologisches Problem. *Sociologus* 42; 97–112

Tauber, Elisabeth (2006): Du wirst keinen Ehemann nehmen! Respekt, Bedeutung der Toten und Fluchtheirat bei den Sinti Estraixaria. Münster: LIT

Taylor, Bron (ed., 2010): Avatar & Nature Spirituality. Special Issue of the „Journal for the Study of Religion, Nature and Culture"

Theye, Thomas (ed., 1984): Wir und die Wilden. Einblicke in eine kannibalistische Beziehung. Reinbeck bei Hamburg: Rowohlt

Theye, Thomas/Wegner, Manfred/Prinz, Ulrike (eds., 1989): Der geraubte Schatten. Die Photographie als ethnographisches Dokument. München: C.J. Bucher

Treiber, Magnus/Tesfaye, Lea (2008): Step by Step. Migration from Eritrea. In: Eva-Maria Bruchhaus and Monika Sommer (eds.), Hot Spot Horn of Africa Revisited. Approaches to make Sense of Conflict; 280–295. Berlin: LIT

Trickster, 4–5 (1980): Margarete Friedrich et al., Ralf Thoms (verantw.), München

Turner, Victor (1969): The Ritual Process. New York: Aldine

Tyler, Stephen A. (1991 [1987]): Das Unaussprechliche. Ethnographie, Diskurs und Rhetorik in der postmodernen Welt. München

Tylor, Edward Burnett (1871): Primitive Culture. London

Vertovec, Steven (2009): Transnationalism. London: Routledge

Vincent, Joan (2004): Political Anthropology. In: Alan Barnard/Jonathan Spencer (eds.), Encyclopedia of Social and Cultural Anthropology; 428–34. London: Routledge

Vivelo, Frank Robert (1988 [1978]): Handbuch der Kulturanthropologie. Eine grundlegende Einführung. München: Klett-Cotta

Wade, Peter (2007): Race, Ethnicity and Nation: Perspectives from Kinship and Genetics. In: Peter Wade (ed.), Race, Ethnicity and Nation; 1–31. New York: Berghan

Walker, Anthony (1986): The Todas of South India. A New Look. Delhi: Hindustan

Weatherford, J. Micver (1985 [1981]): Tribes on the Hill: The United States Congress. Rituals and Realities. Westport, London: Bergin and Gravey

Weber, Max (1980 [1922]): Wirtschaft und Gesellschaft. Tübingen. [5. Auflage]

– (2006 [1904–1905]): Die protestantische Ethik und der Geist des Kapitalismus. München: Beck

Wendl, Tobias (1996): Warum sie nicht sehen, was sie sehen könnten. Zur Perzeption von Fotografien im Kulturvergleich. *Anthropos* 91; 169–181

– (2004): Medien und ihre kulturelle Konkretion. In: Jürgen Fohrmann/Erhard Schüttpelz (eds.), Die Kommunikation der Medien; 37–67. Tübingen: Max Niemeyer

White, Leslie (1959): The Evolution of Culture. New York: McGraw-Hill

Whyte, William Foote (1943): Street Corner Society. The Social Structure of an Italian Slum. Chicago: University of Chicago Press

Wilson, Samuel S./Peterson, Leighton C (2002): The Anthropology of Online Communities. *Annual Review of Anthropology* 31; 449–67

Young, Robert (1995): Colonial desire. Hybridity in theory, culture and race. London: Routledge

– (2003): Postcolonialism. A very short introduction. Oxford: Oxford University Press

Personenindex

Sachindex

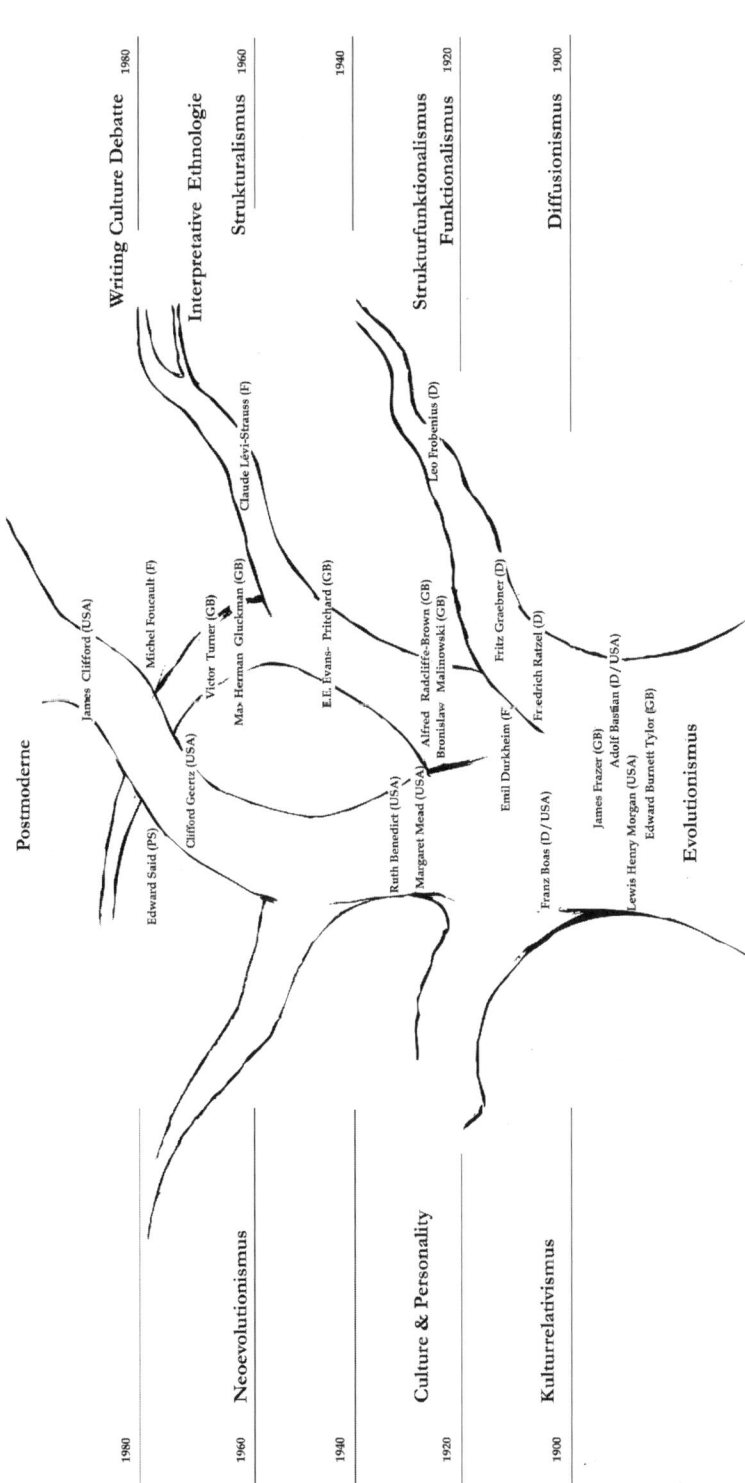

Theoriebaum mit der Entwicklung vom Evolutionismus zur Postmoderne mit wichtigen Vertretern der Ethnologie, wobei die linke Seite die Entwicklung in Nordamerika und die rechte Seite in Europa zeigt. (Grafik: Philipp Meyer)

Wenn die Inspiration fehlt...

Silke Heimes
**Schreiben im Studium:
das PiiP-Prinzip**
Mit 50 Tipps von Studierenden für Studierende
2011. 112 Seiten mit 3 Abb., kartoniert
ISBN 978-3-8252-3457-7

Präparation, Inkubation, Illumination & Produktion: Ideen sammeln, Wissen einwirken lassen, Erleuchtung abwarten und dann die Haus-, Bachelor- oder Masterarbeit schreiben.

Das PiiP-Prinzip basiert auf den gängigen Kreativitätstheorien und lässt Schreibende ihre Kreativität sinnvoll einsetzen. Mit dem PiiP-Prinzip gelingt es jedem Studierenden, den richtigen Schritt zur richtigen Zeit zu machen und einzuschätzen, wann man brillant sein darf und wann es darum geht, die Ideen stringent umzusetzen und konsequent am Text zu arbeiten, auch wenn das zuweilen anstrengend und langweilig sein mag. Zudem enthält das Buch 50 Tipps von Studierenden für Studierende, und ist damit zugleich ein Marktplatz der Ideen.

Vandenhoeck & Ruprecht

Siedlungsgemeinschaften

V&R
unipress

Klaus E. Müller
Die Siedlungsgemeinschaft
Grundriß der essentialistischen
Ethnologie
2010. 633 Seiten, gebunden, € 74,90
ISBN 978-3-89971-572-9

Vorhochkulturliche Dorfgesellschaften erlauben wegen ihrer kulturellen Gemeinsamkeiten Rückschlüsse auf komplexere Gesellschaftstypen. Diese Arbeit berücksichtigt alle Ausdrucksbereiche der Kultur. Den Schlüsselansatz bilden die ethnozentrische Einstellung und die daraus folgende dualistische Weltauffassung; der Autor benennt die allgemeinen Prinzipien des Gruppenverhaltens und der Vorstellungsbildung und leitet daraus Regelsätze ab. Grundlegende These ist, daß die Entwicklung einem irreversiblen Differenzierungsprozeß unterliegt. Er führt von der ursprünglich engen Verbundenheit von Mensch und Umwelt zu fortschreitender Differenzierung, Dissozierung, Entfremdung, wachsender Komplexität und zuletzt Unkontrollierbarkeit.

www.vr-unipress.de | Email: info@vr-unipress.de | Tel.: +49 (0)551 / 50 84-301 | Fax: +49 (0)551 / 50 84-333